세금 신고 ▶ 공부 하는

세금 신고에서 절세까지, 쉽게 익히는 개인사업자 실무 바이블

개인 사업자 ◀ 경리 실무

사장님, 세금은 내는 게 아니라 관리하는 겁니다.
지금 바로 내 사업의 '새는 돈'을 막으세요!

| 손원준 지음 |

☑ "사업자등록증 나오자마자 세금 걱정부터 되시나요?"
　업종 선택 하나로 세금이 0원이 될 수도, 폭탄이 될 수도 있습니다.
　첫 단추부터 제대로 끼우는 법을 알려드립니다.

☑ "월급 주는 것도 힘든데, 원천세에 4대 보험까지?"
　복잡한 인건비 세무, 이것만 알면 더 이상 머리 아플 일 없습니다.
　사람 관리만큼 중요한 돈 관리의 핵심!

☑ "매번 내라는 대로 다 내고 계신가요?"
　부가세와 종합소득세는 『운』이 아니라 『준비』입니다.
　합법적으로 세금을 줄이는 1% 사장님들의 비밀 전략을 공개합니다.

K.G.B
지식만들기

이론과 실무가 만나 새로운 지식을 창조하는 곳

책을 내면서

사장님, 세금은 '내는 것'이 아니라 '관리하는 것'입니다

처음 사업자등록증을 손에 쥐었을 때의 설렘을 기억하시나요? 내 사업을 시작했다는 기쁨도 잠시, 사장님들 앞에는 '세금'이라는 거대한 벽이 나타납니다. "부가세 신고는 언제지?", "직원 월급 줄 때 세금은 어떻게 떼지?", "이러다 세금폭탄 맞는 거 아냐?" 하는 막연한 두려움이 매일 같이 사장님을 괴롭힐지도 모릅니다.

세무사에게 모든 것을 맡기자니 비용이 부담스럽고, 직접 공부하자니 법률 용어는 외계어처럼 느껴집니다. 하지만 현장에서 만난 수많은 사장님을 보며 제가 깨달은 사실이 하나 있습니다.

성공하는 사장님은 세무 지식이 해박한 사람이 아니라, 적어도 내 돈이 어디로 새고 있는지는 정확히 아는 사람이라는 점입니다.

이 책은 복잡한 세법 조문을 나열하는 이론서가 아닙니다.

갓 사업을 시작한 초보 사장님이 당장 오늘부터 마주할 현실적인 세무 고민에 대한 해답을 담았습니다.

1. 창업 세금 : 사업자등록을 언제, 어떻게 해야 하는지, 간이과세자와 일반과세자는 무엇이 다르고 어떤 선택이 유리한지, 통장과 카드, 세무서 신고는 어떻게 준비해야 하는지 등 창업 단계에서 반드시 알아야 할 기본 세팅법을 다룹니다.

처음 한 번만 제대로 해두면 두고 두고 편해지는 내용들입니다.

2. 원천징수 : 직원을 채용하거나, 프리랜서에게 지급하는 돈에도 세금 문제가 따라옵니다. "원천징수를 안 하면 어떤 일이 생기는지, 실제로는 무엇을, 언제까지, 어떻게 해야 하는지"를 사례 중심으로

풀어냈습니다. 인건비 처리와 4대 보험, 급여명세서 등 현실적인 운영 방법도 함께 다룹니다.

3. 부가가치세 : 부가가치세는 개인사업자가 가장 자주 마주치는 세금입니다. 매출에 붙는 세금이지만, 매입세액공제를 잘 활용하면 합법적으로 세 부담을 줄일 수도 있습니다. "무엇을 비용으로 인정받을 수 있는지", "세금계산서·영수증은 어떻게 관리해야 하는지", "간이과세자와 일반과세자의 부가세가 실제로 어떻게 다른지"를 쉬운 예시와 함께 설명합니다.

4. 종합소득세 : 1년 동안 벌고 쓴 돈을 정리해 한 번에 계산하는 세금이 종합소득세입니다. 장부를 꼭 써야 하는 사람과 단순경비율, 기준경비율을 적용할 수 있는 사람의 차이, 5월 신고 때 어디까지가 '합법적인 비용'인지, 세금 신고할 때 헷갈리는 부분들을 초보자 눈 높이에서 정리했습니다.

5. 절세전략 : 마지막으로, 세금을 '줄이는' 것이 아니라 '합법적으로 아끼는' 절세 전략을 담았습니다.

어떤 지출을 사업용 비용으로 인정받을 수 있는지, 가족을 활용한 절세방법이 실제로 어느 정도 효과가 있는지, 사업용 계좌·카드를 분리하면 왜 유리한지, 공제제도를 어떻게 활용해야 하는지 실제 사업자들이 당장 실행할 수 있는, 현실적인 절세 팁만 선별했습니다.

세금은 피할 수 없지만, 관리할 수는 있습니다. 이 책이 사장님의 소중한 자산을 지키는 든든한 방패가 되기를 바랍니다. 어려운 용어에 겁먹지 마세요. 이 책을 덮을 때쯤이면, 사장님은 더 이상 세무서의 고지서가 두렵지 않은 '준비된 경영자'가 되어 있을 것입니다.

저지 손원준 올림

책의 순서

CONTENTS

제4장 **합법적으로 세금 아끼는 경비 처리의 기술**

CONTENTS

창업/사업 준비 FAQ

부가가치세 FAQ

원천징수 FAQ

종합소득세/비용처리 FAQ

Chapter 01

첫 단추를 잘 끼우기 위한 세금 공부

법인사업자가 개인보다 불편한 점

법인의 경우 내가 비록 100%의 자본금을 출자해 회사를 설립했다고 해도 형식적인 주인은 내가 아닌 법인이라는 점을 명심해야 한다. 따라서 법인의 돈을 내 마음대로 가져가면 안 되며, 내 마음대로 가져다 쓰는 경우 세금을 아끼려고 세운 법인이 오히려 세금을 잡아먹는 회사가 될 수 있다.

특히 한 명의 사장이 법인과 개인 2개의 회사를 운영하면서 상호 자금이 섞이는 경우가 있는데 이것이 가장 위험한 일이다.

사장은 내가 두 회사 모두 대표인데, 2개의 회사가 서로 자금이 오고 간다고 무슨 문제가 되겠냐고 생각할지 모르지만, 엄밀히 말하면 법적으로 두 회사는 별개의 회사이다.

법인은 법인이 사장이고 개인회사는 본인이 사장이다.

따라서 사장이 다른 것이며, 상호 금전거래가 오갈 때는 차입금은 이자를 지급해야 하고, 물품거래는 증빙이 오가야 한다. 또한 장부도 별도로 관리해야 한다.

그리고 대표이사가 같은 법인 간, 자금을 빌려주고 채권을 포기하는 경우 빌려준 회사는 해당 금액에 대해 손금불산입 되며, 빌린 회사는 채무면제이익으로 과세 된다.

1 회삿돈을 마음대로 가져가면 안 된다.

회삿돈을 대표이사가 마음대로 가져가는 경우 법인세법에서는 법인 대표가 자금을 빌려 간 것으로 본다. 따라서 법인과 이자 지급에 대한 금전소비대차 계약서를 작성한 후 이자를 지급해야 한다. 만일 이자 지급약정을 안 하고 이자를 내지 않는 경우 법인세 추가납부뿐만 아니라 소득세로 넘어와 대표사의 급여로 보아 대표이사 소득세까지 증가하는 이중의 세금 손해가 발생한다.

2 법인카드를 마구 사용하면 안 된다.

법인카드는 문제가 없다고 생각해 주말에 개인적인 장을 본다거나 배우자나 자녀에게 법인카드를 사용하게 하는 등 회사업무와 관련 없는 지출을 하는 경우 세무조사 시 1순위로 적발돼 세금을 추징당하게 되므로 반드시 업무와 관련된 지출에만 사용한다.
물론 당장은 걸리지 않아서 안심되지만, 세무공무원이 가장 먼저 보는 1순위가 법인카드 지출 내역이라는 점을 잊어서는 안 된다.
결국은 탈세목적으로 사용한 법인카드를 차곡차곡 모아서 가산세라는 이자까지 붙여 탈세액을 낸다는 사실을 명심하기를 바란다.

개념구분	개인사업자	법인
사업 책임	개인재산 무한책임	출자자본금 범위 내 유한책임
자금조달	모든 차입금이 사업자 개인 명의, 개인이 실질 부담, 분산 불능	법인명으로 차입, 대표자의 지급보증으로 대신함, 다수인 분산 가능
인적자원	개인사업 대표자 1인(권리, 책임 단독 집중)	법인의 주주가 대표, 임원, 이사, 감사 등 선임하여 대리인 경영 가능
소득 배분	사업상 이익이 모두 대표자(사업주)의 단일 종합소득으로 과세	각 임원으로 급여 분산 가능 대표자도 본인 급여와 퇴직소득으로 소득 분산·분리 가능 대표자 보수 차감 후 법인세 부담
적용 세금	대표자 종합소득세 신고·납부	법인이익에 대해서 법인세 납부 후 대표자 소득에 대해 종합소득세 신고·납부
배당관리	① 당년도 사업이익 전액에 종합소득세 단일과세 ② 차등배당 개념이 없고 증여 불가능	① 대표자 급여 차감 후 법인이익의 법인세 ② 배당 시 배당세액공제 적용 ③ 차등배당으로 자녀 등 가족 주주에게 증여 가능
법인전환	① 양도소득세 이월과세 활용(사업용 토지 등의 양도세 향후 과세) ② 취득세 감면 ③ 사업양수도 법인전환(부동산 등기 취득세 면제신청), 현물출자 전환	

회사설립 준비 비용의 절세전략

1 회사설립 준비 비용의 경비인정 요건

회사설립 전 사용한 비용에 대해서는 경비인정을 받을 수 없는 게 원칙이다. 다만, 예외적으로 일정 기한 이내의 사용 비용에 대해서는 인정해 주고 있다.

회사설립 전에 사업과 관련해 지출한 비용에 대해서 경비인정을 받기 위해서는 다음의 조건을 지켜야 한다.

- 대표의 주민등록번호로 세금계산서를 발급받거나,
- 대표 명의의 신용카드로 결제한 경우에만 인정받을 수 있다.
- 과세기간의 종료일로부터 20일 이내에 사업자등록을 완료해야 한다.

사업자등록 후 대표 주민등록번호로 발급받은 세금계산서를 사업자 등록번호 발급분으로 전환하는 방법은 다음의 순서로 진행하면 된다.

① 홈택스 로그인(사업장 계정으로 로그인) 〉 국세납부 〉 계산서·영수증·카드 클릭
② 전자(세금)계산서 조회 〉 주민등록번호 수취분 전환 및 조회 〉 전자(세금)계산서 주민등록번호 수취분 전환
③ 세금계산서 발행 월 선택 〉 [조회하기] 클릭 〉 세금계산서 체크 〉 [전환하기] 클릭

사업자등록번호 대신 주민등록번호로 세금계산서를 발급받았다고 언제까지나 인정해 주는 것은 아니며, 과세기간의 종료일로부터 20일 이내에 사업자등록을 완료한 경우에만 부가가치세 신고할 때 인정받아 매입세액공제를 받을 수 있다. 즉, 과세기간의 종료일로부터 20일 이내에 사업자등록을 해야 해당 과세기간의 사용분에 대해서 매입세액공제가 가능하다.

여기서 1기 과세기간은 1~6월, 2기 과세기간은 7~12월로 2개의 과세기간이 있다. 따라서 등록은 7월 20일, 다음 연도 1월 20일까지이다.

회사설립 전 발생 비용 회사설립 후 세금계산서 받으면 안 되나?

회사설립 시 지출한 비용을 회사설립 후인 현재 회사통장에서 인출한 후 회사설립 시 사용한 비용에 대하여 현재 시점에서 세금계산서를 발급할 수는 없다는 점 명심하기를 바란다. 즉, 설립 전 지출 비용에 대한 세금계산서 발행을 미루어두었다가 설립 후 사업자등록 후 세금계산서를 받는 것은 안 된다는 이야기다.

권리금을 주는 사업자
권리금을 주면서 8.8% 원천징수 후 신고·납부하는 것이 원칙

권리금을 받는 사업자
권리금 40%를 기타소득금액으로 해서 종합소득세를 신고·납부

권리금을 수수할 때는 당사자 간에 세금계산서를 수수하는 것은 물론(사업포괄양수도의 경우에는 제외), 권리금을 주는 사업자는 해당 권리금의 8.8%를 원천징수 해 관할 세무서에 신고·납부 하는 것이 원칙이다.

그리고 권리금을 받는 사업자는 사업소득과는 별도로 권리금의 40%(수취액 - 필요경비 60%)를 기타소득금액으로 해서 납부해야 한다. 하지만 권리금을 수수할 때 대부분이 이러한 적법 절차를 지키지 않는다.

그런데 권리금을 지급한 사업자는 이를 5년간 나누어 경비(감가상각비) 처리할 수 있다. 따라서 사업자는 만약 세금계산서가 없어도 권리금이 수수된 금융 증빙이나 계약서를 기반으로 사업용 자산으로 계산해 감가상각함으로써 세금을 줄일 수 있다는 점을 알고 있어야 한다. 물론 당초 권리금에 대해 세금계산서를 발행하지 않고 원천징수를 하지 않은 것에 대한 가산세 문제는 있다. 하지만 창업 초기에 이런 규정을 모르고 세무 대리인도 없이 권리금에 대한 세무 처리를 생략하여 아무런 세무상 혜택을 받지 못하는 경우도 많으니 주의해야 한다.

창업 초기에 인테리어를 하고 세금계산서를 받았다면 이 시설물은 업종별 감가상각기간에 나누어 경비(감가상각비) 처리를 할 수 있다. 그런데 무자료일 때는 사업용 자산으로 잡히지 않아 세무상 손해가 발생한다. 게다가 사업용 자산으로 잡히지 않은 권리금과 인테리어를 위해 대출받은 이자비용을 세무상 경비로 처리할 수 없어 추가적인 손해까지 입게 된다. 그런 이유로 반드시 인테리어비용을 깎아줘도 적격증빙을 수취하는 것이 유리할 수 있다.

초기 자금 압박 때문에 부가가치세(10%)를 뺀 가격에 현금결제를 한다.

부가가치세를 10% 더 부담하고 세금계산서 발행을 받는 게 절세 측면에서 유리하다.

이유는

1. 부가세 10%는 사업장 부가가치세 신고시 매입세액공제가 가능하여 환급받을 수 있다.

2. 적격증빙 미수취로 사업비용으로 인정받지 못한다. 적격증빙으로 인정받지 못하면 부가가치세, 소득세 및 건보료가 상승하게 된다.

3. 향후 세무조사 과정에서 세금계산서 관련 가산세가 부과될 수 있다.

지금 당장 이익보다는 계속적으로 기업을 유지할 생각이라면 세금계산서를 수령하는 걸 추천한다.

그러면 인테리어 공사를 하고 세금계산서를 받지 않은 경우 지출된 공사대금은 비용처리가 안 될까? 그렇지는 않다. 인테리어 계약서/견적서, 통장 이체내역 등 실제 인테리어 공사대금으로 지출된 객관적인 증빙자료가 있다면 인테리어비용도 설비자산으로 인정받아 감가상각비로 비용처리가 가능하다. 단, 증빙불비 가산세로 인테리어 비용의 2%를 가산세로 부담해야 하고, 세무서 소명 및 현장 조사의 가능성이 있다.

인테리어비용에 대해서 세금계산서를 안 받았다면, 인테리어 계약서, 견적서, 통장이체 내역을 꼭 챙겨놔야 장부에 설비자산으로 계상해서 5년 동안 감가상각을 통해 비용처리할 수 있다.

인테리어 계약서, 견적서, 통장이체 내역이 없다면 세법상 비용처리가 불가하니 유의해야 한다.

4 사업용 차량 구입 시 자가 구매가 유리

여유자금이 있어서 자기 돈으로 자동차를 구입하면 말할 것도 없고, 할부로라도 구입하면 소유권이 바로 구매한 사람에게 주어지기 때문에 할부금을 모두 상환한 뒤에는 자동차를 소유할 수 있다.

그러나 리스하거나 렌트하는 경우는 계약기간이 끝나면 다시 리스나 렌트 계약을 해야 하므로 또다시 큰 비용이 들어간다.

그런데 자동차를 빌려 타면 리스료나 렌트비에 대한 비용처리가 되어서 얼핏 세금이 줄어드는 것처럼 보이지만, 실제로는 자동차를 취득했을 때보다 더 많은 돈이 들어간다.

리스 회사나 렌터카 회사들은 자가 구매와 달리 무조건 비용처리가 될 것처럼 광고하는데, 그 말을 곧이곧대로 믿었다가는 나중에 세금을 추징당할 수 있으니 주의해야 한다.

구 분	내 용
초기 구입비용과 유지비용	회계장부에 고정자산으로 기록된다. 그리고 자동차를 취득하면서 낸 취득세 등의 제세공과금은 차량가액에 합산되었다가 나중에 감가상각 절차를 통해 비용처리가 되고, 보험료나 수리비 등 자동차를 유지·관리하는 비용도 세무상 비용으로 처리된다. → 초기 투자 비용은 감가상각을 통해 서서히 비용 발생
비용인정 기준	• 승용차 : 취득 및 유지비용은 부가가치세 신고를 할 때 매입세액 불공제를 받으며, 종합소득세 신고를 할 때 업무용으로 사용하고 차량운행일지를 작성하면 비용 인정된다. 차량운행일지를 작성하지 않는 경우 1대당 1,500만 원만 비용 인정된다. • 9인승 이상, 트럭, 경차 : 취득 및 유지비용은 부가가치세 신고를 할 때 매입세액공제를 받으며, 종합소득세 신고할 때 차량운행일지를 작성하지 않아도 증빙만 갖추면 비용으로 인정된다.

5 종합소득세 신고 단순 추계신고를 고려해 본다

신규사업자의 경우 초기에 사업 준비할 때 꼼꼼하게 증빙을 보관하지 못한 경우 개시 사업연도에 대해서 단순 추계신고를 할 수 있다. 단순 추계신고는 사업자는 원칙적으로 장부를 작성해서 신고해야 하는데, 사업자가 장부를 작성하지 않은 경우 장부가 아닌 소득 추계율로 경비처리를 대신해 종합소득세 신고·납부를 하는 것을 말한다.

6 창업중소기업에 대한 소득세 감면

중소기업을 창업하는 경우는 창업 후 5년간 매년 소득세의 50% ~ 고용증가 시 최대 100%까지 세액감면을 받을 수 있는 제도가 있는데, 창업중소기업 등에 대한 세액감면 제도이다.

창업에 대한 세제 혜택이기 때문에 꼭 창업해야 하며, 합병, 분할, 현물출자 또는 사업의 양수, 법인전환, 폐업 후 재개, 사업을 확장하거나 다른 업종을 추가하는 경우들은 창업에 해당하지 않아 감면 혜택을 받을 수 없다.

특히 폐업한 후 다른 곳에서 새로 사업을 시작하면 창업중소기업에 대한 소득세 감면을 받는 것으로 생각하는 경우가 많은데, 이는 불가능하다. 즉 아래에 해당하는 경우는 창업으로 인정이 안 되기 때문에 창업중소기업에 대한 소득세 감면 혜택을 받을 수 없다.

⊘ 기존에 하던 사업을 법인으로 전환하는 경우
⊘ 동일한 사업장을 운영하다가 창업 혜택을 위해 기존 사업 폐업 후 신규사업자를 신청하는 경우
⊘ 이전부터 해 왔던 사업을 확장하기 위한 목적으로 다른 업종을 추가하는 경우

세법상 사업자 구분과
사업자등록증의 종류

부가가치세와 관련해서는 과세사업자(일반과세자와 간이과세자)와 면세사업자로 구분이 된다.

📋Tip **영세율은 일반과세자에 포함이 되는데, 단지 세율이 0%를 적용받는 것뿐**
     이다.

그리고 법인세 및 종합소득세와 관련해서는 법인과 개인사업자로 구분이 된다.

사업자등록증은 부가가치세를 기준으로 발급이 되는데, 부가가치세를 내야 하는 사업자를 과세사업자라고 하고, 부가가치세 납부를 면제해주는 사업자를 면세사업자라고 한다.

과세사업자는 다시 그 규모에 따라 간이과세자와 일반과세자로 나누고, 세율에 따라 영세율, 간이과세자, 일반과세자로 구분이 된다.

법인은 부가가치세법상 무조건 일반과세자이고 소득에 대해서는 법인세를 납부하며, 개인사업자는 부가가치세법상 간이과세자, 일반과세자 모두가 가능하고 소득에 대해서는 종합소득세를 낸다.

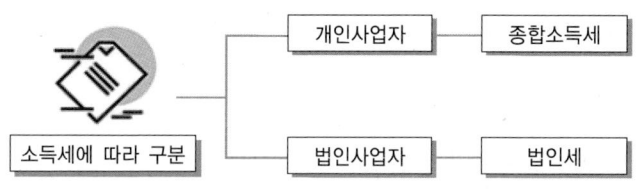

따라서 사업자등록증은 간이과세자, 일반과세자, 면세사업자 3종류로 구분이 되어 발급된다.

그런데 여기서 꼭 기억해야 할 것은 사업자등록증 상에 일반과세자라고 무조건 부가가치세를 내야하고, 면세사업자라고 내지 않아도 되는 것이 아니라는 것이다.

사업자등록증 신청 시점에 주로 판매하는 것이 과세가 되는 물품이고, 면세되는 물품이라는 것이지 절대적은 아니다.

예를 들어 슈퍼를 운영하는 경우 일반과세자라는 이유로 과자와 채소 모두 과세 되는 것이 아니라 채소(부가가치세법상 채소는 면세물품으로 규정하고 있음)는 면세이다. 즉 과세냐 면세냐의 판단은 사업자등록증이 아닌 파는 물품에 따라 판단한다는 것이다.

판매자가 일반과세자이든 면세사업자이든 판매하는 물품이 과세물품이면 세금계산서를 발행해야 하고, 면세 물품이면 계산서를 발행한다.

참고로 과세사업자는 면세되는 물품을 팔 수 있지만, 면세사업자등록 증 소지자는 과세되는 물품을 판매할 수 없으므로 과세되는 물품을 팔기 위해서는 반드시 과세사업자로 사업자등록증을 변경해야 한다.

다시 말해 과세사업자는 세금계산서와 계산서를 모두 발행할 수 있지 만, 면세사업자는 세금계산서는 발행하지 못하고 계산서만 발행할 수 있으므로 세금계산서를 발행하기 위해서는 과세사업자로 변경해야 한 다는 것이다.

Tip 비영리법인은 고유등록번호만 가지고 있다.

고유목적사업을 제외한 부동산임대 사업 등 수익사업을 하는 경우는 사업자등록을 한 후 세금계산서를 발행해야 한다.

그리고 비영리법인은 세금계산서를 발행할 수는 없지만, 고유등록번호로 세금계산 서를 받을 수는 있다. 따라서 비영리법인과 거래를 하고 세금계산서 발급을 요청받 은 경우는 고유등록번호로 발행해 주면 된다.

홈택스 사업자등록 신청 절차

1 사업자등록 신청 전 미리 결정할 사항

⇨ 개인사업자? 법인?

전체적인 세율구조를 보면 법인이 유리하다. 동일한 금액 기준 최저 세율을 빼고는 법인이 대체로 세율이 낮다.

하지만 사업 초기에 이익이 낮거나 성공 여부가 불확실한 경우 소득 세 세율구간이 6% 세율에 해당하므로, 낮은 세율효과를 볼 수 있어 개인사업자가 유리할 가능성이 크다. 또한 개인사업자가 상대적으로 설립이 간편하다는 장점이 있다.

그리고 음식점 등 소비자 대상 업종 중 신용카드 매출이 있는 업종 은 개인사업자로 사업자등록을 할 때 신용카드 발행 세액공제가 있 어 절세의 효과가 있다.

1. 적용 대상

신용카드발행세액공제의 대상은 간이과세자 중 직전연도 공급대가 4,800만 원 미만 또는 신규 사업자 및 개인 일반과세자 중에서 직전연도 사업장 기준으로 공급가액이 10억 원 이하인 경우이다. 또한, 고정자산매각대도 직전연도 사업장 기준 공급가액에 포함된다.

📄 간이과세자는 업종의 제한이 없다.

📄 일반과세자는 영수증 발급 대상인 다음의 사업자를 말한다. 일반적으로 제조업과 도매업은 신용카드 발행세액공제를 적용할 수 없다고 보면 된다.

> 소매업, 음식점업(다과점업을 포함한다), 숙박업, 미용, 욕탕 및 유사 서비스업, 여객 운송업, 입장권을 발행하여 경영하는 사업, 변호사업, 심판변론인업, 변리사업, 법무사업, 공인회계사업, 세무사업, 경영지도사업, 기술지도사업, 감정평가사업, 손해사정인업, 통관업, 기술사업, 건축사업, 도선사업, 측량사업, 공인노무사업, 의사업, 한의사업, 약사업, 한약사업, 수의사업과 그 밖에 이와 유사한 사업서비스업으로서 기획재정부령으로 정하는 것 및 행정사업, 우정사업조직이 소포우편물을 방문접수하여 배달하는 용역을 공급하는 사업, 수의사가 제공하는 동물의 진료용역, 무도학원, 자동차운전학원, 공인인증서를 발급하는 사업, 간편사업자 등록을 한 사업자가 국내에 전자적 용역을 공급하는 사업, 도정업과 떡류 제조업 중 떡방앗간, 양복점업, 양장점업 및 양화점업. 주거용 건물공급업(주거용 건물을 자영건설하는 경우를 포함한다), 운수업과 주차장 운영업, 부동산중개업, 사회서비스업과 개인서비스업, 가사서비스업, 도로 및 관련 시설 운영업 등이 대표적이다.

2. 공제금액(연간 1천만 원 한도)

📄 음식점업 또는 숙박업을 하는 개인사업자의 경우 : 발급금액의 1.3%

단, 신용카드 발행 세액공제는 납부세액에서 공제만 가능하며, 환급되지 않는다. 따라서 신고서를 작성하다가 신용카드 발행 세액공제가 0원으로 나온다고 이상하게 생각하는 실무자가 있는데, 이는 공제할 금액이 있으면 공제는 해주되, 환급은 안 해주므로 매출세액 - 매입세액이 마이너스가 나는 경우 자동으로 0원이 된다.

Tip 지마켓, 옥션, 인터파크에서 결제대행업체를 통한 신용카드 매출전표도 그 대상에 포함이 된다. 즉, 여신금융업법(이니시스, 이베이코리아 등록) 상 결제대행업체와 전자금융거래법에 따른 결제대행업체로 등록된 업체의 결제 대행은 신용카드 발행 세액공제를 적용해서 공제받으면 된다. 배달의 민족(우아한 형제들), 요기요, 배달통 등의 결제 대행도 적용 대상이 된다.

⇨ 인허가 업종인지? 아닌지?

사업자등록 전에 등록 업종과 허가 업종의 경우 별도로 인허가를 받은 후 사업자등록을 신청해야 한다.

음식점, 카페 등 대부분에 해당하는 업종은 영업 신고 업종에 해당하며, 이러한 업종은 일정한 요건을 갖추어 영업 신고만 진행한다면 별도의 문제 없이 사업자등록증이 발급된다.

그러나 유흥주점, 성인 오락실, 신용정보업 등 영업허가 업종에 해당하는 경우는 요건을 갖추더라도 개별법 위반 여부, 주변의 민원 여부 등 일정한 심사를 거쳐 허가가 나와야 사업자등록을 신청할 수 있다. 또한 노래방, 독서실, 보습학원, 영어학원, 전문자격사 등 영업 등록 업종에 해당하는 경우는 자격증, 영업등록증 등 일정한 자격요건을 갖추어 등록신청서를 제출해야 사업자등록이 가능하다.

⇨ 과세 사업자인가? 면세사업자인가?

창업하려는 업종이 과세 사업자인지, 면세사업자인지? 를 우선 판단해야 한다.

부가가치세법상 사업자 유형의 구분은 납세의무의 유무에 따라 일반과세자와 면세사업자로 나누어진다.

농·축산 관련 도·소매업, 병원·의원·한의원 등 의료업, 주택임대사업자 및 국민주택규모 신축판매업자, 학원 사업자·교습소, 여객운송용역, 면제되는 재화 또는 용역을 공급하는 사업자의 경우 면세사업자로 아니면 과세 사업자로 등록하면 된다.

⇨ 일반과세자로 신청할까? 간이과세자로 신청할까?

간이과세자는 연 매출 1억 400만 원 이하인 경우로서 간이과세자 배제 업종에 해당하지 않는 사업자에게 적용된다.

일반과세자와 달리 10%의 부가가치세율이 아닌 부가가치세율에 업종별 부가율(15~40%)을 곱한 후 저율의 부가가치세를 부담한다. 물론 매입세액에 대해서는 10% 공제를 해주면 간이과세자가 절대적으로 유리하지만, 매입세액도 공급대가(부가가치세 포함)의 0.5%만 해주므로 일반과세자보다 공제율이 낮다. 즉, 간이과세자가 반드시 일반과세자보다 유리한 것이 아니라는 것이다.

구 분		책임과 납세의무
사업형태에 따라	개인사업자 (종합소득세)	개인이 사업 주체이며, 소득과 부채 모두 개인이 책임진다.
	법인사업자 (법인세)	법인이 사업 주체이기 때문에 소득과 부채 모두 대표이사 개인의 것이 아닌 법인 책임이다.
부가가치세 과세 여부에 따라	과세사업자	면세사업자를 제외한 모든 사업자로, 부가가치세, 소득세 모두 납부한다.
	면세사업자	부가가치세가 면제되는 재화 또는 용역을 공급하

구 분		책임과 납세의무
		는 사업자로, 부가가치세 납부의무가 없다. 소득세는 납부한다.
과세사업자 중 일정 매출 액에 따라	간이과세자	주로 소비자를 대상으로 하는 업종으로 연매출이 1억 400만 원 미만인 소규모 개인사업자이다.
	일반과세자	간이사업자를 제외한 모든 과세사업자를 말한다.

2 홈택스에서 편하게 사업자등록 하기

홈택스에서 사업자등록을 신청하는 방법은 인터넷에서 '홈택스 사업자등록'으로 검색하면 신청 방법에 대해 화면 및 설명이 자세히 나오므로 이를 참고하기를 바라며, 여기서는 간단한 설명만 하도록 하겠다.

❶ 홈택스 접속(www.hometax.go.kr) 후 공인인증서 로그인 〉 국세 납부 클릭

❷ 증명·등록·신청 메뉴에 접속한다.

❸ 사업자등록 신청·정정·휴폐업 메뉴에 접속한다(좌측).

❹ 개인사업자인지 법인사업자인지에 따라 각각의 사업자등록신청 메뉴를 클릭한다.

❺ 이제 사업자등록신청 내역을 하나하나 기재하는 화면이 나타난다. 공인인증서로 로그인했기 때문에 주민등록번호와 성명(대표자)은 자동으로 입력되어 있을 것이고, 기본정보에서 상호명과 전화번호를 입력한다. 휴대 전화번호, 사업장 전화번호, 자택 전화번호 중

하나는 꼭 입력해 주어야 다음 단계로 넘어갈 수 있다. 이때, 휴대 전화번호를 입력했을 경우는 국세 정보 문자 수신 동의 여부도 선택해 준다.

❻ 사업장소재지를 입력한다. 사업장을 임차했을 경우 임대차계약서상 소재지를 입력하면 된다.

❼ 사업자 유형이 일반과세자, 간이과세자, 면세사업자 중 하나의 경우 주업종 코드를 꼭 입력해 주어야 한다. 우측에 있는 '업종 입력/수정' 버튼을 클릭해서 하는 사업에 맞는 업종 코드를 찾아서 입력해 주면 된다.

❽ 개업 일자를 입력한다. 실질적으로 사업을 영위하기 시작한 날짜를 적어주면 된다.

❾ 사업자 유형란에서 일반과세자인지, 간이과세자인지, 면세사업자인지, 그 외의 사업자인지를 선택한다. 부가가치세법상 면세 재화 또는 용역을 공급하는 사업자라면 면세사업자로 등록해야 하는데, 일반과세자이면서 면세를 일부만 공급하는 경우는 일반과세자로 신고해야 한다. 면세 재화·용역을 100% 공급할 때만 면세사업자로 등록한다.

❿ 위의 내용은 필수 입력 사항이며, 다른 선택사항을 모두 입력했다면 '저장후다음' 버튼을 클릭하여 다음 단계로 넘어간다.

⓫ 마지막으로 제출 필요한 서류를 업로드하면 된다. 제출서류는 아래의 세무서 방문 신청 시 필요한 서류와 같다. 그런데 사업자등록신청서는 방금 화면으로 작성했고, 공인인증서로 로그인 후 작성했으니 신분증과 사업자등록신청서는 올려주지 않아도 된다.

서류 제출까지 완료했다면 다음 버튼을 눌러 최종 확인을 거쳐 신청서 제출을 완료할 수 있다.

가. 신분증 + 사업자등록신청서(세무서에 구비되어 있음)

(대리인이 대신 접수 시) 대리인의 신분증 및 사업자 본인의 신분증

나. 임대차계약서 사본(사업장을 임차한 경우)

다. 인허가 등 사업을 영위하는 경우 허가·등록·신고증 사본

허가(등록, 신고) 전에 등록하는 경우 허가(등록) 신청서 등 사본 또는 사업계획서

라. 동업계약서(공동사업자인 경우)

마. 자금출처명세서(금지금 도소매, 액체 기체 도·소매, 재사용 재료 수집판매업, 과세유흥장소 영위자)

※ 재외국민·외국인 등의 경우(가~마는 공통)

– 재외국민등록부등본, 외국인등록증(또는 여권) 사본

– 사업장 내에 통상적으로 주재하지 않거나 6월 이상 국외 체류 시

: 납세관리인 설정 신고서

※ 상가건물임대차보호법에 의한 확정일자를 받고자 하는 경우

– 임대차계약서 원본

– 임차한 사업장이 건물의 일부인 때는 해당 부분의 도면

🔍 홈택스 신청 시 사업자등록증 발급 소요 기간

신청일로부터 3영업일 이내에 사업자등록증이 발급된다. 세무서에 직접 가서 수령 가능하고, 홈택스에서는 민원 증명 → 사업지등록증명 메뉴를 통해 발급할 수 있다.

업종 코드는 국세청이 기준경비율 및 단순경비율의 적용성 증대와 세원관리 등을 위해 일정한 규칙에 따라 업종마다 부여한 번호로서, 국세청은 업종별 기준경비율 및 단순경비율에 6자리 수(011000부터 950001까지)의 코드 번호를 부여하여 운용하고 있으며, 한국표준산업분류의 업종코드 번호는 5자리로 구성되어 있다.

업종 코드 번호는 민원봉사실 담당 조사관이 최종 결정을 한다.

사업자가 사업자등록신청서에 주업태와 주 종목을 기재하여 제출하면, 민원봉사실 담당 조사관은 납세자와의 대화를 통해 실제 영위 업종에 해당하는 업종코드 번호(실무상 "주업종코드"라 한다)를 결정하여 차세대 국세 통합전산망(NTIS)에 전산 입력하게 된다. 다만, 교부되는 사업자등록증에는 업종코드 번호가 별도로 표시되지 않는다.

☑ 성실신고 여부의 국세청 전산 검증 기준 중 하나가 업종코드 번호

사업자가 주업종을 결정하면 기준경비율 및 단순경비율이 결정되며, 국세청에서는 사업자가 신고한 부가가치세, 종합소득세 및 법인세 등 신고서를 수집하여 전산 작업을 거쳐 데이터베이스화하는데, 이러한 전산 분류 기준 중 하나가 주 업종코드 번호이다.

☑ 개인사업자는 업종코드 번호의 기준경비율 또는 단순경비율을 적용함

납세자가 가장 먼저 한국표준산업분류에 열거되어 있는 실제 영위 업종을 선택하여 사업자등록을 신청하면, 국세청은 납세자가 신청한 업종을 검토하여 주 업종코드 번호를 결정하게 되는데, 이때 담당 조사관이 결정한 주 업종코드에 해당하는 기준경비율과 단순경비율이 납세자가 종합소득세 추계신고 시 사용하는 기준경비율과 단순경비율이 된다.

따라서 납세자가 국세청으로부터 부여받은 주 업종코드에 해당하지 않은 다른 기준경비율 또는 단순경비율을 적용하여 종합소득세 신고서를 제출하면, 국세통합시스템(NTIS)의 전산 분류 과정에서 기준경비율 등의 적용이 잘못되었다는 과세자료 불부합 자료가 발생하여 불필요한 가산세 부담을 받을 수 있다.

☑ 세원 관리 목적

조세특례제한법상의 각종 감면과 소득세법상 사업소득의 구분 등에 활용되고 있고, 주업종 코드 번호는 국세청이 세원 관리 목적 등으로 별도로 부여하는 코드 번호로서 무신고나 추계신고 시 기준경비율 또는 단순경비율을 결정하는데, 이용되고 있는 등 사용 목적이 서로 다르게 운용되고 있으므로 분류 기준도 각각 구분해서 적용해야 할 것이다.

☑ 국세청 자료 분석 시 활용

국세청은 부가가치세 예정신고 및 확정신고가 종료되면 업종코드 번호별로 부가율을 파악할 수 있는데, 지역적 조회 범위는 관할 세무서 내 평균 부가율, 관할 지방국세청 내 평균 부가율, 전국 평균 부가율 등을 비교·분석할 수 있도록 국세 통합 시스템 (NTIS) 내에서 데이터베이스화된다.

따라서 사업자가 복수의 여러 업종을 영위하고 있으며, 각 업종별로 부가율에 차이가 많이 있을 경우는 하나의 사업자등록번호에 업종을 계속 추가하기보다는 별도의 사업자 등록번호를 부여받아 관리하는 것이 바람직하다.

왜냐하면, 국세청 전산에 의한 성실도 분석 시 주업종 코드 번호를 기준으로 전산 검증이 이루어지므로, 하나의 사업자등록번호에 여러 업종이 혼합되어 있을 때는 사업자의 신고 부가율과 업종 평균 부가율에 차이가 크게 발생할 수 있으므로, 때에 따라서는 현장 확인 대상자로 선정되거나 조사 대상자로 선정될 수 있기 때문이다.

🔍 사업자 미등록으로 인한 세법상 불이익

사업자가 사업자등록을 하지 않고(직권말소 포함) 미등록인 상태에서 사업을 영위하는 경우, 국세청으로부터 사업자등록번호를 발급받지 못해 세금계산서를 발행할 수 없을 뿐만 아니라 주민등록번호 등으로 세금계산서를 발행할 경우는 아래와 같은 불이익이나 제약을 받을 수 있다.

☑ 미등록가산세(공급가액의 1%) 부과

사업자가 사업개시일로부터 20일 이내에 사업자등록을 신청하지 아니한 경우에는 사업개시일부터 등록을 신청한 날의 직전일까지의 공급가액의 합계액에 1%를 곱한 금액을 미등록가산세로 부과받게 된다.

☑ 거래상대방은 매입 세액이 불공제

미등록사업자로부터의 수취한 세금계산서의 매입 세액은 세금계산서의 필요적 기재사항인 사업자등록번호가 사실과 다르게 기재된 세금계산서 등에 해당하므로 부가가치세 신고 때 매출세액에서 공제받을 수 없는 매입 세액이 될 수 있다.

직권말소 된 사업자등록번호로 세금계산서를 발행한 경우

사업자등록이 직권으로 말소되었다는 사실을 알고도 말소되기 전의 사업자등록번호를 기재하여 세금계산서를 발급한 경우는 조세범처벌법의 규정에 따라 1년 이하의 징역 또는 공급가액에 부가가치세의 세율을 적용하여 계산한 세액의 2배 이하에 상당하는 벌금에 처할 수 있다.

1인 기업 사무실 없는 사업자등록

1 | 1인 창조기업 비즈니스센터 활용

사업을 시작하기에 가장 좋은 방법은 '1인 창조기업 비즈니스센터'를 이용하는 것이다.

1인 창조기업 비즈니스센터는 사무공간을 제공하고, 임대료 없이 임대차계약서를 작성해 줘 사업자등록을 할 수 있다.

그리고 각종 창업지원 자금에 대한 안내, 창업자 네트워크, 교육 등을 지원하고 있다.

이런 장점을 누리려면 입주신청서를 작성해 입주 심사를 거쳐야 한다. 이점이 좀 번거롭기는 하지만, 장점이 매우 많으므로 창업을 준비 중이라면 가장 먼저 고려해 볼 만하다.

2 | 집에서도 사업자등록 가능

가장 빠르고 편리한 방법이지만 명함에 '00아파트 00동 000호'라고 찍혀 있다면 거래 상대방에게 주저리주저리 해명해야 하는 상황이 많고, 보는 시각이 좀 다르다는 단점이 있다.

그런데 인터넷 쇼핑몰처럼 인터넷을 기반으로 하는 온라인 사업이 활발해지면서 별도의 사업장을 얻지 않고 집에서 사업을 하고 싶어 하는 사람들이 많아졌다.

사업자 등록할 때 임대차계약서는 필수가 아닌 선택사항이기 때문에 얼마든지 사업장 주소를 집으로 할 수 있다. 다만, 사업장을 임차하는 경우는 당연히 '임대차계약서'가 필요하다.

3 친구 사무실 일부를 전대를 얻는다.

보통 사무실을 얻고, 건물주와의 임대차계약서를 가지고 사업자등록을 한다.

그런데 사무실 얻을 보증금 등이 부족하거나 금전적인 부담이 있는 경우 친구나 가족 등 지인 사무실의 일부를 전대를 얻는 방법도 있다. 전대를 얻어 사업자등록을 하기 위해서는 다음의 요건을 갖추는 것이 필요하다.

구 분	내 용
임대인의 전대동의서 구비	건물주인 임대인이 전대차에 동의한다는 문구가 들어간 문서가 있어야 한다. 보통 부동산 임대차계약서(월세 계약서) 작성 시에 임대인의 동의 없이는 전대차가 불가능하다는 문구를 넣는 경우가 많으므로

구 분	내 용
	건물주인 임대인의 전대동의서가 필요하다.
	따라서 하나의 사업장에 여러 개의 사업자등록을 하고자 하는 경우는 꼭 계약 전 여러 개의 사업자등록이 가능한지 여부(즉, 전대동의서 작성이 가능한지? 여부)를 건물주와 부동산중개업자를 통해 확인해야 한다.
전대인(최초 임차인)과 전차인(두번째 임차인)간의 전대차계약서 작성 및 세금계산서 수수	임대인의 전대차동의서가 있다면 이제 전대인과 전차인 간의 전대차계약서를 작성 후 전대인은 전차인으로부터 월세의 일정액을 받고 이에 대한 세금계산서를 매월 다음 달 10일(10일이 공휴일 등이면 그다음 날)까지 발급하면 된다. 예를 들어 건물주 갑이 세입자 을에게 월세 100만 원을 받고, 세입자 을은 병에게 40만 원에 전대를 준 경우 갑은 을에게 부가가치세 10만 원을 받고 110원에 세금계산서를 발행하고, 을은 병에게 부가가치세 4만 원을 받고 44만 원에 대해 세금계산서를 발행하면 된다.
가벽 또는 파티션 등을 통한 업무공간의 분리	관할 세무서에서는 업무공간의 분리 여부를 확인하고자 가벽 또는 파티션 등이 있는지? 여부를 유선 확인 또는 현장 방문을 통한 방법을 취할 수도 있는데, 실제로 다수의 사업행위가 이루어지고 있음을 증명하기 위해 파티션 정도는 세울 필요가 있다고 판단된다.

개인사업자의 사업자등록 명의변경

법인인 경우 임시주주총회 및 이사회결의로 대표자 변경 등 안건을 상정해 대표자 변경등기를 할 수 있는 반면, 개인사업자의 경우 대표자 변경이나 개인사업자 명의변경이 가능한 경우는 상속으로 인하여 사업자의 명의가 변경되는 경우 및 공동사업자의 대표자 변경 외에는 불가능하다.

1 포괄 양수도 계약을 체결하는 경우

부모와 본인과의 포괄양수도계약서를 작성하고 넘겨받으면 된다. 단 부모 사업장은 폐업해야 한다.

2 동업계약 후 공동명의, 공동사업 해지 후 정정신고

기존 부모님이 운영하시는 사업체의 사업자 번호를 유지하고 싶을 때는 공동명의로 사업자 변경 후 15일~20일 후에 다른 공동사업자를 사업자에서 제외하고 본인 단독으로 변경 신청을 하면 된다. 단, 부모님 등의 경우 현 사업장에 있는 자산 또는 예금에 대하여 그대로 받을 경우 증여로 추정되어 증여세가 과세될 수 있으며, 이 경우 홈택스 등을 통해서는 신청이 되지 않는다. 즉 직접 세무서를 방문해야 한다.

또한, 이 경우는 매우 엄격하여 자금출처내역이나 통장거래내역을 요구할 수도 있으니 참고해야 한다.

개인사업자의 명의변경은 상속으로 인하여 사업자의 명의가 변경되는 경우 및 공동사업자의 대표자 변경 외에는 사업자 명의를 변경할 수 없습니다(문일 2015-04-02 답변일 2015-04-03).

따라서 귀 상담의 경우 남편명의 사업자등록을 폐업 신고를 하고 부인 명의로 사업자등록을 신규 신청해야 할 것입니다.

배우자 간에 사업을 양도·양수하는 경우 이에 대하여는 증여세가 과세됨(상증, 부가 22601-1300, 1986.07.02.).

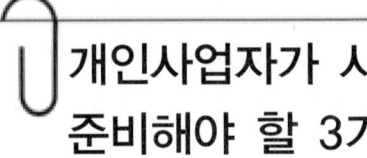

개인사업자가 사업자등록 후 준비해야 할 3가지 세금 제도

1 사업용 계좌 사용

복식부기 의무자와 전문직 개인사업자는 사업용 계좌를 홈텍스에 등록하고 사용해야 한다.

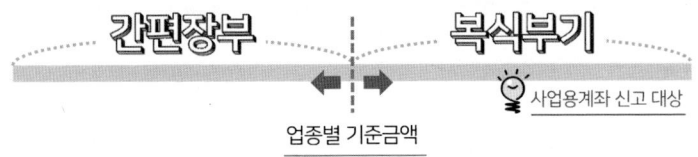

간편장부 ┊ 복식부기

사업용계좌 신고 대상

업종별 기준금액

농업·임업, 도·소매업, 부동산매매업	3억원
제조업, 숙박 및 음식점업, 상품중개업	1억 5천만원
부동산임대업, 전문·과학 기술서비스업, 교육서비스업	7천 5백만원
의사, 변호사 등 전문직사업자	금액 상관없이 복식부기 대상

복식부기 의무자라고 하더라도 원칙적으로는 아래 거래에 대해서만 사업용 계좌 사용 의무가 있다(사업용 계좌 통장).

▣ 거래대금을 은행 등을 통해서 지급하는 경우 : 송금, 계좌이체, 카드 대금
▣ 인건비나 임차료 등을 지급하는 경우

그렇지만, 사업을 하는 처지에서는 꼭 세무서에서 강제하지 않더라도 사업 관리 목적상으로라도 사업용 전용 계좌를 사용하는 것이 좋다. 새로 사업을 시작할 경우라면 관리 목적으로 신규 계좌를 개설해서 사업 전용으로 사용하면 더욱 좋다.

이왕 개설한다면 2개의 통장을 만들어 1개의 통장은 수입 전용 통장, 1개는 지출 전용 통장으로 사용하는 것도 1인 기업이나 소규모 회사에서는 업무 효율을 높이는 방법이다. 또한 기장 대행을 맡길 때도 통장 사본을 세무 대리인에게 제출하는데, 이 경우 세무 대리인이 파악하기도 쉬워서 기장을 누락하는 사태도 줄일 수 있다.

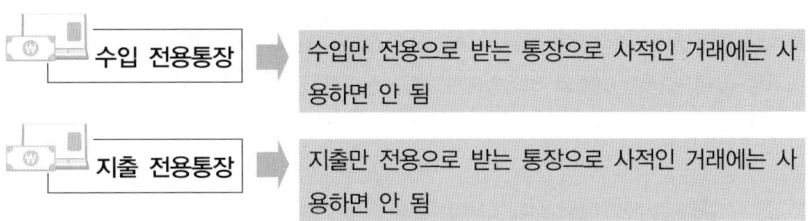

| 수입 전용통장 ➡ | 수입만 전용으로 받는 통장으로 사적인 거래에는 사용하면 안 됨 |
| 지출 전용통장 ➡ | 지출만 전용으로 받는 통장으로 사적인 거래에는 사용하면 안 됨 |

참고로 사업용 계좌는 사업장별로 신고해야 하므로 혹시 하나의 계좌를 2개 이상의 사업장에서 사용하고 있다면 같은 계좌를 사업장별로 각각 신고해야 한다.

☑ 증빙불비 시 입증 편리

거래할 때는 법적으로 인정된 적격증빙을 받는 것이 중요한데, 사업을 하다 보면 부득이하게 그런 서류를 발급받지 못하는 상황이 벌어진다. 이때 적격한 서류를 발급받지 못한 것에 대해 가산세를 부담하는 대신 사업 비용으로 인정받을 수 있다. 다만, 아무 증빙도 없이 '사업 비용으로 사용한 것이 맞다'라고 주장하면 아예 인정받지 못하지만, 사업용 계좌를 이용하면 2%의 가산세를 물고 비용으로 인정받을 수 있다.

☑ 거래내역 파악이 쉽다.

사업용 계좌를 사용해서 사업상 거래 내역만 따로 분리해야 실질적으로 매출은 얼마나 발생했고, 비용은 얼마나 지출되었는지 파악하기가 쉽다. 영세사업장일수록 거래 흐름을 잘 파악할 수 있어야 시간과 돈이 절약된다.

☑ 거래내역 누락 방지

본인이 직접 하지 않고 세무 대리인을 통해서 기장 대리를 맡기는 경우 그때 통장 사본을 제출하는데, 개인 계좌 내역까지 확인하는 세무 대리인은 많지 않다. 애초에 세무 대리인이 개인 계좌까지 꼼꼼히 확인하지 않기 때문에 개인 계좌로 입출금된 거래 내역은 실제 발생한 매출과 비용임에도 세금 신고에서 누락될 가능성이 크다. 이를 방지해 준다.

2 | 사업용 신용카드 등록

개인사업자가 사업 관련 경비의 지출 용도로만 사용하는 사업용 신용카드를 홈택스에 등록해 사용한다.

홈택스 〉 국세납부 〉 계산서 · 영수증 · 카드 〉 신용카드 매입 〉 사업용 신용카드 등록 및 조회에서 개인사업자 개인 명의의 카드를 등록하면 된다. 이때 개인사업자로 등록된 사업자 명의의 카드(가족카드, 직불카드 기프트 카드, 백화점 전용 카드인 경우 및 카드번호 오류 입력 시에는 등록이 불가능)여야 한다.

신용카드를 등록해 두면 좋은 점은 사용내역이 자동등록이 돼 나중에 세금 신고할 때 홈택스에서 조회 후 바로 신고할 수 있다는 점이다.

사업용 신용카드는 세금계산서 매입과 같게 사업비용으로 인정되며, 부가가치세 매입세액공제를 받을 수 있다. 단, **공휴일, 주말, 홈쇼핑, 자택 근처** 등에서 사용하면 업무 관련성을 입증해야 하며, 가사용 비용을 사업용 카드로 사용하면 세무조사를 받을 수 있다.

사업자가 사업과 관련해서 사용한 비용은 필요경비로 장부에 적을 때는 공제가 가능하다.

그러나 이 경우 신용카드 개별명세를 모두 기록하고 영수증 등 증빙자료를 모두 갖추어 신고해야 하는 불편함이 따른다. 또한 신고 시에 개별사항을 빠뜨리는 일도 자주 발생한다. 반면, 사업용 신용카드를 사용했을 때는 매입세액공제 시 개별명세를 작성하지 않고 전체 거래금액 중 공제받을 금액의 합계액을 기재해서 신고하면 된다.

사업과 관련해서 개인의 일반 신용카드로 물품 등을 사거나 해서 매입세액을 공제받을 경우는 개별명세를 모두 기록해야 했던 것과 비교해서 신고는 훨씬 간편해지고 누락으로부터는 안전해지는 셈이다.

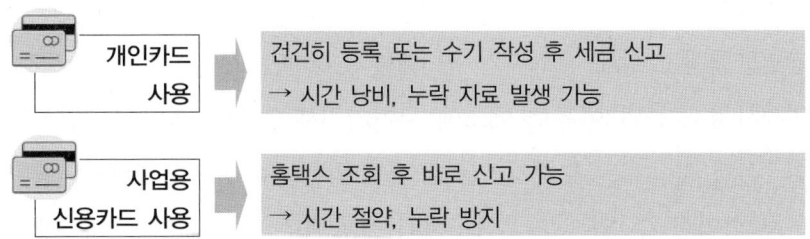

개인카드 사용 ➡ 건건히 등록 또는 수기 작성 후 세금 신고
→ 시간 낭비, 누락 자료 발생 가능

사업용 신용카드 사용 ➡ 홈택스 조회 후 바로 신고 가능
→ 시간 절약, 누락 방지

쉽게 풀어서 말하자면 개인사업자가 자신의 개인신용카드로 사업에 필요한 물품을 구매하거나, 서비스받을 경우, 사업에 필요한 것임을 반드시 증명해야 하지만 사업용 신용카드로 사업에 필요한 물품을 사거나 서비스를 받으면 국세청에 자동 등록된다.

등록된 사업용 신용카드에 대해서는 국세청이 직접 신용카드 매입 자료를 카드사로부터 제출받아 데이터베이스를 구축하기 때문이다. 국세청에서 해당 신고 기간 분에 대한 신용카드 사용 내역을 조회하면 공제받을 금액의 합계액이 표시됨을 알 수 있다. 물론 부가가치세 매입세액공제와 불공제 여부는 본인이 직접 선택해서 결정하고 신고 시 불성실 신고에 대한 모든 책임도 본인이 져야 한다.

즉 국세청 홈택스에 사업용 신용카드를 등록해서 쓰지만, 홈택스에 사업용 신용카드를 등록했다고 해서 무조건 알아서 공제되는 것은 아니다. 애매한 지출 항목에 대해서는 선택 불공제로 구분되며, 사업용으로 지출한 비용일 경우는 공제로 변경해서 부가가치세 공제를 받을 수 있다. 이에 대해 잘 모르는 사업자가 많아 당연히 받아야 하는 공제를 놓치거나 받지 말아야 할 공제를 받는 경우가 발생한다.

이는 홈택스 〉 국세납부 〉 계산서 영수증·카드 〉 신용카드 매입 〉 사업용 신용카드 사용내역 〉 매입세액공제 확인/변경에서 변경할 수 있다.

당연불공제는 상대 사업자가 연 매출 4,800만 원 미만 간이과세자, 면세사업자 등의 이유로 애초에 부가가치세 공제를 못 받는 경우이며, 선택 불공제는 부가가치세 공제를 받을 수 있을지, 없을지 명확하게 파악할 수 없는 경우다. 선택 불공제로 표시된 결제 내역에서 사업용 지출이 맞으면, 공제로 변경하면 된다. 여기서 공제로 변경하면 부가가치세 신고 시 해당 금액을 공제받거나 환급받을 수 있다. 다만 변경 및 변경을 안 해서 세금 문제가 발생하는 때의 책임은 본인이 져야 한다. 즉 불공제를 공제로 변경하는 것도 중요하지만, 공제를 불공제로 변경하는 것이 더 중요하다. 불공제 대상이 공제로 되어 있는 경우 이를 변경해야만 추후 과소 납부로 인한 가산세를 사전에 방지할 수 있다.

내가 가지고 있는 명세랑 홈택스랑 다른 경우 세금 신고

홈택스 자료는 세금 신고를 편리하게 해주기 위한 참고 자료라고 보면 된다. 즉 홈택스를 조회했더니 내가 가지고 있는 증빙과 금액이 맞지 않는 경우는 내가 가지고 있는 것으로 신고해야 한다. 결국 홈택스 조회자료가 나의 세금 신고가 문제없다는 것을 보장해주지는 않는다는 점이다. 모든 책임은 나에게 있다.

특히 아! 국세청이 내 자료를 요거만 가지고 있구나!

국세청에 이 자료만 있으니 요만큼만 신고해도 되겠지? 하는 순간의 유혹에 넘어가면 나중에 세무조사나 가산세 부담을 안을 수 있다.

홈택스와 세무조사 자료는 별개라고 보면 된다. 즉 홈택스 자료는 틀리든 맞든 자료일 뿐이고 세무조사는 해당 자료가 맞는지 틀리는지 검증하는 절차다.

3 전자세금계산서 발행

1인 회사 또는 영세한 회사의 경우 프로그램을 사용하지 않는 회사가 많다. 이 경우 (전자)세금계산서를 발행하고 사업용 계좌와 신용카드를 활용하는 경우 복식 장부는 안 되지만 세금 부분에서는 자체 기장하는 효과를 낼 수 있다. 여기에 세무기장을 맡기는 경우 복식 장부까지 완벽하게 된다. 창업단계에서 자금 사정상 기장 대행을 맡기지 못하거나 경리직원을 쓰지 못하는 경우 (전자)세금계산서를 발행하고 사업용 계좌와 신용카드만 활용한다면 시간을 절약하면서 상당수의 세금 업무도 해결할 수 있다.

전자세금계산서 의무 발행 대상

(정기신고) 2024년 기준 사업장별 과세와 면세 공급가액 합계액이 8천만 원 이상인 개인사업자는 2025년 7월 1일~2026년 6월 30일까지 전자세금계산서 의무 발급 대상이다. 총수입금액 8천만 원 이상은 부가가치세 과세 공급가액 및 면세 수입금액의 합계액을 기준으로 판단한다.

(수정신고 등) 사업장별 재화 및 용역의 공급가액의 합계액이 수정신고 또는 경정·결정으로 8천만 원 이상이 된 경우 수정신고 등을 한 날이 속하는 과세기간의 다음 과세기간과 그다음 과세기간

총수입금액	과세공급가액	면세수입금액	전자계산서 발급 의무 여부
8천만 원	8천만 원	–	발급 의무 ○ (총수입금액이 8천만 원 이상)
8천만 원	–	8천만 원	발급 의무 ○ (총수입금액이 8천만 원 이상)
8천만 원	4천만 원	4천만 원	발급 의무 ○ (총수입금액이 8천만 원 이상)

한국에서 사업하면 내야 하는 세금

초보들이나 1인 기업의 경우 신고날짜를 챙기는 것에서부터 시작해야 한다. 기장대리(세무서나 회계사에게 장부를 작성 관리해 달라고 맡기는 행위)를 맡기지 않고 혼자서 하는 1인 사장의 경우 신고날짜를 놓치는 경우가 많으니 특히 유의해야 한다.

크게 중요한 세금은 소비에 대한 세금인 부가가치세와 소득에 대한 세금인 소득세와 법인세가 있다.

그리고 인적용역에 대한 원천세가 있다.

구 분	법인세금	개인회사 세금
매출액 100만 원(소득)	법인세	종합소득세
부가가치세 10만 원	부가가치세	부가가치세
+		
임직원 세금	원천징수	원천징수

1 소비에 대한 세금 부가가치세

소비에 대한 세금은 돈을 쓰거나, 물건을 파는 경우 내는 세금이다. 즉, 팔고 살 때 내는 세금이다.

사는 사람은 부가가치세를 내고 사고, 파는 사람은 팔 때 소비자에 게 부가가치세를 받아서 부가가치세 신고·납부 기간에 관할 세무서 에 내는 것이다(내는 것은 세법에서는 납부라고 한다).

결과적으로 부가가치세는 소비자가 부담하지만, 사업주는 부가가치 세를 받아서 납부하기 전에 모두 써버리고 납부할 때가 되면 괜히 내 돈이 나가는 느낌이 드는 것이다. 일부 사업자는 세금을 내기 싫 어 물건을 팔지 않은 것처럼 매출을 속이는 경우가 많아 세무서는 세금계산서나 신용카드매출전표 같은 증빙을 만들어 판매자와 구매 자가 상호제출하게 해 상호 대조를 함으로써 탈세를 방지하고 있다.

2 소득에 대한 세금 소득세와 법인세

소득은 흔히 돈을 버는 것을 말한다.

회사가 돈을 벌면 소득에 대해 법인세나 소득세 중 하나를 내게 되 는데, 주식회사와 같은 법인이 납부하는 세금이 법인세, 개인사업자 나 개인이 납부하는 세금이 소득세이다.

소득세 중 개인사업자가 가장 민감한 세금이 종합소득세 중 사업소 득세이고, 일반 개인이 가장 민감한 세금은 양도소득세이다.

부가가치세와 법인세, 소득세는 모두 예정과 확정이 있는데, 예정이 있는 이유는 세금을 한꺼번에 내게 되면 부담스러우므로 예정기간에 일단 얼마를 내고, 확정 때 정확한 세금을 내는 원리다. 실무자는 2번 신경을 써야 하니 오히려 귀찮을 수 있다.

소득세와 법인세의 예정은 중간예납이라는 표현을 써 1년 중 6개월분에 대해 중간예납을 한 후, 1년 치 소득을 합해 확정신고를 하게 된다. 소득세 확정신고는 종합소득세 확정신고 납부(5월)라고 하고, 법인세의 확정신고는 법인세 신고·납부(3월)라고 한다.

이처럼 법인세와 소득세는 법인과 개인이 세금의 종류만 다를 뿐 1번 예정 1번 확정이라는 절차는 같다.

반면 부가가치세는 법인과 개인이 다른데, 법인은 4번, 개인은 일반과세자는 2번, 간이과세자는 1번 신고 및 납부를 한다. 즉, 법인은 4번의 신고·납부 기간 모두를 신고·납부 하게 되며, 개인사업자는 예정 2번을 생략하고 2번의 확정신고 및 납부만(2번은 신고 없이 납부만 한다.) 한다.

가끔 비영리법인의 경리담당자는 비영리가 붙어 세금도 안 내도 되는지 착각하는 경우가 있는데, 세법은 형식을 중요시하지 않고 실질을 중요시한다(이를 세법에서는 실질과세의 원칙이라고 한다.).

쉽게 말해 사업자등록증을 중요시하는 것이 아니라 그 회사가 파는 물품이 뭐고, 물품을 팔아서 소득을 내느냐가 중요하다는 것이다.

물품을 중요시한다는 것은 일반과세자가 과세물품인 사탕을 팔든 면세사업자가 사탕을 팔든 똑같이 세금을 부담해야 한다는 것이다.

일반과세자가 파는 사탕에는 사업자등록증 상 과세 사업자라고 10%의 부가가치세를 매기고, 면세사업자는 사업자등록증 상 부가가치세가 면세되는 사업자라고 사탕에 대해 부가가치세 10%를 면제해 주는 것은 아니라는 것이다.

또한, 영리법인은 사업을 해서 번 돈을 법인세로 내고, 비영리법인은 무조건 번 돈을 내지 않는 것은 아니다. 비영리법인은 고유목적사업에서 번 돈에 대해서만 세금을 내지 않는 것이지, 부동산임대나 광고와 같이 수익사업에서 번 돈에 대해서는 영리법인과 동일하게 세금을 낸다.

종업원에 대한 급여세금은 같고 원천징수 방법이나 납부 방법도 같다. 이는 영리든 비영리든 구분하지 않고, 급여를 지급하는 원천징수의무자는 무조건 원천징수 후 매달 10일 신고·납부를 해야 한다.

5 인적용역에 대한 대가는 경우 무조건 원천징수

실무에서 자주 발생하는 원천징수는 앞서 말한 급여에 대한 원천징수가 가장 대표적이며, 사업소득, 기타소득, 이자소득 등에 대한 원천징수가 가장 많이 발생한다.

자영업자 똑똑한 비용처리를 위한 12가지 필수 세금 상식

1. 사업과 관련 없는 지출은 비용처리 하지 않는다

당연한 말이지만 세금을 줄이려는 욕심에 많은 사업자는 사업과 관련 없는 지출도 비용으로 처리한다.

비용처리는 사업을 하는 동안에 사업으로 발생한 지출에 대해서만 해야 한다. 간혹 절세를 위해 개인적인 지출을 가짜 서류를 만들어 편법으로 신고하는 경우가 있다. 이는 국세청의 감시 대상이 되거나 오히려 더 많은 세금을 국세청에 납부하게 되는 등 문제가 생길 수 있으므로 지금 당장 걸리지 않는다고 마구잡이로 넣었다가는 큰코다친다. 세금도 포상금이 있다. 우리는 파파라치의 위력을 알지 않는가?

특히 요식업을 제외한 일반 개인사업자는 주말에 마트에서 사용한 돈도 회사경비 처리하는 경우가 많은데, 이는 100% 나중에 걸리게 되어 있으므로 주의한다. 다만, 넣고 싶으면 사무용품 구입비 등 가사용과 사무실용 지출의 판단이 모호한 비용은 나중에 우길 가치라도 있으니 고려해 볼 만하다.

2 지출 규모별 증빙 요건 숙지

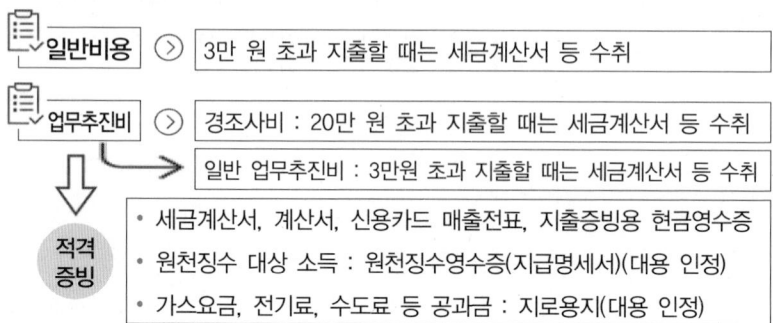

일반비용 ⟩ 3만 원 초과 지출할 때는 세금계산서 등 수취

업무추진비 ⟩ 경조사비 : 20만 원 초과 지출할 때는 세금계산서 등 수취

일반 업무추진비 : 3만원 초과 지출할 때는 세금계산서 등 수취

적격 증빙
- 세금계산서, 계산서, 신용카드 매출전표, 지출증빙용 현금영수증
- 원천징수 대상 소득 : 원천징수영수증(지급명세서)(대용 인정)
- 가스요금, 전기료, 수도료 등 공과금 : 지로용지(대용 인정)

☑ 적격증빙이 없는 경우는

▷ 매입세액공제 불가능

▷ 세무상 비용인정이 안 돼 소득세 부담이 증가한다.

① 건당 3만 원 초과 적격증빙(일반 기업업무추진비 포함) : 세금계
산서, 계산서, 신용카드 매출전표(선불·직불·체크카드 포함), 지
출증빙용 현금영수증 → 매입세액공제 가능(기업업무추진비는 불가능)
② 경조사비(청첩장 등) : 건당 20만 원 초과는 증빙불인정

구 분	증빙처리
임직원	복리후생비로 처리. 내부규정이랑 원천징수영수증으로 충분
거래처	• 건당 20만 원까지는 청첩장 등으로 증빙 가능 단 청첩장은 적격증빙이 아닌 소명자료이다. • 거래처 건당 20만 원까지 기업업무추진비 처리. 단, 20만 원 초과하 면 세금계산서 등 적격증빙을 받아야 비용인정

현금영수증은 근로자가 연말정산 시 소득공제를 받기 위한 소득공제용 현금영수증과 사업자가 사업소득세 신고 시 비용인정을 받기 위한 지출증빙용 현금영수증으로 나누어진다. 현금으로 회사 물품을 구매하고, 경비처리를 위해서는 지출증빙용으로 발급받아야 하는데, 소득공제용으로 발급받는 경우가 흔히 있다. 이 경우 국세청 홈택스를 통해 용도변경을 할 수 있다.

국세청 홈택스 〉 계산서 · 영수증 · 카드 〉 현금영수증(매입·지출증빙)에서 변경한다.

3 세금 신고할 때 증빙을 모두 제출하는 게 아니다.

세금 신고할 때 영수증 및 세금계산서 등 적격증빙을 전부 제출해야 하는 것이 아니다.

세금 신고를 할 때 그동안 사용한 모든 지출영수증을 제출해야 한다고 알고 있는 사업주분들이 있는데, 모든 영수증을 제출할 필요 없이 평소에는 이 영수증을 근거로 신고만 잘하고 5년 동안 잘 보관하고 있다가 혹시 5년 이내에 세무조사 등을 받게 되면 소명자료로 보여주는 것이다. 즉, 제출은 안 하되 보관은 해야 한다.

4 금융거래를 통한 온라인 입출금

적격증빙 없다면 은행거래를 통해 송금(성명, 주민등록번호, 주소, 상호 등 기재)하고 송금명세서를 관리한다.

→ 향후 누락된 매출액 추가 시 비용으로 인정 가능성이 크다.

특히 상대방이 증빙 발행을 꺼리는 경우는 반드시 계좌이체를 해 소명자료를 남겨야 한다.

5 거래처 상대방 사업자등록 상태 확인

상대방과 처음 거래할 때는 국세청 홈택스 등에서 사업자등록 상태를 확인한다.

주의할 점은 상대방이 일반과세자라고 반드시 세금계산서를 발행해야만 하는 것이 아니며, 면세사업자라고 계산서를 발행해야 하는 것은 아니다. 즉 세금계산서와 계산서의 구분은 사업자등록 상태에 따라 결정되는 것이 아니라 파는 물품에 따라 결정된다.

예를 들어 상대방이 일반과세자여도 판매한 물품이 면세 물품이면 계산서를 발행할 수도 있다.

6 \ 부가세 10%를 절대 아끼지 마세요

신용카드 결제를 하거나 세금계산서를 요구할 시 사업자가 10% 부가가치세를 더 내야 한다면, 이 부가가치세가 아까워서 현금결제를 하는 사업자들이 있으나 이는 피하는 것이 좋다. 세금계산서는 증빙이 되기 때문에 부가가치세는 다 돌려받을 수 있을 뿐 아니라 종합소득세까지 줄여주기 때문이다. 현금으로 결제하는 것보다 부가가치세를 주고 세금계산서를 받는 것이 훨씬 유리하다.

또한 아는 사이에 10%의 부가가치세를 받고 세금계산서 자료를 지인에게 넘겨주는 때도 있는데, 이것 또한 손해다. 부가가치세는 10%, 종합소득세는 최소 6%이다. 따라서 부가가치세 10%만 받고 자료를 넘겨주면 종합소득세 6%(최소)를 손해 보는 것이다.

7 \ 업무용 승용차 매입세액공제와 운행기록부 작성

업무용으로 승용차를 사용하면 부가가치세 신고를 할 때 매입세액공제를 받지 못하지만, 경차나 트럭 등 화물차를 구입해서 사용하는 경우 구입 및 유지비용을 공제받을 수 있다.

구 분	매입세액공제 여부
가능한 경우	9인승 이상의 승합차 등(운반용), 트럭, 1,000cc 이하의 경차 등
불가능한 경우	일반 소형·중형·대형 승용차, 전기 승용차

위의 비영업용소형승용차는 부가가치세 매입세액공제를 받지 못해도 소득세 신고 때 비용으로 인정받을 수 있으므로 증빙을 잘 챙겨두어야 한다. 다만, 복식부기 의무자인 개인사업자는 위의 매입세액불공제 차량을 종합소득세 신고 때 비용으로 인정받기 위해서는 차량별로 관련 비용이 연간 1,500만 원(감가상각비 포함)을 넘는 경우는 반드시 일자별로 운행기록부를 작성해야 한다.

그리고 개인사업자라도 모든 복식부기의무자는 2대 이상부터는 업무 전용 자동차보험에 반드시 가입해야 한다.

구 분		비용인정 여부
임직원 전용 자동차보험에 미가입		복식부기 의무자 전액 불인정
임직원 전용보험에 가입	운행일지 미작성	연간 1대당 1,500만 원까지만 비용인정
	운행일지 작성	업무 사용 비율만큼 비용인정

8 공과금은 세금계산서 신청

각종 공과금, 공공시설 부담금은 자동이체를 신청하고, 사업자등록번호를 등록 후 세금계산서를 신청해 받아야 한다.

그래야만 전기요금, 도시가스 요금, 전화, 인터넷, 통신비 등의 10%
매입세액을 공제받을 수 있다.

9 허위, 위탁사업자(자료상) 거래 금지

부가가치세 등 세금을 절약하기 위해서 자료 상을 통해 허위증빙을
발생시키면 안 된다. 국세청 빅데이터 분석으로 대부분 적발된다.
→ 부가가치세, 법인세, 소득세 등 추징 + 관련 가산세 추가 등으로
거래액의 100% 넘는 세금이 부과된다.

10 법정 신고 기한 준수

법에서 정한 기한 내 자진신고·납부를 해 가산세를 부담하는 일이
없어야 한다.

11 인건비는 반드시 계좌로 지급해라

일반적으로 개인사업자 비용 중 가장 큰 비중을 차지하는 항목은 인
건비이다. 소규모 사업장의 경우 인건비를 통장이 아니라 현금으로
지급하여 관련 절세 혜택을 잘 받지 못하는 경우가 많다.
증빙 관리를 위해서 인건비는 현금 대신 계좌로 지급하여 근거를 남
기는 것이 유리하다.

12 세금은 분납이 가능하다.

종합소득세로 납부해야 할 금액이 1천만 원을 초과하는 경우 세액의 일부를 나누어 낼 수 있는데 이를 분납이라고 하며, 분납할 수 있는 기간은 납부기한으로부터 2개월 이내이다. 납부할 세액이 2천만 원을 초과하는 경우는 50%의 세액을, 2천만 원 이하인 경우는 1천만 원을 초과하는 세액을 나누어 낼 수 있다.

반면, 부가가치세는 분납제도가 법적으로 없다. 따라서 사업이 어려워지는 경우 카드 할부로 분할 납부 효과를 내거나 납부기한의 연장 등을 통해 납부를 연기하는 방법을 사용한다.

자영업자의 5가지 절세 필수수칙

1 노란우산공제를 통한 절세 활용

노란우산공제는 소기업·소상공인이 가입하여 공제부금을 납입하고 폐업, 퇴임, 노령, 사망 등의 상황이 발생하는 경우 불입한 공제금을 지급받을 수 있는 제도로, 중소기업중앙회가 운영하고 중소벤처기업부가 감독하는 공적 공제제도이다.

제조·건설·광업·운수업의 경우 상시근로자 수 50인(10인) 미만, 기타 업종의 경우 10인(5인) 미만인 소기업·소상공인 기업의 대표자가 가입대상이다.

노란우산공제 불입금 중 연 200~600만 원이 소득에서 공제되어 종합소득세가 절감된다.

5~100만 원까지 1만 원 단위로 사업자가 선택할 수 있으며, 납입원금 전액이 적립되고 그에 대해 복리이자를 적용한다.

예를 들어 종합소득세 최저세율인 1,200만 원 이하 6%의 세율을 적용하면 한도 600만 원에 396,000원(소득공제 600만 원 × 6.6% 지방세 포함)의 절세효과를 볼 수 있다.

구분	과세표준	최대 소득공제 한도	절세효과
개인, 법인	4천만 원 이하	600만 원	396,000원
개인사업자	4천만 원 초과 1억 원 이하	400만 원	660,000
법인사업자	4천만 원 초과 5,675만 원 이하		
개인사업자	1억 원 초과	200만 원	770,000

[참고] 법인 대표자의 경우 연봉이 8천만 원 이하일 경우까지만 소득공제 가능
여기서 과세표준이란 순소득을 말한다. 개인사업자는 '사업소득', 법인사업자는 '근로소득(연봉)'이다. 이에 따라 개인사업자는 종합소득세에서, 법인사업자는 연말정산에서 노란우산공제 소득공제를 받을 수 있다.

2 기장을 안 맡기면 간편장부를 활용하라

당해 창업했거나 직전년도 수입이 7,500만~3억 원 미만이면 간편장부 작성 대상자가 된다. 간편장부는 정부가 영세사업자를 위해 만든 제도로 별도의 회계지식이 없어도 쉽게 이용할 수 있으며, 장부 사용 시 소득세를 최고 20%까지 줄일 수 있다.

간편장부를 작성하면 적자·결손 발생 시, 향후 15년간 소득금액에서 공제받을 수 있으며 이를 복식부기로 신고할 경우 연간 100만 원 한도(소득세 산출세액의 20%)의 공제 혜택이 제공된다. 더불어 장부 작성을 통해 사업자 스스로 수입과 지출을 매일 파악하고 소득금액을 계산하는 습관을 갖도록 해주는 유용한 제도다.

3 영수증은 세금과 반비례, 꼼꼼한 관리 필수

모든 사업자는 의무적으로 세금계산서, 현금영수증 및 신용카드매출
전표 영수증과 같은 적격증빙을 수취해야 한다. 이를 누락하면 부가
가치세 공제가 안 되고 소득세를 계산할 때 경비로 인정받지 못해
세금이 많아진다. 또 3만 원 초과 거래에 대해 적격증빙을 갖추지
않으면 2%의 증빙불비 가산세가 부과된다.

그러나 사업을 하다 보면 부득이하게 지출 증빙을 수취하지 못하는
경우가 발생하는데, 이때 거래명세서나 지출 기록이라도 일자 별로
정리하는 것이 유리하다. 지출 사실을 입증하는 다른 서류가 있다면
증빙불비가산세는 비록 부담하지만, 비용으로는 인정받을 수 있기
때문이다. 결국 2%의 증빙불비가산세를 부담하고 전액 비용인정을
받는 것이다(참고 : 기업업무추진비(= 접대비)는 3만 원 초과 지출
하고 적격증빙 없으면 비용인정 못 받고, 증빙불비가산세도 안 냄).

4 소득세 줄여주는 필수경비 처리

세법에서 인정하는 범위에서 소득세를 최소화하는 방법은 가능한 많
은 필요경비를 인정받는 것이다. 먼저 개인사업자가 가장 많이 놓치
는 항목인 인건비는 지급내역을 세무서에 제출해야 경비처리가 되며
만약 기한 내 제출하지 못했다면 연말정산 수정신고 및 지급명세서
지연제출 가산세를 부담하고 비용으로 인정받을 수 있다.

이외에도 차량, 컴퓨터, 냉난방 설비 등 사업 전 구입자산은 자산명

세서를 작성해 유형자산으로 등재하면 감가상각으로 비용처리가 된다. 또 사업자금 마련을 위해 대출한 금액에 대한 이자도 증빙서류 첨부 및 장부 기재 시 경비로 처리할 수 있다. 단 자산을 초과하는 대출금의 이자는 필요경비에 포함되지 않는다.

5 연금계좌 세액공제

연금저축은 소득과 무관하게 연 600만 원까지, IRP를 하면 연금저축과 합산해서 900만 원까지 세액공제를 적용받는다.

총급여액 (종합소득금액)	공제율	세액공제 한도	IRP 추가 납입 세액공제 한도
5,500만 원 이하 (4.5천만 원)	16.5%	600만 원	900만 원
5,500만 원 초과 (4.5천만 원)	13.2%		

주 연금저축에 600만 원을 납입했다면 IRP에 300만 원을 납입할 수 있다. 연금저축에 200만 원, IRP에 700만 원을 납입해도 된다. 물론 연금저축에 0만원, IRP에 900만 원을 납입해도 된다.

사적연금의 경우 연 수령액이 1,500만 원을 초과할 때도 무조건 종합과세되는 것이 아니라 16.5% 분리과세를 선택해서 적용할 수 있다.

설비투자 비용은 조기환급 제도를 활용하자

1 사업용 시설에 대한 조기환급

외식업 등 자영업을 창업하기 위해서는 많은 자금이 필요하다. 이 창업자금 중에 시설투자와 관련된 자금은 부가가치세를 조기에 환급받을 수 있다.

이는 사업자의 창업에 따른 자금 부담을 줄여주려는 조치다. 부가가치세법은 매입세액 등이 매출세액을 초과하는 경우 초과 부분의 매입세액을 환급세액이라고 한다.

조기환급은 사업용 지출만 해주는 것으로 슈퍼마켓 사업자가 가정용 냉장고를 구입했다면 사업상의 지출이 아니라 조기환급 대상이 아니다. 또한 유흥업소·골프장, 단순 투자목적으로 구입한 부동산 및 비영업용 소형승용차 구입, 기업업무추진비(= 접대비) 지출은 원래부터 매입세액불공제 대상이므로 매입세액공제액에서 빠진다. 즉, 조기환급 대상은 사업에 직접 사용하는 자산으로 감가상각이 되는 것을 말한다. 사무실 인테리어 공사 또는 업무용 차량 매입 시 부가가치세 조기환급이 가능하다.

조기환급대상 설비자산	조기환급 안 되는 설비자산
• 사업에 직접 사용하는 자산으로 감가상각이 되는 것을 말한다. • 인테리어 공사 및 사무실 공사 • 업무용 차량 매입	• 사업에 직접 관련 없는 자산 • 비영업용 소형승용차 구입 • 유흥업소·골프장 • 단순 투자 목적으로 구입한 부동산

2 조기환급 신고와 신고기간

환급세액은 과세기간별로 환급하는 것이 원칙이나 예외적으로 수출이나 설비투자와 관련해 환급세액이 발생한 경우는 신속하게 환급을 통해 창업주들의 자금부담을 덜어주고 있다.

조기환급 신고는 시기별로 가능하므로 해당 조기환급기간 종료일부터 25일 이내에 신고하면 신고기한으로부터 15일 이내에 환급받을 수 있다. 여기서 주의할 점은 해당 조기환급기간에 대한 조기환급 신고를 하는 경우 해당 기간의 모든 매출 및 매입을 모두 신고해야 한다는 것이다. 만약 해당 기간에 대한 매출 부분을 누락한 경우라면 추후에 신고불성실가산세 및 납부불성실가산세 등의 불이익이 발생하게 되니 주의가 필요하다.

예를 들어 1월분에 대해 환급 신고를 한다면 1월 매출 매입 중 조기환급 즉 시설투자 한 부분만 신고하는 것이 아니라 1월 매출 매입 전체를 신고해야 하며, 조기환급에 대한 신고기한은 만약 1월분에 대해 조기환급 신고를 한다면 2월 25일, 1~2월분에 대해 조기환급 신고를 한다면 3월 25일이 된다.

개인사업자의 세금 관리

자영업자들이 경리는 어떻게 채용하며 세무처리는 어떻게 해야 유리한지 궁금해하는 사람들이 많다. 사실 단지 자영업자의 문제가 아니라 일반 중소기업도 사정은 마찬가지다. 경리를 채용하기도 어렵고, 어쩌다 채용해도 마음에 들게 처리하는 경우가 그리 많지 않아서다. 사업하는 사람들이 이구동성으로 하는 말이, 세금 제대로 내면 망한다는 이야기가 있다.

실제로 법으로 강제하는 세금과 공과금을 제대로 내면 남는 게 없다. 그래서 어떻게든 절세방법을 찾으려고 노력한다.

✳ **우선, 개인사업자인 자영업자는 반기별(1월과 7월)로 부가가치세 신고를 해야 한다.** 이때 절세를 위해서는 세금계산서, 계산서, 신용카드 매출전표, 지출증빙용 현금영수증 금액 등을 빠짐없이 신고해야 한다. 이 가운데 하나라도 빠뜨리면 과징금이 2배 이상 나올 수 있다. 자영업자들은 일반적으로 부가가치세는 신경을 쓰면서도 소득세는 신경을 안 쓰는 경향이 있다.

그러나 부가가치세는 일률적으로 매출의 10%만 내면 되지만 ✕ **소득세는 소득수준에 따라 누진율이 적용되기 때문에 잘못하면 앞에서 남고 뒤에서 밑지는 경우도 생기기 때문에 철저하게 관리**해야 한다.

예를 들면 프랜차이즈 가맹점의 경우 단순경비율이 75.6%다. 즉, 24.4%를 소득으로 보는 것이다. 1,000만 원 매출이면 244만 원을 소득으로 보고 세금을 부과하게 되니까 많이 내야 하는 경우가 생긴다. 이를 예방하기 위해서는 3만 원 미만의 일반영수증을 많이 모아 두어야 하고, 지출된 금액은 적격증빙을 꼭 챙겨 두어야만 경비로 인정받을 수 있어서 소득세 혜택을 받을 수 있다. 그래서 기장을 철저하게 해야 한다.

세금 문제가 복잡해서 경리가 필요하긴 한데, 그래도 영세 자영업자들은 직접 처리해야 하는 경우가 많다. 이런 경우는 ✕ **간편장부를 작성하면 소득세 신고 때 유리하다.** 세무 관련 소프트웨어들도 업종별로 많다.

세무신고는 국세청 홈페이지(www.hometax.go.kr)에 가입하면 인터넷으로 간편하게 신고할 수 있고, 그래도 어려움이 있다면 세무사 또는 회계사에게 기장을 맡기면 되는데 기장료는 매출액에 따라 다르지만 보통 월 10만 원 정도 한다. 마음 편하게 기장을 맡기는 것도 좋은 방법인데, 이 경우 단지 시험 봐서 합격한 공인회계사보다는 국세청에서 근무했던 세무사가 다소 유리하다. 세금이 과다하게 나올 경우도 공직 경력자는 어렵사리 해결해 준다. ✕ **세금이 많이 나오면 고지서 수령일로부터 90일 이내에 불복 청구**를 하면 되는데 수수료는 통상 환수금액의 30%~40% 수준이다.

참고로 알아두어야 할 사항은 이외에도 많다. ✕ **남편이 직장인이면서 투잡으로 자영업을 하는 경우, 사업자등록은 아내 명의로 해야 세금에서 유리하다는 점을 기억해 두면 좋다.** 집을 공동명의로 하면 세금 적게 내는 것과 마찬가지인데 이는 부부별산제를 채택하고 있기 때문이다(소득세는 누진세 체계이므로 소득이 높으면 높은 세율을 적용받아 급속히 세금이 증가할 수 있으므로 소득을 각각 분리해 둠으로써 상대적으로 낮은 세율을 적용받을 수 있기 때문이다.).

그리고 가게를 ✕ **임차할 때**는 사업자등록증과 임대차계약서 원본을 세무서 민원실에 가서 **확정일자를 받아두면 보증금을 떼일 염려가 없다.** 혹시 건물이 경매에 넘어가더라도 상가임대차보호법에 의해 전세금을 우선변제 받을 수 있기 때문이다.

가족회사의 경우 유의할 사항

1 가족회사 가족의 세무 업무처리

배우자가 가족이 사장인 회사에서 근무하고 급여를 지급하는 경우 해당 배우자 또는 가족도 일반근로자(가족이 아닌 종업원)와 동일하게 급여에 대한 원천징수 후 신고 및 납부를 하면 된다. 또한, 사장은 가족 급여라도 종합소득세 신고 및 납부 시 필요경비로 인정되어서 세금을 줄여주는 역할을 한다. 다만, 주의해야 할 사항은 배우자나 가족이라고 해서 동일한 직급이나 업무를 하는 다른 직원과 차별적으로 급여를 주어서는 안 된다. 즉, 동일한 업무를 하는 경우 가족이라고 더 주는 것이 아니라 제3자인 종업원에게 주는 급여와 같아야 한다는 점이다.

결과적으로 가족이라도 남에게 급여를 지급하는 것과 같이 지급해야 한다는 의미다.

가족 인건비를 계상하면 사장인 가족은 비용이 늘어 실질적인 과세소득이 줄어들고, 해당 비용으로 사용한 만큼 수익이 분산되기 때문에 세금이 절약된다.

많은 사업주가 가족 인건비를 비용 처리하여 세금을 줄여보려고 시도를 해보다가 4대 보험 납부액 발생과 장부기장의 번거로움 때문에 포기하는 경우가 많다.

이러한 번거로움과 비용 때문에 실제 근무하는 가족에게 지급하는 인건비에 대해서 경비처리를 하지 않는다면, 종합소득세 신고 시 세금을 줄일 수 있는 가장 명백한 사업상 비용인 인건비를 포기하는 것이다. 특히 배우자가 사업장에 나와서 일을 하고 매달 사업주에게 생활비를 받는 경우가 많은데, 많은 사업주들이 이것을 인건비로 미처 생각하지 못한다. 물론 반대로 일하지도 않는 가족에 대한 인건비를 계상해 탈세하는 예도 있는데, 이는 세무조사 시 중점 검증 대상이다.

실제로 배우자가 사업장에서 일하는 경우 장부를 기장하여 인건비로 비용 처리해 세금을 조금이라도 줄이기를 바란다.

물론, 개인사업자가 혼자서 매달 급여 신고와 4대 보험처리, 장부기장, 각종 서류까지 챙기는 일을 하는 것이 어려운 일임을 알지만, 본인이 챙기지 않으면 세금은 줄어들지 않는다.

사업자의 부양가족이나 배우자가 해당 사업 관련 일에 종사하고 급여를 지급하는 경우 종업원으로 인정해 주며, 필요경비산입(비용으로 인정)이 되어 절세에 도움을 받을 수 있다.

하지만 정상적으로 고용되어 관련 업무를 하고 있다는 증명으로, 근로소득에 대한 세금을 원천징수 해야 하고, 4대 보험료를 납부해야 한다. 즉, 정상적인 다른 종업원들과 똑같은 처리를 해주어야 한다. 급여 수준에 정당성이 있어야 한다.

최소한 너무 적은 급여를 주거나 비용을 많이 올리려는 목적의 과도한 급여는 문제가 될 수 있다. 즉 같은 일을 하는 다른 직원보다 많은 급여를 주는 경우 문제가 발생할 수 있다.

⊚ 인건비 신고 내역과 일치하는지 확인할 수 있도록 근로자 명의 통장에 계좌이체 해서 지급한다.

⊚ 인건비 신고는 제대로 했어도 실제로 근로하지 않는 사람에게 급여를 지급한다면, 세금을 줄이기 위해 가짜 경비를 반영하는 탈세 행위에 해당한다.

⊚ 근로계약서, 근무일지, 근로소득 원천징수영수증, 급여 계좌이체 내역, 사회보험 가입 내역 및 보험료 납부내역 등 가족의 실제 근무 사실을 입증할 수 있는 서류 구비

⊚ 가족이 아닌 다른 직원과 동일하게 원천세와 지급명세서를 기한에 맞춰 제출한다.

⊚ 가족 월급도 타 직원들과 기준을 맞추어 지급한다.

⊚ 세금을 덜 내기 위해 '유령직원'을 등록하면 세금폭탄을 맞게 된다.

2 가족 급여의 증빙처리

배우자나 가족 직원도 일반적인 근로자처럼 기록을 보관해야 한다. 따라서 인건비 지출 증빙은 근로소득원천징수부와 연말정산 한 근로

소득원천징수영수증, 4대 보험 납입영수증, 실지 급여를 지급받은 통장 등을 보관 및 관리해야 한다. 이를 통해 실질적인 근무 사실과 급여 수령 사실이 확인되어야 한다.

특히 가족 세금을 줄이는 목적으로 활용해 실제로 근무도 안 하면서 급여를 준다는 의심을 국세청은 기본적으로 갖고 있으므로, 실무상으로도 근무일지를 작성하고 사인을 받아두는 것이 추후 문제 발생 시 대처할 수 있다.

세무조사 시에도 조사관에 따라 판단기준이 달라지기 마련인데, 같은 업무를 가족이 아닌 다른 직원들이 했을 때 납득할 만한 급여인가를 생각해 급여를 지급한 후 추후 소명이 필요할 수 있으므로, 아래와 같은 자료들을 준비해 두면 좋다.

① 급여이체내역(그 외 통장 사본)

② 근무일지

③ 근로소득 원천징수부

④ 연말정산 근로소득원천징수영수증

⑤ 4대 보험 납부영수증

일반적으로 다른 월급 나가는 직원들과 똑같은 서류를 가지고 있으면 되지만 가족의 경우 실제 근무를 안 하면서 급여를 받아 가는 것으로 의심받을 가능성이 크므로 근무일지 등을 확실히 작성해 둔다.

탈세해도 잘 걸리지 않는다.

불법적인 비용처리는 여러 비용 과목에서 가능한데 이를 국세청이 모두 밝혀내기란 불가능에 가깝다.

특히 회사에서도 사용가능한 품목의 경우 해당 지출이 업무용인지? 가사용인지? 일일이 조사하기에는 인력과 예산 등이 터무니없이 모자란다. 따라서 상당수를 탈세 제보에 의존하고 있다.

법인카드를 개인적인 용도로 사용하더라도 마찬가지다.

집에서 사용하는 컴퓨터나 냉장고 등 가전제품을 법인카드로 결제한 뒤 법인 비용으로 처리해도 잡아내기 어렵다.

과세당국이 세무조사를 하더라도 회삿돈으로 가사용으로 산 컴퓨터나 지출한 비용을 제도적으로 잡아내는 데는 현실적으로 한계가 크다.

이에 따라 기업업무추진비(= 접대비) 등 일부 비용에 대해서는 인정한도에 제한을 두고 있으며, 업무용 차량 관련 지출 비용에 대해서도 일정한 비용인정 요건을 두고 있다.

하지만 특정한 비용에 대해서만 제한을 둘 뿐 대부분 지출과목에 이를 적용하기에는 부작용이 많아서 일일이 잡아내는 데는 한계가 있다. 업종이나 기업이 처한 개별 환경이 각기 다른데 특정 비용을 얼마만큼 쓰는 것이 적절한지를 제도로 정해두면 경영활동을 침해할 소지가 크기 때문이다.

따라서 불법 비용처리에 대해 걸릴지 안 걸릴지 모르는 상황에서 전문가도 안 걸린다, 걸린다는 확답을 하기 곤란하며, 만약 걸리게 되면 막대한 가산세를 부담해야 하므로 세법 원칙에 따른 처리를 권장할 수밖에 없다. 결국 결정은 회사 자체적으로 하고 자체적으로 책임져야 한다.

세무조사를 피하는 최소한의 행동

- 매출 누락을 하지 말자
- 현금영수증 의무 발행을 철저히 지킨다.
- 세금계산서 등 적격증빙을 철저히 수취 보관한다.
- 성실신고 사업자가 되자

국세청과 세무공무원이
탈세를 찾아내는 방법

사업을 하다 보면 벌리는 돈은 없는데, 꼬박꼬박 세금납부 일이 다가온다. 이 경우 좀 어떻게 매출을 속이는 방법이 없을까? 누구나 생각해 보기 마련이며, 이를 실행에 옮기는 사람도 많다.

그러나 매출 누락 등의 부정행위를 국세청에서 알지 못할 것이라는 생각은 잘못된 것이다. 요즘의 세무 행정은 전산화돼 있으므로 사업자의 모든 신고 상황 및 거래내역이 전산처리 돼 다양하게 분석되고 있다. 즉, 사업자별로 지금까지 신고 추세, 신고한 소득에 대비한 부동산 등 재산 취득상황, 동업자 대비 부가가치율, 신용카드 비율 및 신고내용과 세금계산서합계표 내용의 일치 여부 등이 종합적으로 전산 분석되는 것이다.

또 세무서마다 「세원정보수집전담반」을 편성해 관내 어느 업소가 사업이 잘되고 있는지 등의 동향을 일일이 파악하고 있고, 모든 국세 공무원은 각자가 수집한 정보자료를 제출하고 있다. 납세자가 과세기간마다 제출한 신고서 및 수집된 과세자료 등에 대한 신고성실도를 전산 분석 한 결과 불성실하게 신고한 혐의가 있는 사업자는 조사대상자로 선정해 세무조사를 실시한다. 이렇다 보니 매출 누락이 적발되는 것은 시간문제라고 하겠다.

국세청은 사업자에 대한 과세정보는 누적 관리하고 있다가 세무조사를 할 때 한꺼번에 추징한다. 따라서 지금 당장 세무조사를 당하지 않는다고 해서 매출 누락 신고를 게을리하면 크게 후회할 날이 올 것이다.

 소득신고 할 때 누락 해서는 안 되는 기본 거래 내용
너무 당연한 이야기지만 아직도 이를 챙기지 않는 사장님이 많다.

📄 **세금계산서 및 계산서 발행거래**

📄 **신용카드 발행거래**

📄 **현금영수증 발행거래**

위의 거래는 확실히 세무서에서 파악하고 있는 거래이니 누락할 경우 100% 적발이 된다는 점을 잊어서는 안 된다.

위와 같은 내용은 이제 누구나 상식이다 보니 이제 오히려 위의 4가지를 이용해 없는 거래를 만들어 세금을 조절하는 사업자가 갈수록 늘어남에 따라 사업용 계좌 및 신용카드 등록 제도를 만들어 개인사업자의 가장 큰 거래내역인 매입·매출 거래 및 인건비, 임차료 지출에 대해 무조건 금융거래를 의무화시키고 있다. 즉 이제는 모든 거래는 금융거래로 하라는 것이다.

따라서 사업주는 매출누락의 의심을 면하기 위해 다음의 원칙을 반드시 지키는 것이 좋다.

 매출 누락을 의심받지 않는 방법

🗎 증빙이 있는 거래를 한다.

🗎 웬만한 거래는 금융거래를 한다.

🗎 평소에 성실히 납세의무를 이행해 납세성실도를 높인다.

쫓는 자보다 쫓기는 자의 수단과 방법이 더욱 교묘해져 이제 금융거래까지 조작함에 따라 과세당국은 금융거래보다도 납세성실도를 우선한다.

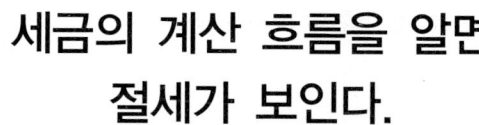

세금의 계산 흐름을 알면 절세가 보인다.

개인사업자의 사업과 관련된 세금은 두 가지이다. 사업소득에 대한 종합소득세와 매출에 대한 소비세인 부가가치세다. 부가가치세는 1년에 2회, 종합소득세는 1년에 1회 신고하고 납부해야 한다.

예를 들어 사업자 갑이 100만 원(부가가치세 10만 원)을 주고 상품을 구입해서 이를 150만 원(부가가치세 15만 원)에 판다고 해보자

1. 부가가치세는 어떻게 계산되나?

판매하는 사업자도 일반과세자이고 구매하는 사업자도 일반과세자일 경우, 이때 발급받은 신용카드매출전표나 세금계산서를 근거로 증빙을 하면 부가가치세 10만 원을 공제받을 수 있다.

반면 이를 150만 원에 팔면서 상대방에게 받은 15만 원은 매출세액으로 납부해야 한다.

그 결과 매출세액 15만 원에서 매입세액 10만 원을 차감한 5만 원을 부가가치세로 내는 것이다. 즉 팔면서 상대방에게서 받은 부가가

치세에서, 사면서 납부한 부가가치세를 차감한 금액이 부가가치세 납부세액이 되는 것이다.

---

1. 일반과세자의 경우 부가가치세 계산구조

가. 매출세액 = (1) + (2) + (3) ± (4)

(1) 과세분

세금계산서 교부분 + 기타 매출분

(2) 영세율(수출)

세금계산서 교부분 + 기타 매출분

(3) 예정신고 누락분

(4) 대손세액 가감

나. 매입세액 = (5) + (6) + (7) − (8)

(5) 세금계산서 수취분

일반 매입분 − 수출기업 수입부가세 납부유예분 + 고정자산 매입분

(6) 예정신고 누락분

(7) 그 밖의 공제매입세액

신용카드매출전표 등 + 의제매입세액 + 재활용폐자원 등 매입세액 + 과세사업 전환매입세액 + 재고매입세액 + 변제대손세액 + 외국인관광객에 대한 환급세액

(8) 공제받지 못할 매입세액

다. 납부(환급)세액 = 가 − 나

라. 경감·공제세액 = (9) + (10)

(9) 신용카드 매출전표 발행공제 등

(10) 그 밖의 경감·공제세액

전자신고세액공제 + 택시운송사업자 경감세액 + 현금영수증사업자 세액공제 + 전자세금계산서 발급세액공제 + 대리납부 세액공제

마. 소규모 개인사업자 감면세액

바. 예정신고 미환급세액

사. 예정고지세액

아. 사업양수자의 대리납부 기납부세액

자. 매입자 납부특례 기납부세액

차. 신용카드업자의 대리납부 기납부세액

카. 가산세액

차가감 납부(환급)세액 = 다 – 라 – 마 – 바 – 사 – 아 – 자 – 차 + 카

2. 간이자의 경우 부가가치세 계산구조

가. 매출세액 = (1) + (2) + (3)

(1) 과세분

매출금액 × 업종별 부가가치율 × 세율(10/100)

(2) 영세율 적용분

(3) 재고납부세액

나. 공제세액 = (4) + (5) + (6) + (7) + (8)

(4) 매입세금계산서 등 수취세액 공제

매입액(공급대가) × 0.5%

(5) 의제매입세액공제

면세농산물 등의 가액 × 공제율

(6) 매입자 발행 세금계산서 세액공제

(7) 전자신고 세액공제

(8) 신용카드매출전표 등 발행 세액공제

다. 매입자 납부 특례 기납부세액

라. 예정고지(신고) 세액

마. 가산세액

차가감 납부(환급) 세액 = 가 – 나 – 다 – 라 + 마

110만 원을 초기 구입비용으로 쓴 사업자가 부가가치세 10만 원을 돌려받으면 사업을 하면서 든 비용은 100만 원이 된다. 반면 상품을 팔아서 얻은 165만 원 중 15만 원은 부가가치세로 내고, 수입은 150만 원이 된다.

자영업자가 소득이 있으면 매년 5월에 전년도 소득에 대한 종합소득세 신고해야 하는데, 상품을 팔고 얻은 150만 원은 수입이 되고 지출한 100만 원은 비용이 되어 종합소득세를 신고할 때 수입과 비용의 차이인 소득에 대해 세율을 적용해 종합소득세를 납부한다.

여기에서 핵심은 사업소득액이 얼마인지를 계산하는 것이다. 앞서 설명한 바와 같이 매출액에서 경비를 빼면 사업소득액이 되는데, 이를 신고할 때는 적격증빙만 필요했던 부가가치세와는 달리, 장부를 써서 제출해야 한다. 직전 과세기간 수입금액이 기준금액 이상일 경우 복식장부를, 영세한 업체의 경우는 간편장부를 쓰게 되는데, 적격증빙을 근거로 총수입금액 및 필요경비 명세서 등의 서류를 잘 작성해서 제출하면 된다.

구입가격 110만 원		판매가격 165만 원	
구입원가	부가가치세	판매원가	부가가치세
100만 원	10만 원	150만 원	15만 원
종합소득세 신고시 필요경비	부가가치세 매입세액	종합소득세 신고시 총수입금액	부가가치세 매출세액

종합소득세 과세표준
150만 원 - 100만 원 = 50만 원

부가가치세 납부세액
15만 원 - 10만 원 = 5만 원

주요 세금의 신고 및 납부 기한

구 분	주요 일정
매달	▶ 10일까지 해야 하는 업무 ◉ 법인세·소득세 원천징수·지방소득세(소득분) 신고·납부 ◉ 전자세금계산서 발급기한 ▶ 15일까지 해야 하는 업무 ◉ 고용·산재보험 근로 내용 확인 신고 ▶ 매달 말일 해야 하는 업무 ◉ 일용근로자 지급명세서 및 사업소득, 인적용역 기타소득 간이지급명세서 제출
1월의 주요 업무	▶ 26일까지 해야 하는 업무 ◉ 전년도 제2기 부가가치세 확정신고 및 납부 ◉ 하반기 근로소득 간이지급명세서 제출
3월의 주요 업무	▶ 3일까지 해야 하는 업무 ◉ 전년도 귀속 연말정산 마감 ◉ 전년도 귀속분 지급명세서 제출(이자·배당·기타소득 등 그 밖의 소득)

구 분	주요일정
3월의 주요 업무	▶ 10일까지 해야 하는 업무 ◉ 전년도 귀속 연말정산 분 납부 ◉ 전년도 귀속분 지급명세서 제출 　(근로·퇴직·사업소득·종교인소득·연금 계좌) ▶ 31일까지 해야 하는 업무 ◉ 12월 말 결산법인 법인세 신고 및 납부(법인)
4월의 주요 업무	▶ 27일까지 해야 하는 업무 ◉ 부가가치세 예정신고 및 납부(법인)
6월의 주요 업무	▶ 1일까지 해야 하는 업무 ◉ 종합소득세 확정신고 및 납부 ▶ 30일까지 해야 하는 업무 ◉ 성실신고확인서 제출 대상 개인사업자 종합소득세 확정신고 및 납 　부, 소득 분 지방소득세 신고 및 납부
7월의 주요 업무	▶ 27일까지 해야 하는 업무 ◉ 제1기 부가가치세 확정신고 및 납부 ◉ 상반기 근로소득 간이지급명세서 제출
8월의 주요 업무	▶ 31일까지 해야 하는 업무 ◉ 12월 말 결산법인 법인세 중간예납
10월의 주요 업무	▶ 26일까지 해야 하는 업무 ◉ 부가가치세 예정신고 및 납부(법인)
11월의 주요 업무	▶ 30일까지 해야 하는 업무 ◉ 종합소득세 중간예납세액 납부 및 중간예납추계액 신고기한

※ 해당일이 공휴일의 경우 다음 날 신고·납부

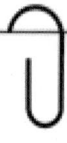

국세청에서 제공하는
자료는 참고용이다.

홈택스에서는 모든 납세자에게 수입금액 자료, 소득공제 항목 등 신고에 필요한 자료와 과거 신고 상황 분석자료(3년간 신고 현황, 업종별 유의 사항, 매출액 대비 판매관리비 비율)를 제공한다.

따라서 납세자는 신고할 때 유의할 사항을 신고 전에 꼭 열람하여 신고에 반영한다.

그러나 이 자료는 단지 개개인이 자료를 모으기 힘들므로 이를 모아 참고용으로 제공하는 자료일 뿐 절대적인 자료가 아니다. 즉 도움자료, 참고자료일 뿐이지 100% 일치하는 자료는 아니다.

따라서 신고·납부를 잘못한 후 국세청 도움 자료로 했다고 우겨봤자 이것은 법적 보호를 받는 것이 아니다. 특히 초보분들의 경우 이 자료를 맹신하거나 이 자료를 어기면 안 되는 것으로 오해해서 국세청 자료와 회사자료가 다른데 어떤 것으로 신고해야 하는지? 고민하는 경우가 많은데 이는 잘못된 생각이다.

무조건 신고·납부의 책임을 본인에게 있으므로 본인이 판단하고 결

정해서 보다 정확한 자료로 신고·납부를 해야 한다는 점을 명심한
다.

종합소득세를 예로 들어 국세청에서 종합소득세 신고시 제공하는 정
보를 살펴보면 아래 표와 같다.

구 분	제공내용
기본사항	• 소득세 신고 안내 유형 • 기장의무 구분(복식부기/간편장부) • 추계신고 시 적용할 경비율(기준경비율/단순경비율)
신고 시 유의할 사항	• 사업자 개별 분석자료 • 업종별 공통 유의 사항
신고 시 참고자료	• 사업장별 수입금액 현황 • 이자·배당·근로·연금·기타 소득 유무 • 중간예납 금액 • 소득공제 항목(국민연금 보험료 등) • 가산세 항목(추계신고 시 무기장 가산세 해당 여부 등)
신고상황 종합분석	• 최근 3년간 종합소득세 신고 상황(실효세율 포함) • 최근 3년간 신고소득률 • 사업용 신용카드 사용 현황 분석 • 매출액 대비 주요 판매관리비 현황(당해 업체 및 업종평균)

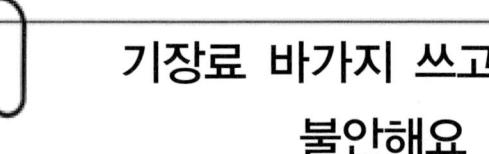

기장료 바가지 쓰고 있는지 불안해요

경리직원도 없고 영업에만 전념하고 싶다 그러면 기장을 맡긴다.
경리직원 없이 간단한 장부 정리는 내가 직접 해야지 그러면 세금은
홈택스로 관리하고 기장을 한 번 해보다가 결정하면 된다.

1 기장료가 얼마인가요?

기장이란 장부에 기록하는 것을 말하며, 회사의 매출/매입 내용을
장부에 정리한 후 이를 관리하는 것을 말한다.

기장 대행을 맡기는 경우 세무 대리인은 매월 장부기장 및 증빙관
리, 인건비(원천세) 신고, 각종 민원 서류발급, 가결산, 4대 보험 신
고, 세무 상담 등의 업무를 대행해준다. 이때 관리비용을 기장료라
고 한다.

기장료에는 인건비 신고와 부가가치세 신고는 보통 포함되어 있다고
보면 된다. 반면, 1년에 한 번 있는 종합소득세 신고 또는 법인세
신고는 조정료라고 해서 별도의 신고 수수료를 받는다.

기장료는 지역별, 업종별, 수입금액별, 인건비 신고 여부에 따라서 조금씩 달라질 수 있다.

아래의 표는 일반적인 기장료로 상황에 따라 달라질 수 있으므로 참고만 할 뿐 절대적인 것이 아니라는 것이다.

예를 들어 가맹점은 특정 세무사 사무실에서, 많은 업체를 일괄관리하므로 기장료를 적게 받는 예도 있다. 소규모 사업자의 경우 국세청 홈택스에서 직접 신고가 가능하도록 계속해서 업데이트되고 있으니 한번 직접 해보고 기장을 결정하는 것도 괜찮은 방법이다.

업종		월 보수기준	
		개인	법인
~1억 원 미만		100,000원	120,000원
1억 원 이상	3억 원 미만	120,000원	150,000원
3억 원 이상	5억 원 미만	130,000원	170,000원
5억 원 이상	10억 원 미만	150,000원	200,000원
10억 원 이상	20억 원 미만	200,000원	300,000원
20억 원 이상	30억 원 미만	250,000원	350,000원
30억 원 이상	40억 원 미만	300,000원	400,000원
40억 원 이상	50억 원 미만	400,000원	500,000원
50억 원 이상		500,000원	600,000원

개인사업자는 종합소득세 신고 때 종합소득세 신고 수수료를, 법인세 신고 때 법인세 신고 수수료를 기장료와 별도로 신고 대행 수수

료(조정료)를 내야 한다.

개인보다 법인이 기본보수에 10만 원 정도 추가되며, 기장관리업체가 아닌 신고 때마다 조정 수수료를 주고 신고만 맡기는 신고대리업체는 수수료가 조금 다를 수 있다.

표를 보면 수입금액에 따른 구간별 금액이 설정된 것을 알 수 있다. 기본금액을 삭제하고 표가 작성되어 있는데, 최소 기본보수에 따라서 모든 금액이 연동되게 되어 있다. 최근 신고에 따른 금액이 어느 정도 되는지 보고 판단하면 되며, 보통 수수료 청구 때 해당 산출 내역을 첨부하도록 하고 있다.

업종		보수기준
~5천만 원 미만		–
5천만 원 이상	1억 원 미만	0원 + (5천만 원 초과액 × 20/10,000)
1억 원 이상	3억 원 미만	0원 + (1억 초과액 × 15/10,000)
3억 원 이상	5억 원 미만	0원 + (3억 초과액 × 12/10,000)
5억 원 이상	10억 원 미만	0원 + (5억 초과액 × 10/10,000)
10억 원 이상	20억 원 미만	0원 + (10억 초과액 × 6/10,000)
20억 원 이상	50억 원 미만	0원 + (20억 초과액 × 3.5/10,000)
50억 원 이상	300억 원 미만	0원 + (50억 초과액 × 3/10,000)
300억 원 이상 ~		0원 + (300억 초과액 × 2.5/10,000)
원가계산 개인의 경우, 산출된 보수의 10%를 가산함		
결산과 세무조정을 동시에 할 때 산출된 보수의 20%를 가산함		

2 | 기장을 맡길 때는 일의 범위를 명확히 한다.

경영자가 경리체계를 잘 알고 있어서 스스로 모든 경리업무를 처리할 수 있다면 문제가 없겠지만, 그렇지 않을 경우는 회계사나 세무사에게 일을 의뢰하는 것이 무난하다.

경리업무에 대해 잘 알고 있다 하더라도 결산이나 세무신고는 복잡하므로 이것만을 회계사나 세무사에게 신고 대행을 맡기거나, 법인설립, 법인전환 등 업무의 발생 빈도가 적은 경우는 이를 회계사나 세무사에게 맡기는 경우가 많다.

⇨ 일반적으로 세무 대리인이 해주는 일의 범위

세무 대리인은 부가가치세·원천세·소득세·법인세 등의 세금 계산과 신고, 급여 계산 및 급여대장의 작성, 회계 기장업무 대행·지원, 4대 보험 취득 및 상실 등 기업경영과 관련된 제반 세금 업무를 말한다. 간혹 노무 업무나 등기 업무 요구 등 회사업무 전반에 대해서 과다한 업무를 요구하는 예도 있는데, 이는 원칙적으로 세무대행의 업무가 아니다.

⇨ 기장 계약할 때 일의 범위를 명확히 해두는 것이 좋다.

기장을 맡기면 나는 아무것도 안 해도 되는지 생각하고, 다해준다는 말만 100%로 믿고 계약했는데, 원하는 만큼 안 해준다고 생각해 불만만 쌓이는 경우가 많다.

따라서 남에게 맡길 경우는 기본적으로 어느 단계에서 어느 단계까지의 일을 맡길 것인가를 확실히 정해둘 필요가 있다.

예를 들어 회사의 경리업무는 거의 다음 여섯 가지 일로 구분할 수 있는데, 그중에서 ❷번 항목부터는 세무사에게 의뢰할 수 있고 ❺번과 ❻번 항목만을 의뢰할 수도 있다. 그러나 대다수의 기장 대행은 ❷번부터 신고 대행은 ❺번부터 맡기는 것이 일반적이다.

❶ 전표의 발행과 수령

❷ 전표 및 계정의 분류

❸ 보조장부의 정리

❹ 적격증빙의 정리

❺ 결산과 결산서의 작성

❻ 신고서류의 작성

그러나 위에서 말한 바와 같이 일을 남에게 맡기면 그만이지만 그 일을 자신이 아는 것이 매우 중요한 일이다.

기장을 맡길 때 준비해야 하는 서류

1 세무 기장 대행 서비스 이용시 필요한 서류

세무 기장업무를 진행하기 위해서는 먼저 수임 회사에 대한 기초정보 등록이 필요하다. 이를 위해 고객사에서는 세무신고를 위해 아래 자료를 전달해 주어야 한다.

❶ (공통사항) 사업자등록증과 대표자의 신분증, 사업장 임대차계약서

❷ (법인의 경우) 법인등기부등본, 주주명부, 법인정관, 법인통장, 법인차량 등록증

❸ 홈택스 가입 시 생성한 회사 계정의 아이디와 비밀번호

세무 기장 및 기장료의 납부, 4대 보험 신고 대행 업무 등을 위해서는 아래의 동의서 등이 필요한데, 먼저 세무 대리인이 위 전달받은 정보를 토대로 서류를 작성하여 보내준다.

❶ 세무 대리 계약서, CMS 자동이체 동의서,

❷ 건강보험 EDI 업무 대행 위임장, 고용보험 사무 대행 위탁서

2 국세청 홈택스 수임 동의

홈택스 수임동의란 세무 대리인이 수임 회사의 세무신고를 진행할 수 있도록 관련 정보제공을 동의하는 절차이다. 수임 회사로부터 전달받은 서류를 확인 후 세무 대리인이 먼저 홈택스 수임동의 요청을 하며, 수임 회사는 이를 확인 후 수락해 주면 된다.

❶ 국세납부 〉 세무대리·납세관리를 클릭하여 다음 화면으로 이동

❷ 나의 세무대리 관리 → 나의 세무대리 수임동의를 클릭

❸ 세무 대리인 상호와 사업자등록번호를 확인하신 후 동의 버튼을 클릭

3 부가가치세 신고자료 제출

구 분	내 용
수기 세금계산서 /계산서	• 홈택스를 통해 전자로 발급되지 않고, 수기로 작성하거나 프린트하여 발행되는 세금계산서 • 전자(세금)계산서는 일괄 수집한다.
국외 매출내역	• 수출, 어플리케이션 매출, 광고 매출 등의 국외에서 발생한 매출내역을 신고한다(페이팔, 이베이, 아마존, 구글, 애플) 등 해외쇼핑몰 매출 내역 • 선적을 통한 물품 수출 : 수출신고필증 • 어플리케이션 매출 : 구글, 애플 앱스토어 정산서 : 구글 애플 앱스토어 매출 조회 • 광고 매출 등 기타 인보이스 발행을 통한 서비스매출 : 외환매입 증명서(부가가치세 신고용) : 입금된 은행 창구에서 발급받을 수 있다.

구 분	내 용
오픈마켓/쇼셜커머스 매출내역	오픈마켓 및 소셜커머스(쿠팡, 인터파크, 지마켓, 옥션, 티몬, 위메프, 11번가, 네이버 스토어팜, 카카오 등)를 통해 발생하는 매출 내역이다. : 각 오픈마켓, 소셜커머스 홈페이지 내 판매자 관리페이지에서 조회할 수 있다.
현금매출 내역	세금계산서, 계산서, 현금영수증을 발급하지 않고 법인계좌(개인사업자의 경우 사업용 계좌)로 입금되는 현금매출내역을 현금매출이 입금되는 계좌의 금융기관 홈페이지에서 해당 부가가치세 기간의 거래내역을 조회 후 다운로드 한 엑셀 파일에서 현금매출 입금 분만 정리한다.
카드 매출 승인내역	나이스페이, 이니시스, 카카오페이, 유플러스, 다날, 네이버페이 등 결제대행사, PG사, VAN사 등에서 제공하는 매출내역으로 온·오프라인 카드, 가상계좌결제 등이 이에 해당한다. : 각 결제대행사의 홈페이지에서 직접 조회 또는 결제대행사의 고객센터 유선 상담을 통한 자료 수취가 가능하다.
개인신용카드 사용분	• 사업 관련 비용을 임직원의 개인카드로 대금을 지급한 경우 매입세액 공제가 가능하다. • 매출처의 사업자등록번호가 반드시 기재되어 있어야 부가세 공제가 가능하다(Excel 파일 다운로드 시 카드사 사이트상에서 사업자등록번호가 기재되지 않은 파일만 다운로드 가능하다면, 해당 카드사에 직접 요청할 수 있다.).
사업용 신용카드 사용분	개인사업자의 사업용 카드란 업무용으로 사용한 대표자 본인 명의의 카드를 말하며, 개인사업자만 해당한다.
기타 매출 승인 내역	• 결제 대행 : 배달의민족, 요기요 등 • 배달 대행 결제 내역

구 분	내 용
홈택스 미등록 카드내역	(개인사업자 대상) 사업용으로 사용한 카드에 대해 카드사에 세금 신고용으로 자료 조회 후 전달
사업자등록 전 매입세액	신설법인의 경우, 법인설립 전 사용한 비용에 대해 적격증빙을 구비한 경우 매입세액공제가 가능하다. 개인의 경우 주민등록번호로 발급받는다.

4 종합소득세 신고자료 제출

구 분	내 용
사업자등록증, 주민등록등본	기장대행시 제출한 경우 제외. 인적공제를 등록하려는 경우 부양가족 확인가능한 주민등록등본 또는 가족관계증명서
월별 신용카드사용 명세서, 지출증빙용 현금영수증	매월 카드사에서 발송하는 신용카드 사용대금 명세서와 지출증빙용 현금영수증 수취분. 단 부가가치세 신고 시 제출한 자료에 대해서는 별도 제출 불필요
각종 간이영수증	식대, 운반비, 문구류, 배송료, 주차비, 통행료 등 건별 3만 원 이하 간이영수증
각종 공과금	(사업과 관련된) 수도세, 전기세, 가스비, 통신비 등
경조사 증빙	청첩장, 부고장, 문자 내역, 통장이체 내역 등 경조사 증빙 서류
기부금 영수증	기부금 공제 대상 단체에서 발급받은 영수증
지자체(지방세)	자동차세, 사업자 등록면허세 등 지방세 영수증
정부자금 지원기관	고용장려금, 시설보조금, 창업지원금, 연구지원금 등 지원금 내역

구 분	내 용
노란우산공제, 연금저축	홈택스에서 조회가 가능한 경우 제출 불필요
재고가 있는 업종의 경우	재고자산별 연말 재고 잔액
대출금 내역서 및 잔액확인서	사업과 관련된 대출금이 있는 경우 관련 확인서
통장사본	대출이나 금융기관 등 대외기관에 재무제표를 제출할 필요가 있는 경우에 한함

5 종합소득세 신고자료 추가 제출

➪ 부동산임대업 소득이 있는 경우 추가 준비서류

❶ 건물 취득(분양) 계약서, 건축물 관리대장, 토지 등기부등본(기제출자는 제외)

❷ 재산세, 환경개선부담금, 간이과세자의 경우 부가가치세 납부영수증

❸ 은행 대출이 있는 경우 이자내역서와 대출금 내역

❹ 건물 보수나 수리를 한 경우 관련 증빙

❺ 건축물을 리모델링하거나, 증축한 경우 관련 증빙

❻ 화재보험료 등 내역서

❼ 부동산 임대차계약서

❽ 건물 관리인 또는 청소 용역이 있는 경우 지급내역

❾ 공인중개사 사무실 수수료 영수증

❿ 부가가치세 신고를 해당 사무실에서 진행하지 않은 경우 부가가치세 신고서 사본

⓫ 주택임대업의 경우 지자체(렌트홈) 임대사업자등록증(임대사업 등록을 한 경우에 한함)

⓬ (면세) 사업장 현황신고서와 그 부속서류

⇨ 성실신고 사업자 추가 준비서류

❶ 외상매출금, 받을어음, 외상매입금, 미지급금 내역서

❷ 사업용 계좌 통장(입출금내역 내역을 엑셀로 제출)

❸ 의료비, 교육비 납입명세서

개인사업자 폐업 시
정리해야 할 사항

제때 폐업 신고를 하지 않으면 보험료 부과 등 불이익이 따를 수 있고, 면허나 허가증이 있는 사업자라면 매년 면허가 갱신된 것으로 보아 등록면허세가 부과되므로 사업을 시작할 때와 같이 폐업 절차는 꼭 지키도록 한다.

1. 국세청에 사업자등록 폐업 신고

❶ 사업자등록증을 첨부한 폐업신고서를 제출한다.

❷ 폐업신고서 대신 부가가치세 신고서에 폐업연월일 및 사유를 기재하고 사업자등록증을 첨부해 제출해도 폐업신고서를 제출한 것으로 본다.

❸ 숙박업이나 약국처럼 면허나 허가증이 있는 사업자라면 면허, 허가받은 기관에 폐업 신고를 해야 한다(홈택스로 폐업 신고 시 "통합 폐업신청 여부"에 체크 하면 면허, 허가 기관에 따로 신고하지 않아도 한 번에 신고할 수 있으며, 면허, 허가 업종일 경우에만 메뉴

가 활성화된다).

❹ 공동사업자가 세무서로 직접 방문하여 폐업 신고할 때는 "동업해지계약서" 및 공동사업자 전 구성원의 "신분증 사본" 과 "인감증명서"를 첨부해야 한다(세무대리인이 홈택스를 통해 폐업 신고할 때는 이미 수임신고가 되어있으므로 계약서 등이 별도로 필요하지 않음).

2 부가가치세의 폐업 확정신고 · 납부

❶ 폐업일이 속한 달의 말일부터 25일 이내에 부가가치세를 신고·납부 해야 한다.

❷ 부동산임대업은 부동산양도일이 폐업일이 된다.

❸ 폐업 시 남아있는 재고 등의 재화는 자가공급에 해당하므로 폐업 시 잔존 재화의 시가를 과세표준에 포함하여 부가가치세를 납부해야 한다(건물은 10년, 20 과세기간/기타자산은 2년, 4 과세기간이 경과 되었는지? 검토).

❹ 사업의 경영 주체만 변경되고 사업에 관한 권리와 의무를 포괄적으로 승계시키는 사업포괄양수도에 의한 폐업은 부가가치세 납부의무는 없고, 폐업 사유에 "양도양수 폐업" 을 기재하고 폐업 신고 시 "사업포괄양수도 계약서"를 첨부하여 신고한다.

3 원천세 신고 및 지급명세서 제출

❶ 사업장에 직원이나 사업소득자 및 일용직 사원 등이 있다면 제출

기한 내로 지급명세서를 제출해야 한다.

구 분	제출기한
근로 등 지급명세서	휴업, 폐업, 해산일이 속하는 달의 다음다음 달 말일
일용근로소득 지급명세서	휴업, 폐업, 해산일이 속하는 달의 다음 달 말일
간이 지급명세서	휴업, 폐업, 해산일이 속하는 다음 달 말일

❷ 반기별 납부 승인, 지정받은 원천징수의무자가 폐업한 경우 원천세 신고 기간

폐업일이 속하는 반기 동안 원천징수 한 세액을 폐업일이 속하는 달의 다음 달 10일까지 신고·납부 해야 한다.

❸ 원천세가 환급될 때, 지방소득세 특별징수 세액의 환급신청 시 필요 서류 : 관할시·군·구 세무과에 전화상담 후 접수한다.

가. 지방소득세 특별징수분 신고·고지분 환급청구서(지방자치단체 양식)

나. 소득자별 지방소득세(특별징수) 환급신청 명세서(지방자치단체 양식)

다. 원천징수이행상황신고서 사본

라. 국세환급통지서(국세 입금 통장 사본)

마. 납세자 명의 통장 사본(국세는 원천징수이행상황신고서와 환급신청서를 함께 작성하여 신고한다.)

4 국민연금, 건강보험공단에 폐업 사실 알리기

폐업일로부터 14일 이내에 사업장탈퇴 신고 및 사업장 가입자 자격 상실 신고를 해야 한다.

5 종합소득세 신고

종합소득세 과세기간은 1월 1일~12월 31일이므로 폐업 여부와 상관없이 다음 해 종합소득세 신고·납부 기간(5월 1일~5월 31일)에 타 소득이 있다면 포함하여 함께 신고·납부 하면 된다.

6 면세사업자 사업장현황신고

❶ 사업자가 폐업 또는 휴업한 때에는 폐업 또는 휴업신고와 함께 사업장현황신고를 해야 하지만 다음 연도 2월 10일까지 사업장현황신고를 해도 된다.

❷ 의료업자가 폐업한 때도 사업장현황신고를 하지 않고 다음 연도 2월 10일까지 신고해도 사업장현황신고 불이행에 따른 무신고가산세를 적용하지 않는다.

Chapter 02

세금계산서 관리와
부가가치세 절세

부가가치세 구조를 알아야 절세도 보인다.

부가가치세는 매출세액 - 매입세액을 납부하는 구조이다.

판매액×10%		구입액×10%		부가가치세

따라서 매입세액이 많으면 세금을 적게 내고 마이너스가 나면 환급을 받을 수 있다.

매입세액을 늘리는 방법은

🗋 세금계산서를 많이 받아야 한다.

🗋 개인은 사업용 신용카드를 등록 후 사용하고, 법인은 법인카드를 사용하는 게 관리에 편리하다.

🗋 매입세액불공제 되는 것을 모르거나 괜히 넣어서 세금을 적게 내고, 그로 인한 가산세를 물지 말아야 한다.

🗋 매입세액공제 말고 추가로 해주는 공제 혜택을 적극적으로 활용한다.

예를 들어 음식점의 경우 의제매입세액 공제를 적극적으로 활용함으로써 부가가치세 부담을 줄일 수 있다.

부가가치세가 관리되어야 모든 세금이 관리된다.

일반적으로 부가가치세는 (매출액 × 10%) - (매입액 × 10%)를 납부하는 구조다. 엄청 간단하게 세금이 계산된다.

그런데 속을 들여다보면 가장 무서운 세금이다.

결론부터 말하면, 부가가치세 신고자료는 소득세를 내는 기초자료가 되고, 4대 보험료를 내는 자료로 활용되기 때문이다.

즉 부가가치세 신고 시 적어내는 매출액은 소득세 신고 시 매출액(소득)이 되는 것이고, 소득세의 소득이 높으면, 이를 근거로 부과하는 4대 보험료도 올라가는 구조로 되어 있다.

따라서 부가가치세 절세 또는 탈세는 세금을 적게 내는 지름길이 된다. 그래서 자료상이 있고 거래처 상호 간에 자료를 맞추는 일이 성행하는 것이다.

1 빼기가 많아야 부가가치세 적게 낸다.

부가가치세는 (매출액 × 10%) - (매입액 × 10%)의 계산구조에서

(+)면 내야하고, (−)면 환급(돌려받는 것)을 받게 된다. 따라서 대다수 사업자는 매입을 많이 잡으려 할 것이다.

2 거래 때 모든 증빙이 따라다닌다.

사업자는 부가가치세를 적게 내기 위해 수단과 방법을 안 가리고 매출은 적게, 매입을 많이 잡을 것이다.

따라서 자의적인 매출, 매입을 막기 위해 만들어 낸 것이 세금계산서 등 증빙이다.

매출이 안 잡히고 싶은 판매자에게 구입자는 세금계산서를 받아서 신고하면 공제를 해줌으로써 구입자가 판매자에게 필사적으로 세금계산서를 받도록 구조를 만들어 놓은 것이다.

그리고 판매자와 구매자 모두 증빙을 제출하게 해 상호 체크하는 시스템을 만들었다(각 증빙은 한 장 한 장 모두 제출하는 것이 아니라 이를 모아서 신고 서식에 기록하는 것이며, 나중에 세무조사에 대비해 증빙을 5년간 보관하는 것이다. 즉, 소명 자료는 모두 일일이 제출하는 것이 아니라 보관하는 것이다.).

3 세금계산서 = 신용카드매출전표 = 지출증빙용 현금영수증

세금계산서, 신용카드매출전표, (지출증빙용)현금영수증은 세금에서는 모두 같은 기능을 한다.

세금계산서는 거래 시 상호 간에 주고받는 가장 기본적인 증빙이고,

신용카드매출전표는 카드 결제 시, 현금영수증은 현금결제 시 주고 받는 증빙이다. 결제 수단에 따라 증빙이 다를 뿐이다.

현금거래를 하면 사업자들이 매출 신고를 안 하는 경우가 많은데, 이를 막고자 현금영수증을 의무적으로 발행하도록 하고, 이를 받는 사람에게는 개인은 연말정산 시 소득공제, 사업자는 매입세액공제 혜택을 줌으로써 매출 신고 누락을 감시하고, 미발행 신고 시 포상금을 지급한다.

이같이 촘촘한 그물망을 쳐도 세금계산서를 받으려면 부가가치세를 추가로 부담해야 한다는 등 각종 이유를 들어 끝까지 세금계산서 발행을 거부하는 사업자가 많았나 보다. 이에 국세청은 판매자가 발행을 안 해주면 구입자가 발행할 수 있는 매입자발행세금계산서 제도를 만들었으니, 이도 참고로 알아두면 좋다.

4　부가가치세 절세방법

◎ 홈택스에 사업용 신용카드 등록하기

◎ 비용지출에 대해서는 반드시 전자세금계산서 받기

◎ 배우자 명의 카드도 사업용으로 썼다면 사업비용으로 인정받을 수 있다.

◎ 현금영수증은 반드시 지출 증빙용으로 발행받는다.

◎ 사업용 차량 구매 시 부가가치세 세액공제가 가능한 차량 구매하기(트럭, 경차 등)

◎ 의제매입세액공제 등 특혜를 활용하기(간이과세자는 2021년부터 미적용)

세금계산서 없으면 못 막는 세금폭탄

세금의 모든 길은 세금계산서로 통한다.

받으면 다행, 못 받으면 폭탄

세금계산서는 사업이나 장사를 할 때 가장 원초적이고 기본적인 증빙이다. 즉, 세금의 출발점이다.

따라서 절세의 시작이 될 수도 있고 탈세의 시작일 수도 있다.

잘 챙기면 절세할 수 있지만, 챙기지 못했는데 세금을 적게 내고 싶어서 자료상으로부터 세금계산서를 사기도 한다. 그럼 탈세를 시작하는 것이다.

옛날에 전산이 발달하기 전 부가가치세 신고철이 되면, 자료 구하러 다니고 자료상으로부터 세금계산서를 사기도 하고 했었는데, 요즘은 전산의 발달로 웬만한 건 다 체크되므로 많이 없어졌다.

하지만 아직도 인터넷에 자료거래 글이 올라오는 경우가 많은데, 괜히 사지 말기를 바란다. 자료상에 살 때 돈 주고 걸려서 세금 내고 이중으로 손해 보는 행동이다.

가끔 무용담처럼 "누가 그러는데 이렇게 하면, 안 걸린 데 그래서 나도 그렇게 했어! 너도 한 번을 해봐" 말한다.

그럼 쟤는 저 방법 써서 나보다 세금도 덜 내고 열받아서 따라 했다가는 폭탄 맞을 수 있다는 점 항상 염두에 두고 업무를 처리하기를 바란다.

오늘 내가 불법으로 처리했다고 내일 당장 연락이 오지 않는다.

세무서에서 우리 회사 것만 지켜보고 있는 것도 아닌데, 우리보다 더 큰 회사 불법 거래 감시하기도 바쁜데, 작은 우리 회사까지 순번 돌아오려면 멀었다.

세금 만료 기간인 ❶5년이 다 되어서 우리 회사 한번 봐주거나, ❷남 세무조사하다 우리 회사 이상한 것 발견했거나, ❸환급신청했는데 환급건 보다 이상한 것 발견했거나 등등 특이한 경우가 아니면 자그만 회사는 상대적으로 걸릴 확률이 적은 게 맞다.

얼마 전 매출 3,000만 원 신고한 프리랜서가 경조사비 3,500만 원 지출했다고 신고했더니 세무서에서 경조사비 소명자료를 제출하라고 연락이 왔단다. 소규모 회사인데 왜 이런 게 오냐고 소규모 회사는 웬만하면 넘어가는 것 아닌가요 한다.

여러분이 봐도 이상해요? 안 이상해요. 누가 3,000만 원 벌면서 3,500만 원 경조사비 지출하는 게 정상입니까?

이같이 이상한 건 소규모 상관없이 연락이 오니 소규모라는 것만 믿고 멋대로 처리하다가는 큰코다친다.

세금계산서 발행이 면제되는 거래

세금계산서 발행이 면제된다는 것은 아래의 거래에 대해서는 지출이 발생해도 부가가치세 신고할 때 매입세액공제를 받지 못하는 거래라고 생각하면 된다.

1 세금계산서 발행이 면제되는 경우

① 택시운송사업자, 노점 또는 행상을 하는 사람
② 무인자동판매기를 이용하여 재화 또는 용역을 공급하는 자
③ 전력이나 도시가스를 실지로 소비하는 자(사업자가 아닌 자에 한함)를 위하여 전기사업자 또는 도시가스 사업자로부터 전력 또는 도시가스를 공급받는 명의자
④ 도로 및 관련 시설 운용용역을 공급하는 자(공급받는 자로부터 세금계산서의 발급을 요구받는 경우를 제외)
⑤ 소매업 또는 미용, 욕탕 및 유사 서비스업을 경영하는 자가 공급

하는 재화 또는 용역(소매업의 경우에는 공급받는 자가 세금계산서의 발급을 요구하지 않는 경우 한함)

⑥ 자가공급(판매 목적 타 사업장 반출 제외)·개인적 공급·사업상 증여·폐업 시 잔존 재화로서 공급의제 되는 재화

⑦ 영세율 적용 대상이 되는 일정한 재화·용역

⑧ 기타 국내사업장이 없는 비거주자 또는 외국 법인에게 공급하는 재화 또는 용역(당해 비거주자 또는 외국 법인이 당해 외국의 개인사업자 또는 법인사업자임을 증명하는 서류를 제시하고 세금계산서의 발급을 요구하는 경우 제외)

⑨ 부동산임대용역 중 간주임대료에 해당하는 부분

⑩ 공인인증기관이 공인인증서를 발급하는 용역(다만, 공급받는 자가 사업자로서 세금계산서의 발급을 요구하는 경우는 제외)

2 세금계산서 발급이 금지되는 경우

① 목욕·이발·미용업자의 본래 사업 관련 용역

② 여객운송업자의 여객 운송용역(전세버스 운송사업 제외)

③ 입장권을 발행하여 영위하는 자가 공급하는 재화 또는 용역

④ 사업자가 신용카드매출전표 등을 발급한 경우

⑤ 의사가 제공하는 미용 목적의 성형수술 등 과세 되는 의료용역을 공급하는 사업

⑥ 수의사가 제공하는 과세 되는 동물의 진료용역

⑦ 무도학원, 자동차운전학원의 용역을 공급하는 사업

홈택스 전자세금계산서의 발급 방법

❶ 홈택스(http://www.hometax.go.kr) 가입 및 로그인

❷ 공인인증서 등록

홈택스 〉 [공인인증센터] 〉 공인인증서 등록

❸ 홈택스 〉 국세납부

❹ 계산서·영수증·카드 〉 전자(세금)계산서 발급 〉 전자(세금)계
산서 건별 발급

❺ 전자세금계산서 일반

공급자/ 공급받는자의 정보, 거래금액을 입력해 주면 된다.

영세율 등의 세금계산서 발급을 원하는 경우, 왼쪽 상단, [종류]에서 영세율에 표시해 주면 된다.

다음의 종이 세금계산서를 인터넷상에서 입력 후 발행하는 것으로 생각하면 된다.

거래처 관리와 거래처 조회를 통해 정기적으로 발행해야 하는 거래
처 관리 및 신속한 발행이 가능하다.

❻ 청구 / 영수 선택

해당 금액을 이미 받은 경우 영수, 아직 받기 전의 경우 청구로 선
택 후, [발급하기] 해주면 된다.

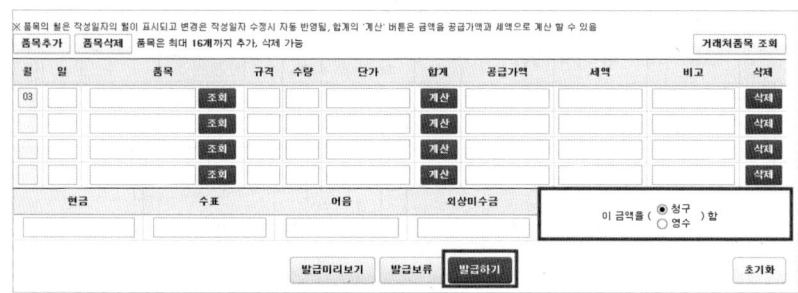

📋 전화 등으로 전자세금계산서 발행 방법

❶ 전화 ARS 이용

가. 세무서에서 보안카드를 발급받는다.

나. 국번 없이 126-1-2-3번 전화로 발급을 요청한다.

❷ 세무서 방문 발급

가. 거래 관련 증명서류(예 : 거래계약서, 입금증)를 준비한다.

나. 세무서에 직접 방문하여 발급을 요청한다.

❸ 발급 대행 사업자의 시스템 이용(ERP, ASP)

표준인증을 받고 국세청에 등록한 민간 사업자의 ERP 시스템이나 ASP 사이트에 접속하
여 발급받는다.

❶ 우선 세금계산서 발행자가 실제 사업자인지 파악하는 것이 중요하다. 거래하는 사업자가 폐업한 사업자인지 아닌지 등을 확인해야 한다.

❷ 세금계산서에 수정이 있는 경우는 꼭 최종 세금계산서를 상대방과 확인해야 한다. 기존 세금계산서를 취소하고 재발행하는 경우, 한쪽은 기존 세금계산서로, 다른 한쪽은 수정된 세금계산서로 신고하는 등의 문제가 발생할 수 있다.

❸ 기장대리를 세무대리인에게 맡기는 경우 홈택스에서 조회가 안 되므로 종이 세금계산서를 세무대리인에게 전달해야 한다. 꼭 까먹지 말고 전달해야 나중에 불이익이 발생하지 않는다.

🔍 전자세금계산서 관련 가산세

구분		내용	발급자	수취자
발급	미발급	발급시기가 지난 후 공급시기가 속하는 과세기간에 대한 확정신고기한 내에 발급하지 아니한 경우	2%	매입세액 불공제
	지연발급	발급시기가 지난 후 공급시기가 속하는 과세기간에 대한 확정신고기한 내에 발급한 경우	1%	0.5%
	종이발급	발급시기에 전자세금계산서 외의 세금계산서 발급	1%	–
전송	미전송	발급일의 다음 날이 지난 후 공급시기가 속하는 과세기간 말의 다음 달 11일까지 미전송 예) 26.1.4. 발급한 경우 26.7.11.까지 미전송	0.5%	
	지연전송	발급일의 다음 날이 지난 후 공급시기가 속하는 과세기간 말의 다음 달 11일까지 전송 예) 26.1.4. 발급한 경우, 26.1.5.~23.7.11.까지 전송	0.3%	

* 지연발급·미전송·지연전송 가산세에 대하여는 그 의무위반의 종류별로 각각 5천만원(중소기업기본법 제2조 제1항에 따른 중소기업이 아닌 기업은 1억원) 한도로 부과, 고의적 위반은 한도 없음

* 발급위반에 대한 가산세가 적용되는 경우 전송위반에 대한 가산세 중복 부과 배제

홈택스 수정 전자세금계산서의 발급 방법

❶ 홈택스(http://www.hometax.go.kr) 가입 및 로그인

❷ 공인인증서 등록

홈택스 〉 [공인인증센터] 〉 공인인증서 등록

❸ 홈택스 〉 국세납부를 클릭한다.

❹ 전자(세금)계산서 발급 〉 전자(세금)계산서 수정발급 클릭

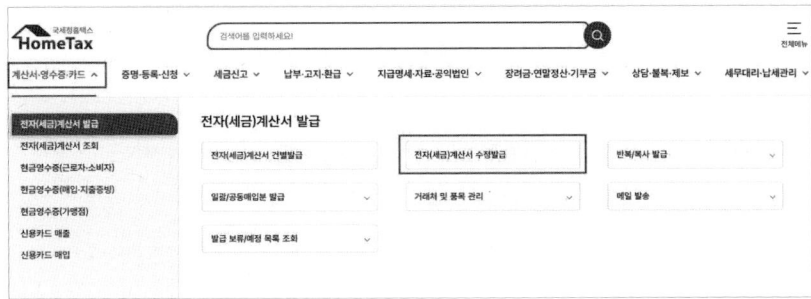

❺ 발행한 세금계산서 확인 : 기존 발생한 세금계산서 내용을 조회할 수 있다.

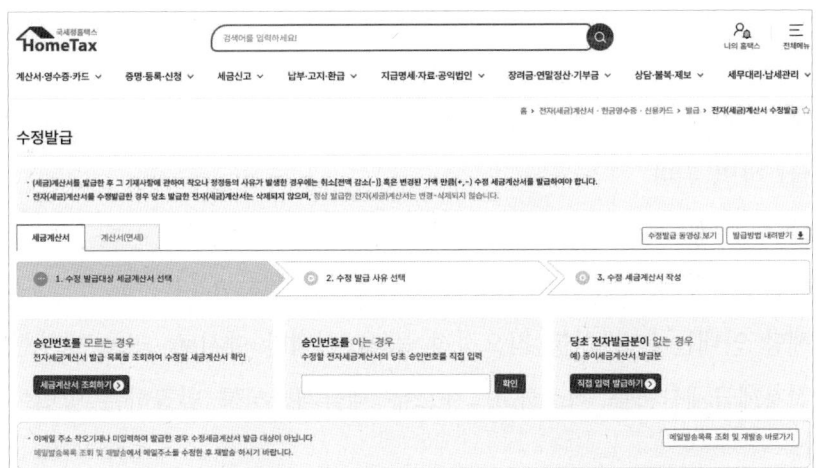

❻ 발행한 월별을 택한 후 [상세 조회] 하면, 그달에 발행한 모든 세금계산서가 조회된다.

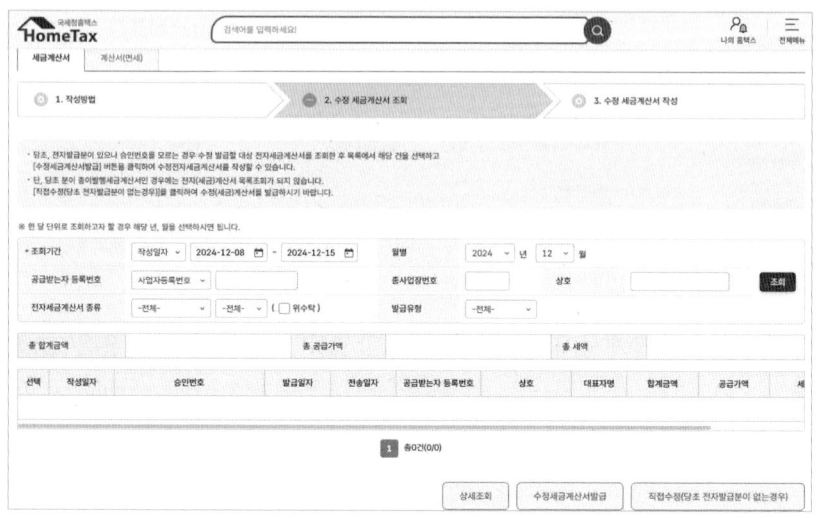

❼ 수정세금계산서를 발급할 내역을 선택한 후, [수정세금계산서 발급] 하면 된다.

❽ 수정세금계산서 발급 사유 선택

6가지 사유 중 해당하는 사유를 선택해서 진행하면 된다.

해당 안내는 [기재사항 착오정정 등]을 선택한 예시로, 당초 발행한 전자세금계산서를 취소하고, 새로운 세금계산서를 발급하는 방법이다.

다른 사유 선택시, 수정 방법이 달라진다.

[기재 사항 착오 정정 등] 선택

❾ 당초 발행한 전자세금계산서 취소 내용 확인 후, 수정되는 내용을 기입하여 새로 작성한다.

❿ 발행 완료 후, 확인해 보면 총 3장의 세금계산서가 발행되었음을 확인할 수 있다.

1. 당초에 발급한 전자세금계산서

2. 당초에 발급한 전자세금계산서 전액이 마이너스로 취소

3. 정상적으로 발급했어야 하는 금액으로 발급된 전자세금계산서

전자세금계산서의 수정사유와 가산세

1 내 잘못이 아닌 수정 전자세금계산서 발행

거래흐름 상 기존 거래를 변경하는 새로운 거래상황이 발생한 경우이므로 신규 거래처럼 거래날짜(단 내국신용장 사후개설은 <u>처음 작성일</u>)로 해서 세금계산서를 발행한다. 그러나 그 연관성을 참고하기 위해 비고란에 처음 세금계산서 작성일을 적는다.

내 잘못이 아닌 수정 전자세금계산서 발행 사유는 다음의 경우가 있다.

❶ 환입 = 판매한 상품의 일부가 반품되는 경우 : 반품된 날을 작성일자로 적고, 비고란에 처음 작성일자를 적은 후 환입된 금액만큼 마이너스(−) 세금계산서 발생

이 거래는 일부취소를 하는 경우가 해당한다. 가산세 없다.

❷ 계약의 해제 = 계약의 해제로 상품이 공급되지 않거나 상품 전체가 반품된 경우 : 계약이 해제된 날을 작성일자로 적고, 비고란에 처음 작성일자(<u>내국신용장 개설일</u>)를 적은 후 환입된 금액만큼 마이너스(−) 세금계산서 발생

이 거래는 전부 취소하는 경우가 해당한다. 가산세 없다.

❸ 공급가액 변동 = 기존 판매 상품의 가격을 깎아주거나 올리는 경우 : 증감 사유가 발생한 날을 작성일자로 적고, 비고란에 처음 작성일자를 적은 후 환입된 금액만큼 마이너스(−) 세금계산서 발생

❹ 내국신용장 사후 개설 = 내국신용장 등이 사후에 발급된 경우 내국신용장이 개설된 때에 그 작성일은 처음 작성일로 적고, 비고란에 내국신용장 개설일 등을 적어서 발행한다.

[사례]

환입, 계약의 해제, 공급가액 변동의 구분과 세금계산서 발행

> **11월 1일 공급가액 1,000,000원(세액 100,000원)인 상품을 판매했다.**

[해설]

❶ 환입 : 12월 12일 500,000원(세액 50,000원)에 해당하는 상품이 반품된 경우

❷ 계약의 해제 : 12월 12일 1,000,000원(세액 100,000원)에 해당하는 상품이 반품된 경우

❸ 공급가액 변동 : 12월 12일 거래처 부탁으로 1,000,000원(세액 100,000원)의 상품을 800,000원(세액 80,000원)으로 깎아 준 경우

각각 발행일은 12월 12일, 비고란에 11월 1일 기재 후 다음 달 10일까지 수정 전자세금계산서를 발행하면 가산세는 없으나 이후 발행하면 전자세금계산서의 수정 때문이 아닌 전자세금계산서 미발행 및 지연전송에 따른 가산세를 내야 한다.

예를 들어 6월 20일 재화를 100만 원에 공급한 후, 7월 5일에 20만 원에 대해서 반품(환입)이 발생한 경우 100만 원에 대해서는 6월 20일을 작성일자로 해서 발행하고, 반품된 20만 원에 대해서는 7월 2일을 작성일자로 해서 환입으로 발행한다.

100만 원은 1기 확정(개인) 때 신고하고, 20만 원에 대해서는 2기 예정(법인) 또는 확정

(예정)신고 때 신고한다.

| 구 분 | 의 미 | 작성발급 방법 | | | 발급 기한 |
		방 법	작성연월	비고란	
새로운 작성 일자 생성	공급 가액 변동	증감되는 분에 대하여 정(+) 또는 음(−)의 세금계산서 1장 발급	변동사유 발생일	처음 세금계산서 작성일	변동사유 발생일 다음 달 10일까지 발급
	계약 의 해제	음(−)의 세금계산서 1장 발급	계약해제일	처음 세금계산서 작성일	계약해제일 다음 달 10일까지 발급
	환입	환입 금액분에 대하여 음(−)의 세금계산서 1장 발급	환입된 날	처음 세금계산서 작성일	환입된 날 다음 달 10일까지 발급
당초 작성일 자	내국 신용 장 사후 발급	음(−)의 세금계산서 1장과 영세율 세금계산서 1장 발급	당초 세금계산서 작성일자	내국신용장 개설일	내국신용장 개설일 다음 달 10일까지 발급(과세기간 종료 후 25일 이내에 개설된 경우 25일까지 발급)

2 내 잘못으로 수정 전자세금계산서 발행

이는 노트에 틀린 글자를 쓰면 지우고 그 자리에 다시 쓰는 것과 같이 틀린 내용을 고치는 것이다.

전자세금계산서 발행할 때 내 사업자등록 내역은 자동으로 표시되므로 상대방의 사업자등록 내용을 잘못 적거나, 발행일을 잘못 적거나 금액을 잘못 적는 경우가 많다.

이 경우는 수정사항을 고친 후 처음 발급한 세금계산서의 내용대로 마이너스(-)로 발급한 후 올바르게 수정해서 다시 발행한다.

필요적 기재 사항의 정정은 착오 정정과 착오 외의 사유 정정으로 나눈다.

구분	의 미		작성발급 방법			발급 기한
			방 법	작성연월	비고	
당초 작성일자	기재 사항 등이 잘못 적힌 경우	착오	당초 발급 건 음(-)의 세금계산서 1장과 정확한 세금계산서 1장 발급	당초 세금계산서 작성일자	-	착오 사실을 인식한 날
		착오외				확정신고기한 다음날부터 1년까지 발급
	세율을 착오로 잘못 작성한 경우					착오 사실을 인식한 날
	착오에 의한 이중발급		당초 발급 건 음(-)의 세금계산서 1장 발급			착오 사실을 인식한 날
	면세 등 발급대상이 아닌 거래					착오 사실을 인식한 날

▷ 필요적 기재 사항을 착오로 잘못 적은 경우

당초 분을 취소하는 세금계산서 1장을 발행한 후 바르게 정정한 세금계산서 1장을 발행한다. 총 2장 발행이다.

틀린 내용 수정이므로 작성일자는 당초 일자가 되고, 금액란에는 당초 분 취소 세금계산서에는 당초 금액 전체를 마이너스(-)로 작성하고, 정정 세금계산서에 올바른 금액을 기재한다.

공급받는 자를 제외한 '필요적 기재 사항'을 잘못 기재하여 수정 세금계산서를 발급한 경우 자진하여 수정하면 가산세가 부과되지 않는다. 다만, 틀린 세금계산서로 부가가치세 신고를 한 경우 당초 납부해야 할 부가가치세를 적게 낸 결과가 되면 수정 세금계산서 자체에 대한 가산세는 없지만, 부가가치세 과소 납부에 대한 신고 관련 가산세는 있다.

⇨ 필요적 기재 사항이 착오 외의 사유로 잘못 적힌 경우

수정세금계산서 발급 사유 중 필요적 기재사항의 정정은 사실을 인지한 날 동일 과세기간의 다음 날부터 1년 이내에 언제든지 가능하지만, 착오 외의 사유는 당초 세금계산서의 확정신고 기한의 다음 날부터 1년이 지난 후에는 수정발행 할 수 없다.

착오 외의 사유로 가장 대표적인 경우가 공급받는 자를 전혀 다르게 기재하는 경우이다. 사업자번호가 있음에도 주민등록번호로 발행하는 경우, A 거래처에 발행해야 하는데, B 거래처에 발행하는 경우 등이다. 수정발급 방법은 앞서 설명한 필요적 기재사항을 착오로 잘못 적은 경우와 같다.

❶ 확정신고기한 다음날부터 1년 이내에 수정세금계산서를 발행하는 경우, 공급자와 공급받는 자 모두 세금계산서 관련 가산세를 부담하지 않는다. 이는 납세자의 자발적인 오류 수정을 장려하고, 성실한 납세 의지를 인정하는 세법의 취지를 반영한 것이다.

❷ 확정신고기한 다음날부터 1년이 지난 후 수정을 할 경우는 공급자에게는 미발행 가산세를 부과하며, 공급받는 자는 매입세액공제를 받을 수 없다.

⇨ 전자세금계산서를 착오로 이중 발급한 경우

처음 발급한 세금계산서의 내용대로 한 장을 마이너스(-)로 발급한다.

⇨ 면세 발급 대상이 아닌 거래 등에 대하여 발급한 경우

면세는 세금계산서 발급 대상이 아니므로 처음 발급한 세금계산서의 내용대로 한 장을 마이너스(-)로 발급한다.

⇨ 세율을 잘못 적용하여 발급한 경우

처음 발급한 세금계산서의 내용대로 마이너스(-)로 발급한 후, 정상 세율을 적용해 다시 발행한다.

3 수정 전자세금계산서에 대한 가산세

구 분	사 유
가산세가 없는 경우	① 계약해제·취소
	② 공급된 재화의 환입
	③ 계약 해지로 추가·차감 금액 발생
	④ 일반재화·용역 공급 후 확정신고 다음날부터 1년 이내에 내국신용장·구매승인서 발급(영세율)

구 분	사 유
	⑤ 세금계산서 필요적 기재 사항의 착오 기재
	⑥ 기타 사항의 착오 기재
	⑦ 전자세금계산서의 착오 이중발행
	⑧ 면세거래를 과세로 잘못 발행 기재
	⑨ 세율을 잘못 적용하여 발행
조건부 가산세 면제	① 필수적 기재 사항 착오 기재 : 자진 수정 시 가산세 없으나, 세무조사 통지, 세무조사관 현지 확인, 과세자료 해명 안내 등이 경정할 것을 미리 알고 수정한 경우는 가산세 부과됨. ② 필수적 기재 사항 이외 착오 기재 : 확정신고기한 다음날부터 1년 이내에 수정세금계산서 발행 시 가산세 없으나, 세무조사 통지·현지 확인·해명 안내 등 이후에는 가산세 부과임.

4 부가가치세 신고

⇨ 신고기한 내에 발견했을 경우

부가가치세 신고의 경우 당초 세금계산서 발행일의 확정신고 기한 전에 수정발행 하였다면 해당 확정신고에 포함하여 부가가치세를 신고한다. 물론 가산세도 없다.

⇨ 신고 기한 이후 발견했을 경우

당초 세금계산서의 확정신고 기한이 지난 후 필요적 기재 사항의 착오정정 사유의 수정세금계산서를 발행한 경우는 부가가치세 경정청구, 수정신고를 하여 수정발행 한 세금계산서를 반영해 주어야 한다.

예를 들어 100만 원에 발행해야 할 세금계산서를 1,000만 원으로
발행한 것을 신고기간이 경과한 후에 발견했을 때는 부가가치세가
과다하게 신고된 경우이므로 경정청구를 통해 환급받으면 되고, 100
만 원에 발행해야 할 세금계산서를 10만 원으로 발행한 경우는 부가
가치세 신고할 때 매출을 과소 신고한 것에 해당하므로 수정신고와
함께 가산세를 납부해야 한다.

구 분	사 유	부가가치세 수정신고 대상 여부		
		작성연월	대 상	사 유
당초 작성일자	신고기한 내 수정사유 발생	당초 작성일자	대상 아님	신고기한 내 당초 및 수정세금계산서가 발급한 경우 합산신고
	신고기한 경과 후 수정 사유 발생	당초 작성일자	대상	신고기한 경과 후 수정세금계산서 발급한 경우 합산신고 불가로 수정신고 대상임
새로운 작성일자 생성	공급가액 변동	변동사유 발생일	대상 아님	환입 등 수정 사유가 발생한 시기가 공급시기 이므로 사유 발생한 과세기간이 신고대상임
	계약의 해제	계약해제일		
환입	환입된 날	환입된 날		

경비지출 시 부가가치세 공제되는 것과 공제 안 되는 것

항 목	공제	주요 지출항목
업무 관련 항공, 철도운임		국내외 출장 등을 위해 사용한 항공기 운임, 철도운임, 고속버스, 택시 등의 여객 운임은 불공제항목이다. 단, 호텔 등 숙박의 경우는 업무 관련의 경우 매입세액공제가 가능하다.
목욕, 이발		공연·놀이동산 입장권, 목욕, 이발, 미용업 이용요금은 매입세액공제가 되지 않는다.
면세 재화 및 용역의 구입		매입세액공제가 되지 않는다.
국외에서 사용한 금액		국내 사업자가 아닌 자로부터 재화 등을 공급받는 해외 사용분에 대해서는 매입세액공제가 되지 않는다.
복리후생비		실비변상적인 성질의 급여 및 복리후생비와 관련하여 발생한 부가가치 세액은 매입세액공제가 된다.
호텔 등 숙박비		업무와 관련해서 출장 중 일반 과세사업자인 숙박업소에서 신용카드 등을 사용한 경우 매입세액공제가 된다.
통신요금(핸드폰, 전화, 인터넷)		사업과 관련하여 발생한 통신비는 매입세액공제가 된다.

항 목	공제	주요 지출항목
식비 / 회식비 개인사업자	공제	직원의 복리후생 목적이면 매입세액공제
	불공제	사업주 대표자 본인의 식대에 대해서는 사업 무관한 것으로 보아 매입세액불공제
식비 / 회식비 법인사업자	공제	직원의 복리후생 목적이면 매입세액공제
	불공제	거래처 등 기업업무추진비 성격 : 매입세액불공제 대표이사의 식사비 : 이론상 매입세액공제(원칙) 실무상 불공제 처리하는 세무 대리인도 있다.
기업업무추진비 (= 접대비)	공제	특정인이 아닌 일반 대중을 위한 광고선전비, 종업원을 위한 복리후생비 관련 매입세액은 공제
	불공제	기업업무추진비 및 이와 유사한 비용인 교제비, 기밀비, 사례금 등의 관련 매입세액불공제
비영업용 승용차의 취득비용	공제	배기량 1,000CC 미만의 경차, 배기량 125CC 이하의 이륜자동차, 승합자동차(탑승 인원 9인승 이상), 화물승합차에 해당하는 라보, 다마스 등 트럭
	불공제	승용자동차(8인승 이하)로서 개별소비세가 과세대상인 자동차는 매입세액불공제
비영업용 승용차의 유지비용	공제	취득비용이 공제되는 자동차의 수선비, 소모품비, 유류비, 주차료. 렌트비용
	불공제	취득비용이 공제되지 않는 자동차의 수선비, 소모품비, 유류비, 주차료. 렌트비용
전기요금, 가스요금, 건물관리비 수도요금	공제	사업장에서 지출하는 전기요금, 도시가스 요금, 건물관리비는 부가가치세 과세대상으로, 세금계산서를 발급받으면 부가가치세 매입세액공제가 된다.
	불공제	수도요금은 면세이기 때문에 매입세액불공제 된다.

항 목	공제	주요 지출항목
우편요금	공제	소포우편물을 방문 접수하여 배달하는 용역은 매입세액공제가 된다.
	불공제	우편 등기는 부가가치세 면세항목으로 매입세액불공제 된다.
콘도회원권 취득	공제	종업원의 복리후생적인 목적으로 취득한 경우
	불공제	사업과 직접 관련 없는 지출에 대한 것, 즉 손님 접대를 위한 콘도미니엄을 매입한 경우
골프회원권 취득	공제	종업원의 복리후생적 목적으로 취득한 경우
	불공제	해당 회원권을 사용하여 거래처 등에 접대하는 경우
국외 사용액		국내의 일반과세 사업자로부터 세금계산서 또는 신용카드매출전표를 받았을 때만 매입세액공제가 가능한 것이므로, 해외 사용분은 매입세액불공제
여객운송용역 업종	공제	전세버스
	불공제	항공권·KTX·고속버스·택시요금
입장권을 발행하는 업종		공연·놀이동산·영화관 등은 매입세액불공제 된다.
컴퓨터, 책상, 의자, 냉장고 등 집기 구입		사업과 관련되었으면 매입세액공제가 된다.
전기요금, 전화요금, 인터넷 사용료		사업자등록증을 제시하고 세금계산서를 발급받으면 매입세액공제가 된다.
택시요금		여객운송업종은 매입세액불공제 된다.
무기명 선불카드 또는 기프트 카드 사용분		매입세액불공제 된다.

구 분		공제	상세 내용
주차비	고객 또는 거래처 방문 차량	가능	세금계산서를 수취하는 경우 공제 가능(기업업무추진비(= 접대비)가 아님)
	직원 출퇴근 차량용	불가능	업무와 관련되지 않은 용도 공제 불가
작업복 등			사업 관련 복리후생비로 매입세액공제가 된다.
직장체육비 등			개인 여가가 아닌 영업활동 증대를 위한 직원 복지 차원의 경우 매입세액공제가 된다.
직불카드 및 기명식 선불카드 사용분			매입세액공제가 된다.
분식점	세금계산서 발급 가능 간이과세자	가능	직원의 복리후생 목적이면 매입세액공제
	일반과세자		
직원 단합을 위한 영화, 공연 관람			입장권 발행 사업자는 세금계산서 발행 불가 매입세액불공제 된다.
출장을 위한 철도 및 항공권 구입			여객운송업은 매입세액불공제 된다.
유흥주점 및 골프장 등		가능	사회통념상 인정 가능 범위의 회식 등 입증가능한 사업 관련 비용(실무적으로는 받기 힘이 듬)
		불가능	기업업무추진비 지출일 경우 불가능

📋 **거래처 손님에게 제공하는 주차비용은 기업업무추진비(= 접대비) 아님**

사업자가 자기의 고객을 위해서 임차해서 사용하는 주차장의 임차료와 관련된 매입세액은 매출세액에서 공제된다. 다만, 사업자가 회사업무용으로 사용하는 비영업용소형승용차의 주차료에 대한 매입세액은 매출세액에서 공제하지 않는다.

홈택스에 등록된 신용카드 사용금액 무조건 공제받으면 되나요?

개인사업자가 자신의 개인신용카드로 사업에 필요한 물품을 구매하거나, 서비스를 받을 경우, 사업에 필요한 것임을 반드시 증명해야 하지만 사업용 신용카드로 사업에 필요한 물품을 사거나 서비스를 받으면 국세청에 자동 등록된다.

등록된 사업용 신용카드에 대해서는 국세청이 직접 신용카드 매입 자료를 카드사로부터 제출받아 데이터베이스를 구축하기 때문이다.

국세청에서 해당 신고 기간 분에 대한 신용카드 사용 내역을 조회하면 공제받을 금액의 합계액이 표시됨을 알 수 있다. 물론 부가가치세 매입세액공제와 불공제 여부는 본인이 직접 선택해서 결정하고 신고 시 불성실 신고에 대한 모든 책임도 본인이 져야 한다.

즉 국세청 홈택스에 사업용 신용카드를 등록해서 쓰지만, 홈택스에 사업용 신용카드를 등록했다고 해서 무조건 알아서 공제되는 것은 아니다. 애매한 지출 항목에 대해서는 선택 불공제로 구분되며, 사업용으로 지출한 비용일 경우는 공제로 변경해서 부가가치세 공제를 받을 수 있다. 이에 대해 잘 모르는 사업자가 많아 당연히 받아야 하는 공제를 놓치거나 받지 말아야 할 공제를 받는 경우가 발생한다.

이는 홈택스 〉 계산서·영수증·카드 〉 신용카드 매입 〉 사업용 신용카드 사용내역 〉 매입세액공제 확인/변경에서 변경할 수 있다.

당연불공제는 상대 사업자가 연 매출 4,800만 원 미만 간이과세자, 면세사업자 등의 이유로 애초에 부가가치세 공제를 못 받는 경우이며, 선택 불공제는 부가가치세 공제를 받을 수 있을지, 없을지 명확하게 파악할 수 없는 경우다. 선택 불공제로 표시된 결제 내역에서 사업용 지출이 맞으면, 공제로 변경하면 된다. 여기서 공제로 변경하면 부가가치세 신고시 해당 금액을 공제받거나 환급받을 수 있다. 다만 변경 및 변경을 안 해서 세금 문제가 발생하는 때의 책임은 본인이 져야 한다. 즉 불공제를 공제로 변경하는 것도 중요하지만, 공제를 불공제로 변경하는 것이 더 중요하다. 불공제 대상이 공제로 되어 있는 경우 이를 변경해야만 추후 과소납부로 인한 가산세를 사전에 방지할 수 있다.

구 분	공급자 업종 및 사업자 구분	매입세액공제 여부 결정
매입세액공제	부가가치세 일반과세자로서 선택 또는 당연히 불공제에 해당하지 않는 거래	매입세액공제가 가능하며, 매입세액공제 대상이 아닌 경우 불공제로 수정 가능
선택 불공제	사업 무관, 접대 관련, 개인 가사 지출, 비영업용 자동차 등은 불공제 대상 [예] 음식, 숙박, 항공운송, 승차권, 주유소, 차량 유지, 과세유흥업소, 자동차구입, 골프연습장, 목욕, 이발 등	불공제 대상으로 분류되었으나 사업 용도로 이용한 건은 공제로 수정 항공운송, 승차권, 성형수술, 목욕, 이발 등의 지출은 매입세액불공제 대상임

구 분	공급자 업종 및 사업자 구분	매입세액공제 여부 결정
당연 불공제	간이과세자 및 면세사업자와 거래	매입세액공제 불가

☑ 개인적 사용, 기업업무추진비(= 접대비)

가사에 사용되는 물품이나 기업업무추진비 등은 불공제로 선택해야 한다(선택 불공제).

그러나 직원의 복리후생비로 사용하거나 사업상의 소모품으로 사용한 경우는 공제로 선택할 수 있다(매입세액공제).

☑ 비영업용소형승용차 관련

비영업용소형승용차의 유류비, 수리, 소모품은 공제받을 수 없다(선택 불공제).

☑ 간이사업자나 면세사업자와의 거래로 발생한 사용분

국세청 사업용 신용카드 조회 화면에서 '불공제'로 나옴을 확인할 수 있다(당연 불공제).

지출결의서만 있으면 경비 인정받는데, 문제없나요?

인터넷 검색 사이트에 찾아보면 지출결의서에 대해 다음과 같이 나와 있다.

- 지출결의서란 소규모기업이 업무 간소화를 위해 전표를 발행하지 않고 지출에 관한 내용 및 증빙서류만을 보관하기 위해 작성하는 것이다.
- 매출 대금 회수 및 금액이 큰 중요 지출에 대해선 사장 또는 업무총괄자가 집행 및 관리를 하고, 사무실의 일반경비 지출에 대해서는 경리담당자가 관리자의 결재를 얻기 위해 지출결의서를 사용한다.
- 지출에 대한 내부통제 용도로 사용하기도 한다.
- 지출결의서는 기업을 경영하면서 발생하는 수익과 지출을 관리하고 투명한 자금의 집행을 위해 작성된다.
- 지출이 발생하는 경우는 사전에 회사에 승인받아서 회계 업무를 처리하는데, 기초자료로 활용할 수 있다.

위의 내용을 종합해 보면 지출결의서는 전표를 대신해 지출내역을 기록하거나 아랫사람이 윗사람에게 경비지출을 허락받기 위한 결제용 서류로써 내부 통제용으로 사용되는 것이다.

여기에는 법에서 작성을 강제한다거나 법에서 인정한다는 말은 없으며, 내부 통제용이라는 것이다. 즉 공적 서류가 아니라 사적 서류이다. 또한, 마지막에 지출결의서 뒷면에 영수증을 첨부해서 보관한다.라고 되어 있다. 이는 지출결의서를 작성해도 법적인 소명자료인 적격증빙을 꼭 첨부해야 한다는 의미이다.

증빙이 없으면 지출결의서가 증빙이 되지! 라는 막연한 생각을 하는 실무자가 생각보다 많다.

그러나 이건 나의 생각일 뿐이다. 그리고 나의 기준이다. 진짜 객관적인 기준에 맞지 않으면 지출 사실을 인정받기 힘들다는 점이다.

예를 들어 종전에는 여비교통비의 경우 증빙을 첨부하지 못하면 지출결의서로 인정을 해줬다. 다만, 이건 신용카드 단말기가 거의 도시에만 있고 시골에는 없던 시절, 택시나 버스에 카드 결제가 없던 시절의 이야기다.

요즘은 어디든 마음만 먹으면 증빙을 받기가 편하고 장사를 위해 소비자를 상대하는 대다수는 카드 단말기를 가지고 있다. 또한, 숙박시설도 온라인 결제가 가능한 시절이다. 이처럼 내가 받기 싫거나 귀찮거나 일부러 안 받지 않으면 받을 수밖에 없는 게 증빙이다.

그런데 객관적으로 증빙을 못 받아서 지출결의서로 증빙을 대신한다는 것은 말이 안 된다. 물론 진짜 증빙이 없는 경우는 지출결의서 등으로 소명되면 2%의 가산세를 물고 경비로 인정받으면 된다. 안 받는 것보다는 나으니까! 하지만 지출결의서는 최후의 수단이라는 점을 항상 잊어서는 안 된다.

증빙 없으면 지출결의서 쓸까요? 하는 것은 이제는 먹히지 않는 시절이 왔다.

만일 이게 먹힌다면 세금 덜 내기 위해 나도 몇십 장 몇백 장의 지출결의서를 쓰겠다.

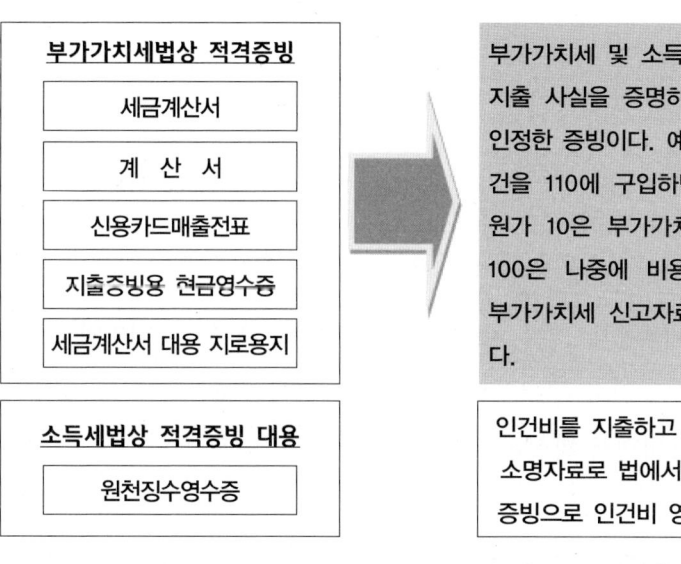

부가가치세법상 적격증빙	부가가치세 및 소득세 신고 시 지출 사실을 증명하는, 법에서 인정한 증빙이다. 예를 들어 물건을 110에 구입하면서 100은 원가 10은 부가가치세인 경우 100은 나중에 비용인정 10은 부가가치세 신고자료로 활용된다.
세금계산서	
계 산 서	
신용카드매출전표	
지출증빙용 현금영수증	
세금계산서 대용 지로용지	

소득세법상 적격증빙 대용	인건비를 지출하고 이에 대한 소명자료로 법에서 인정하는 증빙으로 인건비 영수증이다.
원천징수영수증	

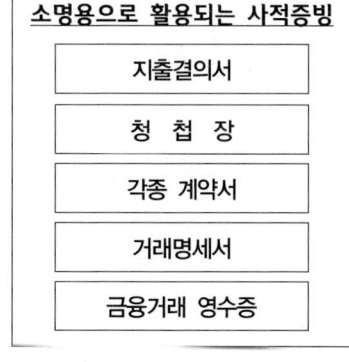
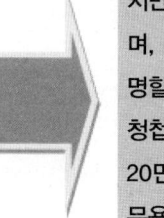

소명용으로 활용되는 사적증빙	세법적으로 인정을 해주지는 않지만, 내부 관리를 위해 필요하며, 유사시 경비지출 사실을 소명할 때 유용하게 활용된다. 청첩장은 거래처 지출 시 1장당 20만 원까지 인정된다. 단, 업무용 지출이어야 한다.
지출결의서	
청 첩 장	
각종 계약서	
거래명세서	
금융거래 영수증	

차량유지비를 경비처리하고 매입세액공제 받아 절세하는 법

세법상 비영업용소형승용차는 세금계산서를 받아도 매입세액공제를 받을 수 없다. 그렇다고 종합소득세나 법인세 신고 시 경비인정이 안 되는 것은 아니다.

그럼 매입세액공제 되는 차량과 매입세액불공제 되는 비영업용소형승용차가 무엇인지 구분하고 경비인정을 받는 조건도 알고 있어야 차량을 사용하면서 확실히 경비처리를 할 수 있다.

1.	매입세액공제 되는 업종이어야 한다.
2.	매입세액공제 되는 차량이어야 한다.
3.	업무용으로 이용해야 한다.
4.	매입세액공제가 안 된다고 경비인정이 안 되는 것은 아니다.
5.	경비인정을 위해서는 차량운행일지를 작성한다.

매입세액공제 되는 업종이어야 한다.

승용차를 운수업, 자동차판매업, 자동차임대업, 운전학원업, 경비업법 등 노란색 번호판, 장례식장 및 장의 관련업을 영위하는 법인차량과 운구용 승용차로 이용하면 매입세액공제가 된다.

그러나 위 예시 업종이 아닌 업종이 승용차를 사용하면 매입세액이 불공제된다.

예를 들어 운전학원의 연수용 승용차는 매입세액공제가 되지만, 음식점 사장님이나 도소매업 회사, 서비스업, 제조업 회사에서 영업용으로 사용하는 승용차는 매입세액이 공제되지 않는다(단 경차와 9인승 이상 승합차, 트럭 등은 가능).

2 매입세액공제 되는 차량이어야 한다.

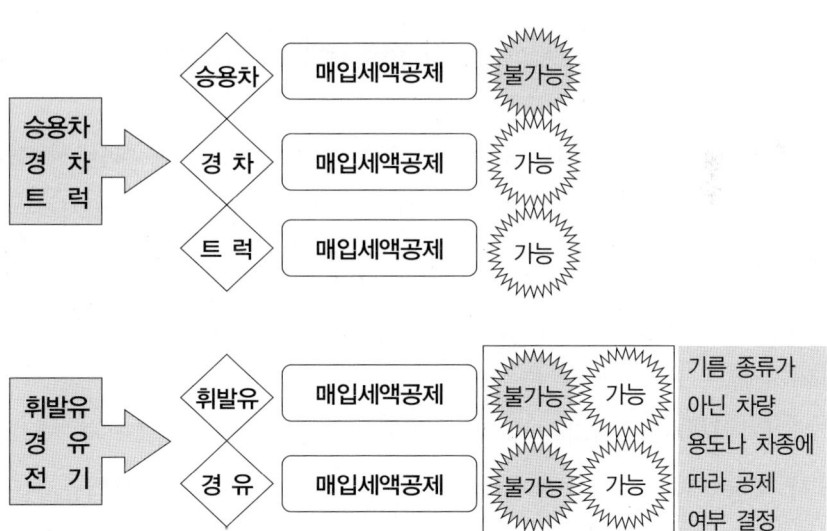

경차, 트럭 등 화물차, 9인승 이상의 승합차만 매입세액공제가 된다. 즉, 위 1에서 예시한 업종에 해당하지 않아도 경차, 트럭, 9인 이상 승합차 등은 매입세액공제가 된다.

경유는 되고 휘발유는 안된다. 이건 가짜뉴스이다.

간혹 기름의 종류를 가지고 판단하는 분들이 있는데 이는 정확한 방법이 아니다.

3. 업무용으로 이용해야 한다.

당연히 공제 대상 차종이라도 업무용으로 사용해야 공제를 받는 것이지 배우자가 마티즈를 애들 등교용으로 사용하는 경우 이는 업무용이 아니므로 경비인정을 못 받을 뿐 아니라 매입세액공제도 안 되는 것이다.

4. 매입세액공제가 안 된다고 경비인정이 안 되는 것은 아니다.

매입세액공제가 안 되는 승용차라고 나중에 종합소득세 계산 시 경비로까지 인정이 안 되는 것은 아니다. 매입세액공제와 경비처리는 별개이다.

예를 들어 승용차 유지비로 100만 원(차량유지비) + 10만 원 부가가치세) = 110만 원을 쓴 경우

부가가치세가 공제되는 차량의 경우 100만 원은 종합소득세 계산 시 비용인정을 받고, 10만 원은 부가가치세 신고시 매입세액공제를

받는 것이다. 하지만 매입세액공제를 못 받는 차량의 경우 110만 원을 종합소득세 신고할 때 비용으로 인정받는다.

결과적으로 부가가치세 10만 원을 비용으로 처리하는 방법과 매입세액공제를 받는 방법의 차이며, 10만 원을 비용으로 인정받는 것보다는 매입세액공제를 받는 것이 절세 측면에서 유리하다.

5. 경비인정을 위해서는 차량운행일지를 작성한다.

차량은 운행일지를 작성하고 '업무용'으로 사용한 부분에 대해서만 원칙적으로 경비처리를 할 수 있다. 다만, 앞서 설명한 매입세액공제가 되는 차량은 별도로 차량운행일지를 작성하지 않아도 된다. 어디까지를 '업무'로 볼 것이냐가 문제인데, 거래처 방문, 판촉 활동, 회의 참석 외에 출퇴근도 업무의 범위에 포함된다. 출퇴근용도 업무용으로 인정하는 이유는 산재보험 등에서 출퇴근까지 업무로 인정하는 점을 고려했다.

① 거래처/대리점 방문

② 회의 참석

③ 판촉 활동

④ 출/퇴근(원격지 출/퇴근을 포함)

⑤ 교육훈련

⑥ 직원야유회 관련 운행

⑦ 거래처 접대차 및 판촉 활동

⑧ 기타 업무 사용

과세기간	2XX1.01.01 ~ 2XX1.12.31	업무용승용차 운행기록부				상호명				
						사업자등록번호				

1.기본정보

차종	자동차등록번호
기아K9	61오 0000

무용 사용비율 계산

사용일자 (요일)	사용자		운행 내역						비고
	부서	성명	주행 전 계기판의 거리 (km)	주행 후 계기판의 거리 (km)	주행거리 (km)	업무용 사용거리(km)			
						출퇴근용(km)	일반업무용(km)		
1/1~1/3			58,000	58,022	22				22 신정,주말
01/04			58,022	58,037	15	15			
01/05			58,037	58,052	15	15			
중략									
12/10~12/11			65,818	65,841	23		23		주말거래처방문
12/12			65,841	65,959	118	15	103		
12/13			65,959	65,974	15	15			
12/14			65,974	65,989	15	15			
12/15			65,989	66,004	15	15			
12/16			66,004	66,019	15	15			
12/17~12/18			66,019	66,037	18				18 주말
12/19			66,037	66,085	48	15	33		
12/20			66,085	66,100	15		15		해외출장(공항)
12/21			66,100	66,115	15		15		해외출장(집)
12/22			66,115	66,171	56	15	41		
12/23			66,171	66,186	15	15			
12/24~12/25			66,186	66,237	51				51 주말
12/26			66,237	66,252	15	15			
12/27			66,252	66,260	8	8			
과세기간 총주행 거리(km)					8,260	과세기간업무용사용거리(km)		7,591	업무사용비율 91.9

[작성방법]

1. 업무용승용차의 차종을 적습니다. (①)

2. 업무용승용차의 자동차등록번호를 적습니다. (②)

3. 사용일자를 적습니다. (③)

4. 사용자(운전자가 아닌 차량 이용자)의 부서, 성명을 적습니다. (④)

5. 주행 전 자동차 계기판의 누적 거리를 적습니다. (⑤)

6. 주행 후 자동차 계기판의 누적 거리를 적습니다. (⑥)

7. ⑦ 사용 시마다 주행거리(⑥-⑤)를 적거나, 사용자별 주행거리의 합을 적습니다.

8. ⑧ 업무용 사용거리 중 출퇴근용(원격지 출퇴근을 포함) 사용거리를 적습니다.

9. ⑨ 업무용 사용거리 중 제조·판매시설 등 해당 업체의 사업장 방문, 거래처대리점 방문, 회의 참석, 판촉 활동, 업무 관련 교육훈련 등 일반업무용 사용거리를 적습니다.

10. ⑪~⑬ 해당 과세기간의 주행거리 합계, 업무용 사용거리 합계, 업무사용비율을 각각 적습니다.

업무용 승용차 운행기록부는 업무용승용차비용명세서로 제출된다.
운행기록부 및 운행일지는 꾸준히 기록하여 증빙자료로 보관하고,
국세청이 요구할 때 소명자료로 제출하면 된다.
업무용승용차비용명세서를 제출하지 않는 경우 가산세를 부담한다.

6 사적으로 차량을 사용하고 차량운행일지 허위로 작성

사적으로 사용한 비용은 업무용으로 사용한 것처럼 둔갑시켜 경비처
리한 경우는 세금을 추징당한다.
법인의 경우는 법인세 추징뿐만 아니라 대표이사나 해당 근로자의
급여로 처리돼 급여 세금까지 납부해야 한다.
개인사업자의 경우 경비로 인정하지 않기 때문에 소득세를 납부해야
한다.
업무용으로 인정하지 않는 사례를 살펴보면 다음과 같다.

⊙ 대표자가 접대 등으로 인한 골프장 방문 여행 등을 목적으로 사
용한 경우
⊙ 운행기록부를 허위로 작성한 경우
⊙ 운행기록부를 미작성한 경우
⊙ 업무용자동차보험에 미가입한 경우(개인사업자는 2대부터 가입대
상임)
⊙ 리스 또는 렌탈 등 임차료 비용 한도를 초과한 경우
⊙ 대표이사 자녀 등 가족이 개인적 용도로 사용한 경우

구 분		내 용
개인사업자		경비인정 안 되어, 사업소득세 과세표준이 올라간다.
법인	사업자	경비인정 안 되어, 법인세 과세표준이 올라간다.
	근로자	급여에 포함되어 근로소득세가 올라간다.

위에서 보는 바와 같이 법인의 경우 경비인정 못 받아 손해 보고, 사적 사용자는 근로소득세를 내야 하는 이중적 손해가 발생한다.

7 차량 제조사별 매입세액공제 되는 차량

제조사	공제 구분
현대자동차	• 공제 : 스타렉스(9인승), 산타모(9인승), 트라제 XG(9인승), 아토스(4인승 경차), 그레이스 미니버스(9, 12인승), 스타렉스 왜건(11, 12인승), 갤로퍼-밴, 그레이스 밴, 스타렉스 밴, 포터 등 • 불공제 : 투싼ix(5인승), 싼타페(7인승), 베라크루즈(7인승), 산타모(5, 6, 7인승), 갤로퍼(5, 6인승), 스타렉스(7인승), 테라칸(7인승), 트라제 XG(7인승), 아반떼, 쏘나타(LF, YF, NF, EF), 제네시스, 엑센트, 베르나, 그랜저, 에쿠스, 다이너스티, 투스카니, 벨로스터 등
기아자동차	• 공제 : 레이, 모닝, 비스토, 카니발R(9인승), 카니발R(11인승), 카니발R-리무진(11인승), 프레지오(12, 15인승), 레토나 밴, 모닝 밴, 레이 밴, 스포티지 밴, 카니발 밴, 프레지오 밴, 봉고3 등 • 불공제 : 레토나(5인승), 록스타(5인승), 쏘렌토R(7인승), 카니발(7인승), 스포티지R(5, 7인승), 뉴카렌스(7인승), 카니발R-리무진(7인승), 프라이드, 쏘울, 포르테, 스펙트라, K3, K5, K7, K9, 옵티마, 오피러스 등

제조사	공제 구분
쌍용자동차	• 공제 : 뉴 로디우스(9인승), 코란도 투리스모(9인승), 이스타나(11, 12, 14, 15인승), 로디우스(11인승), 코란도 투리스모(11인승), 액티언 스포츠(5인승), 무쏘 밴, 무쏘 스포츠(5인승), 코란도 밴(3인승), 코란도 스포츠(5인승) 등 • 불공제 : 카이런(7인승), 렉스턴(5, 7인승), 무쏘(5, 7인승), 체어맨(5인승), 코란도 패밀리(4, 5, 6인승) 등
한국GM 자동차	• 공제 : 스파크(5인승 경차), 스파크 밴, 다마스 밴, 마티즈 밴, 라보(2인승), 마티즈(5인승 경차), 티코(5인승 경차) 등 • 불공제 : 레조(7인승), 젠트라, 크루즈, 말리부, 칼로스, 라세티, 토스카, 베리타스, 알페온, 캡티바, 올란도 등

🔍 매입세액공제가 가능한지 판단하는 손쉬운 요령

첫째, 매입세액공제를 위해서 가장 먼저 상대방으로부터 받은 세금계산서, 신용카드매출전표, 현금영수증, 지로용지에서 구입 가격(공급가액)과 부가가치세가 구분되어 있는지 확인한다.

둘째, 구입 가격(공급가액)과 부가가치세가 구분되어 기재되어 있는 경우 공급자 등록번호, 공급자 명칭, 공급받는 자 등록번호, 작성연월일이 표시되어 있는지 확인한다.

셋째, 현금영수증을 받은 경우 해당 현금영수증이 지출증빙용인지 확인한다. 만일 소득공제용인 경우 홈택스에 들어가 지출증빙용으로 변경해 준다.

넷째, 신용카드매출전표를 받은 경우 판매자가 간이과세자(연 매출 4,800만 원 미만)이거나 면세사업자의 경우 부가가치세액이 구분표시 되지 않으므로 매입세액공제를 받아서는 안 된다.

다섯째, 구입 가격(공급가액)과 부가가치세가 구분 되어 있는 세금계산서 등을 받아도 업무와 관련 없는 지출의 경우, 기업업무추진비(= 접대비)로 지출한 금액의 경우, 차량 중 비영업용소형승용차와 관련된 지출의 경우에는 예외적으로 매입세액공제가 안 되므로 부

가가치세 신고 시 매입 자료에서 빼야 한다. 쉽게 말해

- 자영업자의 경우 일요일 마트에 가서 집에서 먹을 장을 보고 신용카드 결제 후 동 전표를 첨부하는 경우(업무와 관련 없는 지출)
- 거래처 사장님이나 임직원과 술을 마시고 카드 결제 후 동 전표를 첨부하는 경우(기업업무추진비(= 접대비))
- 도소매, 제조업, 서비스업 영업사원이 승용차를 영업용으로 이용하면서 주유비를 카드로 결제하는 경우(비영업용소형승용차) 등은 매입세액을 공제받지 못하는 지출이 된다.

부가가치세 신고할 때 배달앱 필수 확인 사항

1 배달의 민족

배달의 민족에서 사장님 사이트에 부가가치세 신고자료가 조회된다.

제조사	공제 구분
건별매출	현금결제 외 바로 결제 수단으로 결제한 금액 : 네이버페이, 휴대폰, 배민페이, 쿠폰, ok캐시백, 카카오페이, 회원 포인트 결제, L.POINT
카드매출	실제 카드로 결제한 금액 : 신용카드 결제, 카카오페이(신용카드), 네이버페이(신용카드), 페이코, 배민페이
현금매출	현금영수증 매출 : 간단계좌결제, 토스결제 등 현금영수증 발행 요청한 금액, 홈택스 현금영수증 매출과 일치한다.

배달의 민족 부가세 신고자료에 따르면 매출이 건별매출, 카드매출, 현금매출로 분류된다. 배달의 민족은 전자금융업상 전자지급결제대행업(PG)에 등록되어 있다.

- 신용카드 매출에 대하여 신용카드발행세액공제를 받을 수 있다.
- 추가로 현금매출은 국세청의 현금영수증 매출 조회 내역에 포함되므로 중복으로 신고되지 않게 주의해야 한다.
- 건별매출은 그대로 기타 매출로 신고하면 된다.

2 요기요

요기요 부가세 신고자료에 보면 매출이 온라인 신용 + 휴대폰 + 기타매출과 현장 신용카드 및 현장 현금매출 총 5가지로 매출이 분류 및 조회된다.

요기요는 전자금융업상 전자지급결제대행업(PG)에 등록되어 있다.

- 신용카드 매출에 대하여 신용카드 발행세액공제를 받을 수 있다.
- 온라인 신용 + 휴대폰 + 기타 매출은 건별로 매출을 잡아야 한다.
- 현장 신용카드는 국세청 신용카드 매출에 포함되어 있으므로 중복으로 신고되지 않게 주의해야 한다.
- 현장 현금은 매출 자료에 나타나는 전체 현장 현금매출에서 사업주가 직접 현금영수증을 발행하여 결제를 한 부분에 대한 금액을 차감한 나머지 금액에 대해서만 현금영수증 매출로 신고해야 한다. 요기요에서 제공하는 현금 매출 금액은 현장에서 변동 사항이나 고객의 현금영수증 요청 등은 고려되지 않은 금액인 점에 유의한다.

3 배달통

배달통 부가가치세 신고자료에 따르면 매출이 모바일결제, 배달원 현금결제, 배달원 카드 결제로 분류된다. 배달통은 전자금융업상 전자지급결제대행업(PG)에 등록되어 있다.

- 신용카드 매출에 대하여 신용카드 발행세액공제를 받을 수 있다.
- 모바일결제 분은 건별 매출로 분류한다.
- 배달원 카드 결제는 국세청 신용카드 매출에 포함되어 있으므로 중복으로 신고되지 않게 주의해야 한다.
- 배달원 현금결제는 매출 자료에 나타나는 전체 현장 현금매출에서 사업주가 직접 현금영수증을 발행하여 결제를 한 부분에 대한 금액을 차감한 나머지 금액에 대해서만 현금영수 증 매출로 신고해야 한다.

매출처가 부도났는데,
부가세 신고에서 빼면 안 되나?

외상으로 물품을 대주고 대금은 외상으로 했는데, 갑자기 부도가 나는 바람에 상품 대금 회수는 말할 것도 없고, 이에 대한 부가가치세마저 떠안게 되어 억울하다는 생각이 들어 손해를 최소화하는 방법을 찾고 있다.

부가가치세는 대금 회수와 관계없이 공급 시기에 신고·납부 해야 하므로, 외상으로 재화·용역을 공급하고 부가가치세를 낸 후에 대금을 받지 못했을 때, 세액은 이미 낸 결과가 된다.

사업자는 받지도 못한 부가가치세를 냈으므로, 받지 못한 외상대금과 부가가치세 등 이중으로 손해를 볼 수밖에 없다. 이러한 이중의 손해를 방지하기 위해서 대손이 확정된 날이 속하는 과세기간의 매출세액에서 받지 못한 부가가치세를 공제해 주는 제도가 있는데, 이를 대손세액공제라고 한다.

1   외상 대금은 떼어도 세금은 손해 보지 말자

대손세액공제를 받으면 된다. 즉, 부도가 발생해서 부도어음이나 수표 금액에 포함된 매출세액을 부가가치세 확정신고 때 매출세액에서 차감받으려면 대손세액공제신고서와 대손 사실(부도 발생 사실)을 증명하는 서류를 첨부해서 관할 세무서에 제출한 후 대손세액공제를 받는다.

2   대손세액공제 신청은 언제 해야 할까?

대손세액이 확정된 날이 속하는 과세기간의 매출세액에서 차감한 후 신고해야 한다. 다만, 다음의 대손 사유가 인정되는 경우에만 매출세액에서 공제가능하다.

❶ 「상법」 , 「어음법」 , 「수표법」 에 의한 소멸시효가 완성된 채권 (외상매출금 및 미수금, 어음, 수표)

❷ 「채무자 회생 및 파산에 관한 법률」 에 따른 회생계획인가의 결정 또는 법원의 면책 결정에 따라 회수불능으로 확정된 채권

❸ 「민사집행법」 에 의해서 채무자의 재산에 대한 경매가 취소된 압류채권

❹ 물품의 수출 또는 외국에서의 용역제공으로 발생한 채권으로서 무역에 관한 법령에 따라 기획재정부 장관이 정하는 사유에 해당하여 한국무역보험공사로부터 회수불능으로 확인된 채권

❺ 채무자의 파산, 강제집행, 형의 집행, 사업의 폐지, 사망, 실종,

행방불명으로 인해서 회수할 수 없는 채권

❻ 부도 발생일부터 6월 이상 경과한 수표 또는 어음상의 채권 및 외상매출금(중소기업의 외상매출금으로서 부도 발생일 이전의 것에 한정함). 다만, 당해 법인이 채무자의 재산에 대해서 저당권을 설정하고 있는 경우 제외

❼ 회수기일을 6월 이상 경과한 채권 중 회수 비용이 당해 채권가액을 초과하여 회수 실익이 없다고 인정되는 30만 원 이하(채무자별 채권 가액의 합계액을 기준)의 채권

❽ 금융회사 등의 채권 중 금융감독원장으로부터 대손금으로 승인을 받은 것

❾ 중소기업투자회사의 창업자에 대한 채권으로서 중소기업청장이 기획재정부장관과 협의하여 정한 기준에 해당한다고 인정한 것

❿ 중소기업의 외상매출금·미수금으로서 회수기일이 2년 이상 지난 외상매출금·미수금. 다만, 특수관계인과의 거래로 인하여 발생한 외상매출금·미수금은 제외한다.

3 대손세액공제 신청을 하는 방법

부도 사실을 증명하기 위해서는 거래처로부터 받은 세금계산서 사본과 부도어음 수표 사본(차후 원본 필요)을 갖춰야 하며, 이를 대손세액공제신고서와 함께 부가가치세 확정신고 때 제출하면 된다.

채무자의 사업 폐지, 사망, 실종, 행방불명, 파산, 강제집행, 형의 집행으로 인하여 회수할 수 없는 채권은 채권 회수가 불가능함을 입증할 수 있는 객관적인 증빙서류를 갖추어야 대손금으로 처리할 수 있다.

그러나 실무적으로는 채권 회수가 불가능함을 입증할 수 있는 객관적 증빙서류를 만드는 것은 시간과 비용도 많이 소요될 뿐만 아니라 완벽하게 채권 회수의 불가능함을 입증한다는 것은 매우 어렵다. 따라서 국세청은 이러한 무재산 증명과 같은 객관적 증빙서류의 확보에 어려움이 있다는 것을 고려하여 회사 채권 관리부서의 자체 조사보고서를 증빙서류로 인정하기로 하였다.

[조사보고서 필수 사항]

대손금 처리를 위한 증빙서류인 조사보고서에는 다음과 같은 사항이 기재 되어야 한다.

① 개인사업자의 경우 : 채무자의 본적지, 최종주소지, 직전 주소지와 사업장소재지를 관할 하는 관서(등기소, 시ㆍ군ㆍ구청 등을 말함)의 공부(公簿, 부동산등기부등본, 토지대장, 건축물 관리대장 등을 말함)상에 등록된 소유재산의 유무

② 법인사업자의 경우 : 법인등기부 상의 소재지와 사업장 소재지(지점, 공장 포함)를 관할 하는 관서의 공부상에 등록된 소유재산의 유무

③ 채무자가 보유하고 있는 동산에 관한 사항

④ 다른 장소에서 사업을 하고 있는지

⑤ 채무자의 거래처, 채무자의 거래 은행 등의 탐문 조사내용 등 채권 회수를 위한 조치사항

⑥ 보증인이 있는 경우에는 보증인에 대해서도 같은 내용을 조사하여 기재

4 얼마나 절세 혜택을 볼 수 있나?

부도어음 수표 금액의 10/110에 해당하는 금액을 부가가치세 확정신고 때 공제받을 수 있다. 또한, 요건을 충족한 경우 나머지 못 받은

금액(100/110)은 대손상각비로 법인세 또는 소득세 신고 시 비용처리가 가능하다.

참고로 10/110을 공제해 주는 이유는 부가가치세는 판매금액 100%에 대해 10%가 세금이 된다. 따라서 총금액은 110%가 된다.

이를 역으로 보면 총금액에서 부가가치세는 10/110이 되는 것이고 100/110은 판매금액이 되는 것이다. 여기서 110/110(판매금액 + 부가가치세)을 부가가치세법에서는 공급대가라고 하고, 100(판매금액)/110을 공급가액이라고 한다.

예를 들어 부가가치세 포함 110만 원을 받지 못한 경우, 110만 원 × 100/110 = 100만 원은 판매금액, 110만 원 × 10/110 = 10만 원은 부가가치세가 된다.

구 분	처리 방법
판매금액 100만 원	종합소득세 또는 법인세 신고 때 대손상각비로 비용인정
부가가치세 10만 원	부가가치세 신고 때 대손세액공제

집이 사무실인 경우에도 공과금은 공제된다.

최초 창업을 하면서 창업비용을 아끼려고 집 주소지에 사업자등록증을 내는 경우 인터넷 사용료나 전화요금 등 그 용도를 명확히 구분할 수 있는 것은 매입세액공제가 가능하다. 반면, 전기요금이나 가스요금 등 업무용과 가정용의 구분이 명확하지 않은 비용은 매입세액공제가 불가능하다고 보면 된다.

Chapter 03

인건비에 대한 세금
원천징수

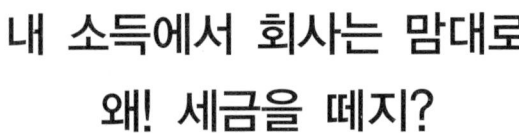

내 소득에서 회사는 맘대로
왜! 세금을 떼지?

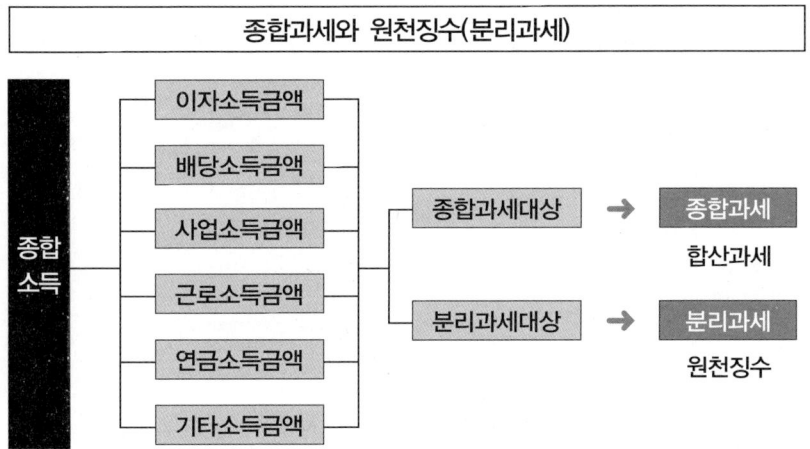

| 종합과세와 원천징수(분리과세) |

위의 표에서 보는 바와 같이 이자, 배당, 사업, 근로, 연금, 기타소득은 종합과세도 되고 원천징수도 되는 소득이다. 즉, 원천징수로 내야 하는 세금의 납세의무가 모두 끝날 수도 있지만, 다시 종합소득에 합산되어 다시 세금을 계산하는 때도 있다. 물론 종합과세를 할 때는 이미 낸 원천징수 세액은 차감해 준다.

세금은 소득자(납세의무자)가 내는 것이 일반적이다.

그런데, 원천징수란 원래 세금을 내야 하는 소득자(납세의무자)가 내야 할 세금을 소득을 지급하는 자가 소득자 대신 받아서 국가에 내도록 한 것이다.

(세금을 내는 것을 세무 용어로 납부라고 하고, 실질적으로 세금을 부담해야 하는 사람이나 회사를 납세의무자라고 함)

예를 들어 회사에서 임직원을 고용해 급여를 지급하는 경우, 임직원은 그 급여에 대해 소득세를 내야 하는 책임이 있으므로 납세의무자가 된다.

그런데 세법에서는 납세의무자인 임직원이 세법에 대한 지식이 부족하므로, 조금이라도 세법에 대해 더 아는 회사가 세법에서 정한 금액만큼 급여에서 세금을 떼어 대신 납부하도록 의무화하고 있다.

이처럼 납세의무자에게 일정 금액을 징수해서 세무서에 대신 납부할 의무를 원천징수 의무라 하고, 이런 원천징수 의무가 있는 자를 원천징수의무자라고 한다.

결론적으로 세법에서는 실질적으로 세금을 부담해야 하는 사람이나 회사를 납세의무자라고 부르고, 이를 대신 신고·납부해 줄 의무가 있는 자를 원천징수의무자라고 부른다.

납세의무자
세금을 실질적으로 내(납부)야 하는 사람

원천징수의무자

납세의무자를 대신해 소득을 지급할 때 일정액을 차감해 대신 세금 신고를 하고 납부를 해줘야 하는 사업자

2 원천징수는 언제 하나?

앞서본 바와 같이 세법에서는 원천징수 해야 하는 소득의 종류를 정하고 있다. 원천징수의무자는 정해진 소득을 지급할 때 원천징수 하는 것이다.

따라서 원천징수의무자는 상대방에게 돈을 줄 때 원천징수 해야 할 세금을 제외한 나머지 돈을 납세의무자인 소득자에게 지급한다.

그리고 원천징수 한 세액은 일정 기한 안에 세무서에 내야 한다.

따라서, 급여에 대한 원천징수의무자인 회사는 급여를 지급할 때 일정액을 차감한 후 다음 달 10일까지 신고·납부하는 것이다.

예를 들어 설명해 보면, 임직원의 3월 급여가 200만 원이고, 세법에 따라 원천징수 할 세액이 5만 원이라면 임직원에게 실제 지급되는 금액은 195만 원이 된다. 임직원에게 지급하지 않은 5만 원은 회사가 잠시 보관하고 있다가 4월 10일까지 관할 세무서에 대신 낸다.

원천징수 시기

원천징수 대상인 소득을 지급할 때

원천징수 세액의 신고 및 납부

원천징수 대상 소득을 지급한 달의 다음 달 10일

원천징수 하는 급여의 계산은 프로그램을 사용하는 경우 조건을 입력하면 프로그램에서 알아서 계산해 줄 것이고, 수작업하는 경우는 국세청에서 제공하는 간이세액표라는 책자를 참고해서 업무처리를 하면 된다.

간이세액표는 홈택스 〉 국세납부 〉 세금신고 〉 원천세 〉 근로소득 간이세액표에 가면 자동 계산도 할 수 있고, 책자도 내려받을 수 있다.

급여에서 차감해서 잠시 보관하는 원천징수 세금은 계정과목 상 예수금을 사용한다.

3 원천징수 해서 세액을 내면 모든 것이 끝나나요?

끝 나는 경우도 있고, 추가로 정산해야 하는 때도 있다.

원천징수 해서 내는 것으로 납세의무가 끝나는 원천징수를 '완납적 원천징수'라고 하고 추가적인 정산이 필요한 소득의 원천징수를 '예납적 원천징수'라고 하는데, 각각의 예를 들어보면 다음과 같다.

끝나는 경우(완납적 원천징수)	안 끝나는 경우(예납적 원천징수)
❶ 분리과세 되는 이자소득 및 배당소득 (금융소득 2,000만 원 이하)	❶ 근로소득에 대한 원천징수
❷ 일용근로자의 근로소득	❷ 사업소득에 대한 원천징수
❸ 특정 금액 미만의 기타소득	❸ 특정 금액 이상의 기타소득
❹ 분리과세 연금소득	

앞에서 추가적인 정산을 해야 하는 원천징수를 예납적 원천징수라고 했다. 따라서 예납적 원천징수 항목에 속한 근로소득에 대한 원천징수는 정산이 필요한데, 이는 근로소득 연말정산을 말하는 것이며, 사업소득에 대한 원천징수의 정산은 5월에 하는 종합소득세 신고·납부가 되는 것이다.

Tip 기타소득을 보면 금액에 따라 완납적 원천징수에도 있고, 예납적 원천징수에도 있다. 이는 기타소득의 경우 금액(300만 원)에 따라 원천징수로 끝낼 수도, 종합소득으로 정산하는 방법을 선택할 수도 있다. 즉, 납세의무자가 본인이 유리한 것을 선택할 수 있는 선택권이 있다고 생각하면 된다.

4 ▷ 국세청에 신고 · 납부는 어떻게 하나요?

원천징수 세액 신고 방법(총괄 본 : 원천징수이행상황신고서)
1달간 모든 원천징수 내역을 합쳐서 원천징수이행상황신고서에 작성 후 제출

개인별 원천징수 내역 신고(개별 본 : 지급명세서)
매달 원천징수이행상황신고서에 합쳐서 신고한 내역은 지급명세서(원천징수영수증)를 작성해 제출한다.

원천징수 한 세액을 신고할 때는 전 직원의 원천징수 내역을 원천징수이행상황신고서에 기록해 이것만 관할 세무서에 제출한다.
그리고 임직원 각 개개인의 원천징수 내역은 원천징수영수증에 기록된다.
원천징수영수증는 소득을 지급받는 자의 인적 사항, 소득금액의 종

류와 금액, 소득금액의 지급시기와 귀속연도 등을 기재한 서류로 지급명세서라고도 부른다. 즉 회사와 임직원 사이에서는 회사가 원천징수한 내역인 영수증이 되는 것이고, 회사와 세무서 관계에서는 회사의 지급 사실을 증명하는 지급명세서가 된다고 생각하면 된다.

따라서 회사는 중간에서 같은 소득에 대해 임직원에게는 원천징수영수증을 발급하고, 세무서에는 지급명세서를 제출한다.

그런데 이런 지급명세서는 매달 제출하는 것이 아니라 1년에 1번 제출한다.

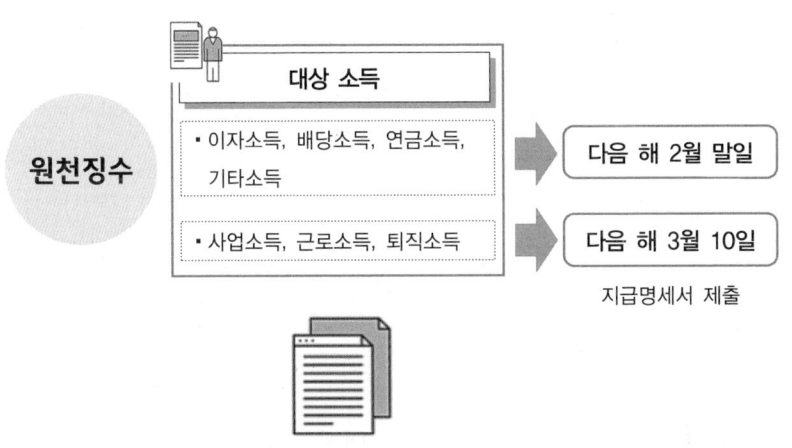

원천징수

대상 소득

· 이자소득, 배당소득, 연금소득, 기타소득 ➡ 다음 해 2월 말일

· 사업소득, 근로소득, 퇴직소득 ➡ 다음 해 3월 10일

지급명세서 제출

다음 달 10일 원천징수이행상황신고서 제출

---

5 원천징수 의무를 이행하지 않은 경우 불이익

원천징수의무자가 의무를 성실하게 이행하지 않은 것에 대해 불이익을 받게 된다. 먼저 원천징수 세액을 내지 않거나 적게 낸 경우,

'원천징수 등 납부지연가산세'를 내야 한다.

소득세와 함께 특별징수해야 할 지방소득세를 내지 않은 경우에도 '특별징수납부불성실가산세'를 낸다. 원천징수를 한 경우라고 할지라도 지급명세서를 제출하지 않거나 불성실하게 제출하면 '지급명세서제출불성실가산세'를 내야 한다.

원천징수의무자는 신고, 지급명세서의 제출을 성실하게 하라는 일종의 족쇄이다.

원천징수 등 납부지연가산세

납부기한까지 내지 않거나 적게 납부한 때는 그 내지 아니한 세액 또는 적게 납부한 세액에 대해 미납세액 × 3% + 미납세액 × 미납일수 × 0.022%(미납세액의 10% 한도)를 가산세로 납부한다.

지급명세서 제출불성실가산세

지급명세서를 제출기한까지 제출하지 않거나, 제출한 지급명세서 내용(사업자등록번호, 주민등록번호, 소득 종류, 귀속연도, 지급액 등)이 잘못 작성된 경우 지급금액의 1%(근로소득 간이지급명세서 0.25%)를 가산세로 부담한다.

그리고 앞서 설명한 지급명세서 제출과 별도로 근로소득과 사업소득, 인적용역 기타소득은 아래 기간 내에 간이지급명세서를 제출해야 한다.

구 분	제출시기
근로소득	1월~6월 : 7월 말일 7월~12월 : 다음 연도 1월 말일 2026년부터는 매달 제출(시행 시기 유예)
거주자의 사업소득, 인적용역 기타소득	지급일이 속하는 달의 다음 달 말일

원천징수를 안 해도 되는 금액이 있다(소액부징수)

1. 기타소득 : 필요경비를 제외한 금액 건별 5만 원 이하일 경우

수입금액이 아니라 소득금액이 5만 원 이하일 때이다. 즉 소득금액은 받는 금액에서 필요경비를 차감한 금액을 말한다.

2. 일용직 급여 : 매일 지급하는 일당이 187,000원 이하일 경우

원천징수 세액 (187,000 - 150,000) × 2.7% = 999원

소액부징수도 원천징수이행상황신고를 해야 하나요?

소액부징수로 징수한 세액이 없는 경우에도 지급 인원과 총지급액을 기재하고, 징수세액은 0원으로 원천징수이행상황신고서를 제출해야 한다.

원천징수이행상황신고서와 별도로 다음 연도 3월 10일까지 제출하는 사업소득 지급명세서에도 소득자별로 총지급액을 기재하여 제출해야 한다.

원천징수이행상황신고서는 과세미달, 일부 비과세 근로소득 등에 대해서도 반드시 제출해야 한다.

급여세금의 계산과 업무 흐름

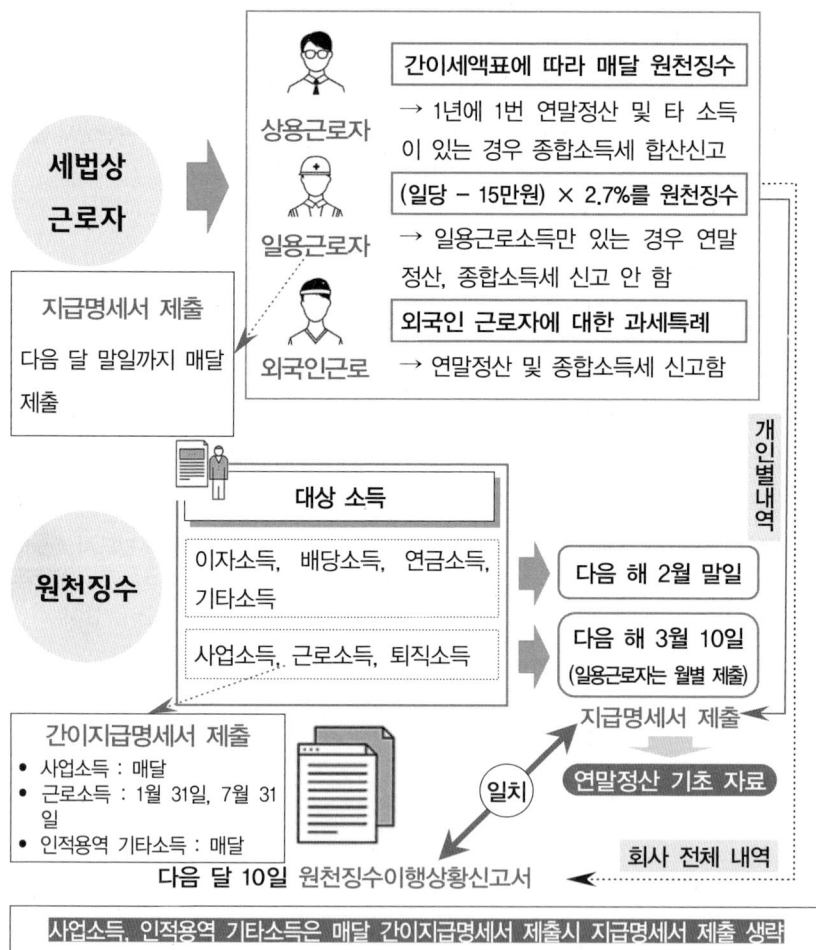

세법상 근로자

상용근로자
- **간이세액표에 따라 매달 원천징수**
- → 1년에 1번 연말정산 및 타 소득이 있는 경우 종합소득세 합산신고

일용근로자
- **(일당 – 15만원) × 2.7%를 원천징수**
- → 일용근로소득만 있는 경우 연말정산, 종합소득세 신고 안 함

외국인근로
- **외국인 근로자에 대한 과세특례**
- → 연말정산 및 종합소득세 신고함

지급명세서 제출
다음 달 말일까지 매달 제출

원천징수

대상 소득

이자소득, 배당소득, 연금소득, 기타소득 ➡ 다음 해 2월 말일

사업소득, 근로소득, 퇴직소득 ➡ 다음 해 3월 10일
(일용근로자는 월별 제출)

지급명세서 제출

연말정산 기초 자료

개인별 내역

회사 전체 내역

간이지급명세서 제출
- 사업소득 : 매달
- 근로소득 : 1월 31일, 7월 31일
- 인적용역 기타소득 : 매달

일치

다음 달 10일 원천징수이행상황신고서

사업소득, 인적용역 기타소득은 매달 간이지급명세서 제출시 지급명세서 제출 생략

- 매달 10일 : 원천세 신고 및 납부 ▶ 원천징수이행상황신고서 제출
- 매달 말일 : 사업소득, 일용근로자, 인적용역 기타소득 간이지급명세서 제출
  근로내용확인신고서를 근로복지공단에 제출할 때, 사업자등록번호와 국세청 일용소득신고에 체크, 내용을 기재해 제출하면 일용근로자 지급명세서는 국세청에 별도로 제출하지 않아도 된다.
- 3월 10일 : 근로소득세 연말정산, 사업소득, 퇴직소득의 지급명세서 제출
- 5월 31일 : 연말정산 중 공제받지 못한 금액이 있는 근로소득자, 근로소득 이외 사업소득, 부동산임대소득, 연금소득 등 종합과세합산 대상 소득이 있는 경우 신고 및 납부
- 간이지급명세서 제출 : 3월 10일 지급명세서 제출분과 별도.
  사업소득, 인적용역 기타소득 : 매달 제출 단 사업소득, 인적용역 기타소득은 매달 간이지급명세서 제출 시 지급명세서 제출 생략

※ 간이지급명세서 제출 대상 기타소득은 강연료, 전문 직종 용역 등 고용 관계없이 일시적으로 인적용역을 제공하고 받는 대가임. 상금·부상, 자산 등의 양도·대여·사용의 대가 등 다른 기타소득은 현행과 같이 연 1회 지급명세서 제출
  근로소득 : 1월 31일, 7월 31 일

※ 근로소득은 매달 일정액을 공제한 후 연말정산을 통해 1년간의 총급여 세금을 정산하는 구조로 1년간 납부해야 하는 총 세금은 정해져 있다.

※ 일용근로자는 연말정산 없이 매달 내는 세금으로 근로소득에 대한 납세의무가 끝나며, 일용근로소득만 있는 경우 종합소득세 신고 및 납부를 안 해도 된다.

※ 실질적 근로자이지만 회사에서 프리랜서로 신고하는 경우 매달 근로소득세 납부 및 연말정산은 안 하나, 종합소득세 신고 및 납부는 해야 한다. 프리랜서의 경우 필요경비가 거의 없어 대다수 경비율에 의해 종합소득세를 신고 및 납부하게 되는데, 원천징수 시 경비율 선택을 잘해두어야 나중에 종합소득세 신고 시 절세할 수 있다.

※ 고용보험, 산업재해보험은 일용직 근로자를 고용할 때마다 자격취득 및 상실 신고를 하기 어렵다. 그래서 고용보험법에서 한 달에 한 번 근로복지공단에 근로내용확인신고를 하면 고용, 산재보험의 취득 및 상실, 이직 신고까지 모두 한 것으로 본다.

급여의 원천징수와 경비처리

급여란 근로계약을 체결하고 근로제공을 받은 대가로 지급하는 것을 말한다. 급여는 각종 수당 및 상여금을 포함하며, 업무와 관련하여 지출한 것이므로 당연히 필요경비로 인정된다. 매달 급여 지급할 때 원천징수를 하고 이를 모아 1년에 1번 연말정산을 한다. 매달 원천징수한 내역을 원천징수이행상황신고서를 작성해 세무서에 제출하고, 각 개인의 1년분 원천징수 내역을 모아 지급명세서를 제출해야 경비로 인정받는다.

1 원천징수

원천징수란 급여 또는 사업소득을 지급하는 경우 지급하는 금액에 대해서 세법에서 정한 금액, 즉 급여의 경우는 간이세액표에 의한 금액, 사업소득의 경우는 지급 금액의 3.3%를 공제하고 지급한 후 지급한 날의 다음 달 10일까지 뗀 금액을 세무서에 소득자를 대신해 신고하는 것을 말한다(예납적 원천징수).

다만, 일용직(아르바이트)에 대해서는 연말정산을 하지 않고 원천징수 신고만 하면 된다(완납적 원천징수).

원천징수 대상소득	이자소득, 배당소득, 사업소득, 근로소득, 연금소득, 기타소득(종교인소득 포함), 퇴직소득
원천징수 의무자	원천징수 대상 소득을 지급하는 자(개인·법인)
원천세 신고·납부	원천징수 일이 속하는 달의 다음 달 10일까지 원천세 신고·납부, 원천징수이행상황신고서 제출, 납부서 납부, 홈택스 가능
지급명세서 제출	소득지급일의 다음 연도 2월 말(근로·퇴직·사업·종교인 소득은 다음 연도 3월 10일)까지 제출
불성실 신고·납부 불이익	원천징수 등 납부지연가산세 : 무납부 또는 과소납부한 세액에 대한 가산세 부담 지급명세서제출불성실가산세 : 지급명세서를 제출기한까지 제출하지 않거나, 제출한 지급명세서의 내용이 잘못 작성된 경우 가산세 부담

2 일용근로자 원천징수

일용직이란 근로를 제공한 날 또는 시간에 따라 근로 대가를 계산하거나 근로 성과에 따라 급여를 계산하여 받는 자로서, 근로계약에 따라 같은 고용주에게 3개월 이상(건설공사의 경우는 1년) 계속하여 고용되어 있지 않은 자를 말한다. 따라서 3개월 이상 계속하여 근무할 때는 일용직이 아닌 상용직으로 바뀐다는 점에 주의해야 한다.

이 경우 일용직에 대한 세액계산은 다음과 같이 한다.

(일 급여액 – 150,000원) × 6% × 45% × 근무일수 = 원천징수 세액

간편계산 : (일 급여액 – 150,000원) × 2.7%(일)

일용근로자의 경우 과세최저한이라고 해서 건당 1,000원 미만은 원천징수 하지 않는다.

따라서 매일 187,000원을 일당으로 지급하고 매일 원천징수 하는 경우는 납부할 세금이 0원이다.

그러나 0원이라도 신고는 해야 비용으로 인정받을 수 있다.

일반적으로 일용직에 지급하는 금액에 대해서는 원천징수 할 세액이 발생하지 않는다. 이유는 매일 15만 원씩을 차감해주기 때문이다. 그러나 일용직을 고용하는 경우 주의해야 할 사항이 두 가지 있다. 하나는 일용직의 신분증을 복사해 놓거나 주민등록등본을 반드시 받아놓아야 후일 문제가 발생하지 않는다는 것이다. 더 바람직한 것은 출근부를 만들어서 출근한 날에 날인받는다면 더욱 좋을 것이다.

3 개인회사 사장과 법인 대표이사의 급여

여기서 주의할 것은 개인사업자의 경우 대표의 급여는 경비로 인정이 안 된다는 것이다. 대표의 급여는 인출금으로 처리된다. 반면에 법인 대표의 급여는 경비로 처리되어 근로소득세를 부담하게 된다.

그것은 퇴직금도 동일하다.

개인사업자의 대표에 대한 급여는 경비로 인정되지 않고 퇴직급여충당금도 인정하고 있지 않다. 개인기업의 대표는 사업을 경영하는 것이 본인이기 때문이다. 이러한 이유로 개인사업자가 급여로 가져가는 것은 근로소득이 아니라 인출금이 되어 경비로 인정되지 않는 것이다.

구 분	급 여	퇴직금	복리후생비
개인사업자	인출금처리	지급 대상이 아니므로 퇴직급여충당금 미설정	• 본인의 식사비용은 원칙적으로 인출금처리 • 건강보험료는 비용인정 • 국민연금은 연금소득공제
법인사업자	급여처리	임원 퇴직금 규정에 따라 퇴직금 지급 및 비용인정	• 본인의 식사비용은 원칙적으로 복리후생비 처리 • 4대 보험 회사부담액 비용인정

4 각종 보상금의 경비처리

합의금은 그 성격에 따라 근로소득, 퇴직소득, 기타소득으로 구분된다.

⇨ 임금체불 진정 취하 합의금

해당 체불임금은 근로소득에 대한 체불의 경우 근로소득, 퇴직소득에 대한 체불의 경우 퇴직소득에 해당하며, 이와 별도로 지급하는 당해 합의금은 사례금 성격으로 기타소득에 해당하는 것이므로 지급 금액의 22%를 원천징수 해야 한다.

⇨ 부당해고에 대한 합의금

당해 합의금이 부당해고기간을 대상으로 실질적으로 부당해고인 것은 인정되나, 복직되지 아니하는 상태로 당해 해고기간의 급여를 법원의 조정에 따른 합의인 조정조서에 의하여 지급받는 것이라면 근로소득 및 퇴직소득(퇴직급여지급기준에 해당하는 금액인 경우)으로 볼 수 있으며, 거주자가 부당해고 판결에 따라 회사로부터 밀린 임금과 퇴직금 외에 받은 위로금의 지급 사유가 부당해고 등으로 인한 정신적 또는 신분상의 명예훼손 등에 대한 보상으로 지급하는 금액이라면 과세 대상에서 제외되겠으나, 소송을 취하하는 조건으로 합의금을 지급하는 경우 당해 합의금은 사례금 성격으로 기타소득에 해당하는 것이므로 지급금액의 22%를 원천징수 해야 한다. 이때 필요경비는 없으며 지급액의 22%를 원천징수 한다.

⇨ 산재로 인한 보상금 및 사망합의금

근로의 제공으로 인한 부상과 관련하여 근로자가 받은 배상, 보상 또는 위자의 성질이 있는 급여는 비과세한다.
임직원의 사망시 지급하는 사망합의금은 비용으로 처리할 수 있다.
종업원의 산재로 인한 피해에 대하여 보상을 해주었다면 해당 비용은 지출한 사업연도의 비용으로 처리하며, 보상금을 받는 자는 비과세 근로소득으로 본다. 즉, 회사는 비용처리를 하고 수령한 직원은 근로소득이지만 비과세로 규정을 하고 있으므로 세금은 내지 않는다.

⇨ 보상 또는 배상금과 관련한 증빙 처리

보상금 등의 지급 책임이 회사에 있고 사회통념상 적정하다고 인정되는 금액은 관련 합의서, 판결문, 영수증 등 관련 사실을 확인할 수 있는 증빙을 구비하고 사업자의 필요경비로 처리할 수 있다.

연차수당의 원천징수

퇴직할 때 미사용 연차휴가에 대해서 받는 연차수당은 근로소득에 해당한다. 따라서 이를 중도 퇴사자 연말정산 할 때 급여에 포함해서 정산해야 한다.

퇴직금 계산에 포함되는 연차수당은 일반적으로 전전연도 연차 발생분을 전년도에 사용하지 않아 퇴사하는 연도에 지급된 연차수당의 3/12을 포함한다. 다만, 전연도 발생한 연차를 당해연도 사용 중 퇴직으로 인해 지급의무가 발생한 연차수당은 수당을 지급해야 하지만 퇴직금 계산에는 포함되지 않는다.

반면 매월 발생한 월 단위 연차휴가 미사용에 대한 수당도 3/12을 포함한다.

일용직 노임 신고자료 관리
(일용근로자 최대 근무일수 초과 안내)

일용근로자에 대한 세무서의 소명자료 요구가 빈번하며, 근로자 본인
도 자료를 열람할 수 있어 허위신고 땐 탈세 조사를 받을 수 있다.

근로자는 종합소득세 신고 시 자신의 지급명세서를 열람하다 자신도
모르는 곳에서 자신의 소득이 잡혀있는 것을 발견하고 정정을 요청
하는 경우나 실질적으로 자신이 받은 급여보다 과다하게 신고된 자
료를 보는 경우가 빈번하다.

최근 세무서들이 건설 일용직 근로자 노임 지급 건 중 증빙자료를
갖추지 못한 노임에 대해 소명자료를 지속적으로 요구하고 있어 업
체의 주의가 필요하다.

관련 업계 등에 따르면 각 세무서에서 용역업체를 통해 일용근로자
의 노임을 입금해 소명자료를 갖추지 못한 업체에 대해 지속적으로
소명자료를 요구하고 있다고 밝혔다.

한 전문건설사는 최근 관할 세무서로부터 2020년도 1분기, 2분기에
일용근로자 2명에게 지급한 50만 원, 80만 원의 소명자료를 제출하
라는 통보서를 받고 곤욕을 치른 사례도 있다. 해당 노임을 지급한
내역이 필요한데 용역업체를 통해 조달한 일용직 근로자의 노임을

용역업체로 입금해 증빙자료가 될 수 없었기 때문이다.

또 다른 업체는 미장공 한 사람에게 노임을 입금해 확인서(입금자 외 11명)와 인감증명서, 통장 사본, 주민등록증 사본을 받았지만, 나머지 11명에 대한 추가 소명자료를 제출하라고 통보받았다.

채용	• 내국인 : 주민등록등본이나 주민등록증 앞/뒷면의 사본 • 외국인 : 여권 사본, 외국인등록증 사본 ※ 핸드폰 번호 등 연락처 확보, 일용근로자 임금대장 작성
관리	• 매달 근로내용확인신고서 제출 • 매달 일용근로소득 지급명세서 제출 근로내용확인신고서 제출 시 생략
일당	• 통장 사본 • 송금확인서, 무통장입금증, 현금수령증

이에 대해 한 세무서는 "가급적 일용직 근로자 개인에게 개인 명의로 된 통장으로 노임을 지급하는 것이 가장 현명하지만, 용역업체로 송금한 경우는 노임명세서, 회사보유 출역 일보, 출역일보(용역업체 작성분), 무통장입금증(용역업체 입금) 사본, 신분증 사본(개인별 연락처 기재), 노임 수령 위임장(용역업체 대표 서명) 등을 갖춰놔야 한다."고 밝혔다.

특히 "일용직 근로자의 소득세가 발생하지 않는 일급여가 15만 원 미만의 경우 근로일수를 부풀리는 방법으로 신고해서는 안 된다"라고 밝혔다. 근로자 개인의 소득신고 자료가 각 개인에게 통보되거나 근로자 본인이 열람해 국세청에 이의를 제기하고 민원을 넣으면 차후 문제의 소지가 발생할 수 있다는 것이다.

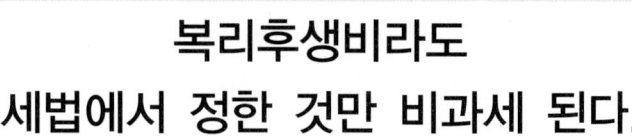

복리후생비라도
세법에서 정한 것만 비과세 된다.

◉ 선원법에 의하여 받는 식료

◉ **자기차량운전보조금 20만 원**

◉ 법령·조례에 의하여 제복을 착용해야 하는 자가 받는 제복·제
모 및 제화

◉ 특수 작업 또는 그 직장 내에서만 착용하는 피복

◉ 각종 수당

• 위험수당 등(특수분야에 종사하는 군인이 받는 낙하산 강하 위험수
당·수중파괴작업 위험수당·잠수부위험수당·고전압위험수당·폭발
물위험수당·비행수당·비무장지대근무수당·전방초소근무수당·함
정근무수당 및 수륙양용궤도차량승무수당, 특수분야에 종사하는 경찰
공무원이 받는 경찰특수전술업무수당과 경호공무원이 받는 경호수당)

• 승선수당, 함정근무수당, 항공수당, 화재진화수당(선원법의 규정에
의한 선원이 받는 월 20만 원 이내의 승선수당, 경찰공무원이 받는
함정근무수당·항공수당 및 소방공무원이 받는 함정근무수당·항공
수당·화재진화수당)

● 광산근로자가 받는 입갱수당 및 발파수당

국가 또는 지방자치단체가 지급하는 보육교사의 처우개선을 위하여 지급하는 근무환경개선비, 사립유치원 수석교사·교사의 인건비, 전문의의 수급 균형을 유도하기 위하여 전공의(專攻醫)에게 지급하는 수련 보조수당

● 학교의 교원, 연구기관 등 및 연구개발 전담부서에서 연구활동에 직접 종사하는 자가 받는 **연구보조비 또는 연구활동비 중 월 20만 원 이내의 금액**

● 기자의 취재수당 중 월 20만 원 이내의 금액

● 벽지에 근무함으로 인하여 받는 월 20만 원 이내의 벽지수당

● 천재·지변 기타 재해로 인하여 받는 급여

● 정부·공공기관 지방 이전기관 종사자 이전지원금 중 월 20만 원 이내의 금액

● 회사의 사규 등에 의해서 지급기준이 정해져 있고, 사회통념상 타당하다고 인정되는 범위 내의 일직료·숙직료

● 장해급여·유족급여·실업급여·육아휴직급여 등은 비과세한다.

● **비과세되는 식사대**

❶과 ❷ 중 큰 금액을 비과세 처리한다. ❶과 ❷ 모두 비과세처리 시 ❷는 과세한다.

❶ 근로자가 사내급식 또는 이와 유사한 방법으로 제공받는 식사 기타 음식물

사용자가 기업 외부의 음식업자와 식사·기타 음식물 공급계약을 체결하고 그 사용자가 발급하는 식권에 의해서 제공받는 식사·기타

음식물로서 당해 식권이 현금으로 환금할 수 없는 때에는 이와 유사한 방법으로 제공받는 식사·기타 음식물로 본다.

❷ 식사 기타 음식물을 제공받지 않는 근로자가 받는 월 20만 원 이하의 식사대 : 식사대가 사규 또는 급여 지급기준 등에 식사대에 대한 지급기준이 정해져 있어야 한다.

식대 20만 원만 제공	식대 20만 원 + 현물식사를 제공
회사가 급여처리를 해도 식대보조금으로 세금을 납부하지 않고 비과세 처리된다.	현물 식사는 비과세되나 식대 20만 원은 과세된다.

예를 들어 월 20만 원의 비과세 식대 보조금을 책정해 두고 매일 회사경비로 식사를 하는 경우(또는 사장님이 식사를 사주는 경우) 월 20만 원은 비과세가 아닌 과세로써 당연히 근로소득세를 납부해야 하나, 식대보조금은 비과세처리하고, 현물식사비는 적격증빙에 의해 비용처리를 해버리는 경우 당장은 걸리지 않아도, 세무조사 시 발각되면 식대보조금은 근로소득세가 추징될 수 있다. 따라서 당초부터 월 20만 원과 현물 식대 금액을 비교해 큰 금액을 회사경비 처리 후 직원은 비과세 처리하도록 한다.

● **회사 내부규정에 따라 지급하는 출산수당 전액과 1인당 월 20만 원까지의 보육(가족수당)수당 비과세**

● 병역의무의 수행을 위해서 징집·소집되거나 지원하여 복무 중인 사람으로서 병장 이하의 현역병(지원하지 않고 임용된 하사를 포함), 전투경찰순경, 교정시설 경비교도, 그 밖에 이에 준하는 사람이 받

는 급여

● 법률에 따라 동원된 사람이 그 동원직장에서 받는 급여

● 장해급여·유족급여·실업급여·육아휴직급여 등

● **비과세 학자금**

근로자(임원 포함)의 초·중등교육법 및 고등교육법에 의한 학교(외국에 있는 이와 유사한 교육기관을 포함한다)와 근로자직업능력개발법에 의한 직업능력개발훈련시설의 입학금·수업료·수강료 기타 공납금 중 아래의 3가지 요건을 모두 충족해야 비과세된다(당해 연도에 납입할 금액을 한도로 한다).

• 근로자가 종사하는 사업체의 업무와 관련 있는 교육훈련을 위해 지급받는 학자금으로

• 당해 업체의 규칙 등에 정해진 지급규정에 의해 지급되고,

• 교육훈련기간이 6월 이상인 경우는 교육훈련 후 교육기간을 초과해 근무하지 않는 경우 반환하는 조건일 것

● 외국 정부·국제연합과 그 소속기구의 기관에 근무하는 사람으로서 대한민국 국민이 아닌 사람이 그 직무수행의 대가로 받는 급여

● 국가유공자 등 예우 및 지원에 관한 법률 또는 보훈대상자 지원에 관한 법률에 따라 받는 보훈 급여금 및 학습보조비

● 작전 임무를 수행하기 위하여 외국에 주둔 중인 군인·군무원이 받는 급여

● 종군한 군인·군무원이 전사(전상으로 인한 사망 포함)한 경우 그 전사한 날이 속하는 과세기간의 급여

● 국민건강보험법, 고용보험법 또는 노인장기요양보험법에 따라 국

가·지방자치단체 또는 사용자가 부담하는 보험료

● 국군포로의 송환 및 대우 등에 관한 법률에 따른 국군포로가 받는 보수 및 퇴직일시금

● 교육기본법 제28조 제1항에 따라 받는 장학금 중 대학생이 근로를 대가로 지급받는 장학금

● **해외 또는 북한지역에 주재하면서 근로를 제공하고 받는 월 100만원 이내의 국외근로소득**. 다만, 원양어업 선박, 국외 등을 항행하는 선박, 국외 건설현장 등에서 근로를 제공하고 받는 보수의 경우 월 500만 원

● **생산직 근로자 시간외근무수당의 비과세**

아래의 3가지 요건을 모두 충족해야 비과세된다.

❶ 공장·광산의 기능직·조작직 근로자, 어업근로자, 돌봄 서비스직 종사자, 미용·숙박시설·조리 등 서비스 종사자, 매장·통신 등 판매종사자,　　　　건설·운송·청소·경비·음식·농림·어업·주차관리 등 서비스 관련 단순 노무 종사자 중 직전연도 총급여가 3,700만 원 이하로써 월정액급여가 260만 원 이하인 근로자의

❷ 연장시간근로급여, 야간근로급여 및 휴일근로급여 등 통상급여에 더해서 받는 급여로서

❸ 추가되는 금액 중 연 240만 원(광산근로자 및 일용근로자의 경우 : 전액)까지의 금액은 전액 비과세한다.

● 종업원 등이 직접 소비 목적으로 구매한 자사·계열사의 재화 또는 용역의 Max(시가의 20%, 연 240만원) 종업원 할인 금액

월정액급여에 포함되는 급여	월정액급여에 포함되지 않은 급여
❶ 매월 정기적으로 받는 식사대 ❷ 연간상여금 지급총액을 급여지급 시에 매월 분할해서 지급받는 경우	❶ 부정기적으로 지급받는 연차수당. 다만, 통상적으로 매월 지급되는 급여에 해당하는 때는 월정액급여의 범위에 포함 ❷ 매월 업무성과를 평가하고 실적 우수자를 선정해서 성과급상여금 지급약정에 의해 지급하는 상여금 ❸ 국민연금법에 의한 사용자 부담금

● 직원에게 제공되는 사택(사택에 대한 전기료, 수도료, 가스료 등의 관리비는 인정 안 됨)

1 임직원에게 지급해도 근로소득세를 안 내는 경우

구직자들이 대기업에 가려는 이유도 직원복지가 좋기 때문이다. 이렇게 좋은 취지로 직원복지를 챙겼는데, 직원이 받은 복지 혜택에 대해 세금을 내야 한다면 원래의 좋은 취지가 희석되는 것은 당연하다. 그래서 국세청에서는 직원이 받은 복지 혜택에 대해서는 근로소득으로 보지 않는다. 즉, 급여로 보지 않아 세금도 안 내도 된다.

연말정산을 할 때는 회사가 직원에게 지급하는 복리후생 목적의 혜택이 있다면 이를 빼고 총급여를 계산한다. 빼지 않아도 법을 위반한다거나 하는 것은 아니지만, 빼지 않으면 내지 않아도 될 세금을 내야 하는 결과가 된다. 단, 복리후생 목적의 혜택이라고 해서 무조건 뺄 수 있는 것은 아니다. 그랬다가는 급여 자체를 복리후생 목적이라고 하면 직장인 모두 세금을 회피할 수 있기 때문이다. 그래서 일정 범위에서만 근로소득으로 보지 않는데, 그 예를 들면 아래와 같다. 즉, 아래에 해당하는 것이 있다면 연봉에서 빼고 세금을 납부하면 된다.

- 사회통념상 인정되는 경조금(약 20만 원 정도까지)
- 퇴직급여 지급을 위해 회사가 적립하는 금액
- 연 70만 원 이내의 단체 순수 보장성 보험의 보험료
- 사내근로복지기금으로부터 받는 금품

2 │ 임직원에게 지급해도 근로소득세를 안 내는 경우

- 근로자의 차량으로 회사의 업무수행에 이용하고 시내출장 등에 소요된 실제 여비를 받는 대신에 그 소요경비를 당해 회사의 규칙 등에 의하여 정해진 지급 기준에 따라 받는 금액 중 월 20만원 이내의 금액
- 식사를 회사로부터 제공받지 않고 매월 식사대로 근로자가 받는 월 20만 원 이하의 식사대
- 근로자 또는 배우자의 출산수당은 전액, 6세 이하의 자녀보육과 관련하여 회사로부터 받는 급여로서 1명당 월 20만 원 이내의 금액
- 근로자가 회사의 업무와 관련 있는 교육훈련을 위하여 지급받는 학자금

- 육아휴직급여, 육아기 근로시간 단축 급여, 출산전후휴가급여
- 연장근로수당은 공장·광산의 기능직·조작직 근로자, 어업근로자, 돌봄 서비스직 종사자, 미용·숙박시설·조리 등 서비스 종사자, 매장·통신 등 판매 종사자, 건설·운송·청소·경비·음식·농림·어업·주차관리 등 서비스 관련 단순 노무 종사자 중 직전연도 총급여가 3,700만 원 이하로써 월정액급여가 260만 원 이하인 근로자에 한하여 연간 240만 원 비과세
- 국민연금, 건강보험, 고용보험, 산재보험에 대한 사용자 부담금

3 수당을 받아도 근로소득세를 안 내도 되는 경우

- 생산 관련 근로자의 시간외근무수당

공장·광산의 기능직·조작직 근로자, 어업근로자, 돌봄 서비스직 종사자, 미용·숙박시설·조리 등 서비스 종사자, 매장·통신 등 판매 종사자, 건설·운송·청소·경비·음식·농림·어업·주차관리 등 서비스 관련 단순노무 종사자 중 직전연도 총급여가 3,700만 원 이하로써 월정액급여가 260만 원 이하인 근로자는 근로기준법이나 선원법에 의거 지급받는 연장근로수당·야간근로수당 및 휴일근로수당 등 통상급여에 추가되는 금액 중 연 240만 원까지의 금액은 전액 비과세된다. 단, 광산근로자는 이러한 초과근로로 인한 급여소득 전액이 비과세된다.

- 벽지근무수당

벽지수당에 대해 20만 원 한도 내에서 비과세한다.

참고로 벽지수당과 관련해 주의할 점은 동 수당은 내규로 정한 지급 규정에 의해 지급받아야 하며, 본점에서 근무하는 자의 동일 직급 일반급여에 추가하여 지급하는 것인 경우에 한해서 벽지수당으로 인정받을 수 있다.

● 위험수당 및 경찰, 소방공무원, 선원의 승선수당

군인이 받는 위험수당만 비과세되므로 군인이 아닌 직원이 받는 위험수당은 과세된다.

경찰공무원 및 소방공무원이 지급받는 함정근무수당과 항공수당도 비과세소득이 된다.

월정액 급여가 210만 원 이하인 선원이 받는 월 20만 원 이내의 승선수당도 비과세된다. 여기서 선원이란 선원법상 해원으로 배 안에서 근무하는 선장 및 선원을 말한다.

● 광산입갱 및 발파수당

● 연구보조수당

유아교육기관 초중등교육기관 및 고등교육기관의 교원이 지급받는 연구보조비나 연구활동비도 매월 20만 원의 한도 내에서 비과세 된다.

교육기관이란 유아교육법상의 교육기관인 유치원, 초·중등 교육법상의 교육기관인 초등학교·중학교·고등학교, 그리고 고등교육법상의 교육기관인 대학·전문대학 등의 모든 교육기관이 포함된다.

특별법에 따른 교육기관의 교원이 받는 매월 20만 원 이내의 연구보조비도 비과세된다.

정부·지자체 출연연구기관 연구원과 직접적으로 연구 활동을 지원하는 자, 중소·벤처기업부설 연구소 연구원이 받는 연구비의 경우도 매월 20만 원이라는 일정액 한도 내에서 비과세된다. 단, 정부·지자체 출연연구기관에서 직접적으로 연구 활동을 지원하는 자에는 건물의 유지·보수와 식사 제공이나 차량의 운전에 종사하는 자는 제외한다.

● 기자의 취재수당

방송·통신·신문 사업을 하는 언론기업에 종사하는 기자가 취재 활동과 관련해서 지급받는 취재수당도 월 20만원 범위 내에서 비과세한다.

월정액 급여에 별도의 구분 없이 취재수당이 포함되어 지급받는 경우도 월 20만 원에 상당하는 금액은 무조건 취재수당으로 보아 비과세한다.

기자의 범위에는 당해 언론기업에 상시 고용되어 취재 활동을 하는 논설위원이나 만화가도 포함되나 기자가 아닌 자는 취재 활동을 해도 제외된다. 일간지 기자여야 하며, 주간지나 월간지 기자의 취재수당은 비과세 되지 않는다.

4 임직원에게 보너스 지급할 때 유의할 세금 문제

● 직원에게 보너스 지급하는 경우 : 상여금을 직원에게 지급하는 경우 세무상 문제는 없다.

5 출산휴가급여, 육아휴직급여, 공무원 육아휴직수당, 육아기 근로시간 단축급여

출산휴가급여, 육아휴직급여, 공무원 육아휴직수당, 육아기 근로시간 단축 급여 등 출산이나 육아로 인한 휴직기간에 고용보험공단으로부터 받는 각종 급여의 경우 소득세법상 비과세소득으로 세금을 내지 않는다. 단 고용보험공단에서 지급되는 급여만 비과세소득이지 회사에서 지급되는 급여까지 비과세되지는 않는다. 따라서 총급여 중 지원금만 비과세 처리하고 나머지는 과세소득으로 정상적으로 근로소득세를 납부해야 한다.

그런데 이에 대해서 비과세인지 모르고 차감을 하지 않은 금액으로 근로소득세를 원천징수 납부하는 실무자가 많으니 주의가 필요하다. 잘못 신고하였을 때는 국세청은 수정신고를 안내하고 있으니, 수정신고에 몸과 마음고생하지 않게 반드시 알고 있기를 바란다.

참고로 회사에 따라 복지 차원에서 출산 시 출산축하금을 주는 경우가 있는데, 보통 경조사비로 비과세 처리하기도 하지만 원칙은 과세 대상이다. 회사에서 월 20만 원 이내로 지급하는 만 6세 이하 자녀의 보육비는 1명당 20만 원까지만 비과세소득이다.

육아휴직급여, 육아기근로시간단축급여, 출산전후휴가급여, 배우자출산휴가급여

고용보험법에 따른 급여로서 다음의 출산, 육아 관련 소득에 대해서는 근로소득세 비과세를 적용한다.

1. 육아휴직 급여 및 수당
2. 육아기 근로시간단축급여
3. 출산전후휴가급여 등
4. 배우자 출산휴가급여

회사에서 받는 급여에서 배우자 출산휴가 급여를 차감한 후 원천징수 신고 · 납부한다.

(차) 보통예금　　(대) 국고보조금으로 잡고 이후

(차) 국고보조금　(대) 급여로 전표 정리한다.

내일채움공제 회계처리 및 세무 처리

청년 재직자 내일채움공제 가입한 청년근로자가 받는 공제금 중 기업기여금에 해당하는 부분은 근로소득에 해당하고, 해당 근로소득의 수입시기는 공제금을 수령하는 조건(5년 이상 재직)이 성취되는 날 또는 해지환급금을 수령하는 날이 된다.

중소기업 입장에서 공제 납입하는 기업 기여금은 사업소득 금액 계산 시 납입하는 연도의 필요경비로 산입하고, 회계처리 시 계정과목은 복리후생비, 인건비, 인력개발비 등 중소기업 편의에 따라 선택하여 사용한다. 일반 연구 · 인력개발비 세액공제를 적용받을 수 있다. 그리고 환급되는 경우는 잡이익 등으로 처리하면 된다.

현행 법령상 원천징수는 회사에서 납입하는 시점에는 청년 근로자의 근로소득이 아니므로 근로소득으로 원천징수 하지 않으며, 차후 만기 또는 중도해지에 따라 공제금을 수령하는 날이 속하는 과세기간의 연말정산 할 때 근로소득으로 보는 금액을 총급여에 합산하여 연말정산 해야 한다.

퇴직금과 퇴직연금의 원천징수와 경비처리

1 근로자 퇴직금의 퇴직소득세 원천징수

근로자의 퇴직금은 원칙적으로 경비처리를 인정한다. 물론 개인회사 사장님의 퇴직금은 비용으로 인정되지 않는다.

과세체계	비　고
퇴직급여액 = 퇴직소득금액	비과세 퇴직소득 제외
퇴직소득과세표준 = 퇴직소득금액 − 퇴직소득공제	(퇴직소득공제) 근속연수별 공제
퇴직소득 산출세액 ➜ 퇴직소득 과세표준에 12배수를 하여 원천징수 세율(기본세율)을 적용	연분연승법 적용 [(퇴직소득 과세표준 × 1/근속연수 × 12(= 환산급여)) − 차등공제] × 기본세율 ÷ 12 × 근속연수 (2012.12.31.이전 근속연수분에 대해서는 (퇴직소득 과세표준 × 1/근속연수) × 기본세율 × 근속연수)

⇨ 퇴직소득 금액

퇴직소득 금액은 당해 연도 퇴직소득의 합계액(비과세 금액은 제외)으로 한다.

⇨ 퇴직소득 산출세액

$$(퇴직소득금액 - 근속연수공제) \times \frac{1}{전체\ 근속연수} \times 12 = 환산급여$$

환산급여 - 환산급여공제 = 과세표준

$$과세표준 \times 기본세율 \times \frac{1}{12} \times 근속연수 = 산출세액$$

⇨ 근속연수공제

근속연수	공제액
5년 이하	100만 원 × 근속연수
5년 초과 10년 이하	500만 원 + 200만 원 × (근속연수 - 5년)
10년 초과 20년 이하	1,500만 원 + 250만 원 × (근속연수 - 10년)
20년 초과	4,000만 원 + 300만 원×(근속연수 - 20년)

주 근속연수는 퇴직금 산정기준이 되는 기간을 말하며, 근속연수 계산 시 1년 미만은 1년으로 한다. 예를 들어 근속연수가 1년 1개월인 경우 2년으로 한다.

주 당해 연도에 2회 이상 퇴직한 경우도 퇴직소득공제는 1회만 적용한다.

⇨ 환산급여 공제

환산급여	공제액
800만 원 이하	환산급여 × 100%
800만 원 ~ 7,000만 원	800만 원 + (환산급여 − 800만 원)× 60%
7,000만 원 ~ 1억 원	4,520만 원 + (환산급여 − 7,000만 원)× 55%
1억 원 ~ 3억 원	6,170만 원 + (환산급여 − 1억 원)× 45%
3억 원 ~	1억 5,170만 원 + (환산급여 − 3억 원)× 35%

⇨ 퇴직소득세 계산 사례

- 입사일 : 2015년 1월 11일
- 퇴사일 : 2026년 10월 15일
- 퇴직금 : 41,434,820원인 경우

[해설]

$(41,434,820원 - 20,000,000원) \times \dfrac{1}{12} \times 12 = 21,344,820원$

$21,344,820원 - 16,006,892원 = 5,337,928원$

- 환산급여공제 = 8,000,000원 + (21,344,820원 − 8,000,000원) × 60%

$5,337,928원 \times 기본세율 \times \dfrac{1}{12} \times 12 = 320,275원$

📋 계산 착오로 인해 퇴직금 추가 지급 시 퇴직소득세 계산

종업원에게 퇴직금을 지급 후 근무기간에 대한 퇴직금이 추가 발생하여 퇴직금을 추가로 지급하는 경우 추가 지급하는 퇴직금을 종전 지급한 퇴직금과 합산하여 납부할 소득세액

을 재계산해야 할 것이며,

원천징수이행상황신고시 귀속연도는 퇴사한 날이며, 지급연도는 추가 퇴직금을 지급하는 날로 기재해서 제출하면 된다.

기존에 신고한 원천징수이행상황신고서를 수정하여 제출하는 것이 아님에 유의하기를 바라며(수정신고가 아니므로 가산세는 없는 것으로 보임), 원천징수이행상황신고서의 지급금액은 추가 지급하는 퇴직금을 기재하고 원천징수세액란에는 추가로 납부할 소득세액을 기재하면 된다.

2 확정급여형 퇴직연금제도(DB형)

적립금과 운용수익 귀속자가 사용자(회사)이고 퇴직연금 사업자는 회사를 대신하여 퇴직급여를 지급할 뿐이므로 확정급여형퇴직연금제도에서 퇴직금을 지급할 경우 회사가 원천징수한다.

구 분	처리 방법
부담금 납입	급여 지급 능력 확보를 위해 최소적립금 이상을 유지하는 부담금을 납입해야 한다.
퇴직연금 이전 및 원천징수영수증 발급	DB 계좌에 있는 적립금을 IRP 계좌로 이전하고 그 금액이 퇴직급여에 부족한 경우 사업장에서 잔액을 IRP 계좌로 이전한다. 원천징수의무자인 사업장은 퇴직소득원천징수영수증을 작성하여 퇴직연금 사업자에게 통보하고, 근로자에게도 원천징수영수증을 발급한다.
원천세 신고 및 납부	회사가 원천징수이행상황신고서 퇴직소득란에 인원과 지급금액, 징수세액을 기재하여 제출한다. 단, 이연퇴직소득이 있는 경우에는 납부할 세금은 없다. 따라서 퇴직소득 지급금액을 기재하고 원천징수 세액은 0으로 기재한다.

구 분	처리 방법
지급명세서 제출	퇴직소득원천징수영수증(지급명세서)은 다음 해 3월 10일까지 세무서에 제출해야 한다. 단, 과세이연시 원천징수세액 0으로 하여 지급명세서를 제출한다.

3 확정기여형 퇴직연금제도(DC형)

회사의 퇴직금 적립과 동시에 퇴직금 지급의무가 퇴직연금 사업자에게 위임되고, 퇴직연금사업자는 근로자의 지시에 따라 적립금을 운용하다가 근로자 퇴직 시 퇴직금을 지급하면서 원천징수 한다.

⇨ 사업장에서 근로자에게 직접 지급하는 금액이 없는 경우

구 분	처리 방법
사업자 부담금 납입	납입한 부담금은 사업장의 경비로 처리한다(전액 필요경비산입). 퇴직급여 / 보통예금
퇴직연금 이전 및 원천징수영수증 발급	퇴직연금 사업자가 DC 계좌에서 IRP 계좌로 이전을 하면서 연금계좌 원천징수영수증을 이전받는 퇴직연금 사업자에게 통보한다. 그리고 연금계좌 원천징수영수증을 근로자에게도 발급한다.
원천세 신고 및 납부	원천징수의무자인 퇴직연금 사업자는 지급일이 속하는 달의 다음 달 10일까지 과세이연한 내역을 기재한 원천징수이행상황신고서를 세무서에 제출해야 한다. 단, 원천징수 하지 않고 과세이연을 한 경우 납부할 세금은 없다.
지급명세서 제출	회사가 지급할 서류는 없으며, 퇴직연금사업자가 퇴직소

구 분	처리 방법
	득 지급일이 속하는 과세기간의 다음연도 3월 10일까지 연금계좌 지급명세서를 관할 세무서에 제출해야 한다.

⇨ 사업장에서 근로자에게 직접 지급하는 금액이 있는 경우

구 분	처리 방법
사업자 부담금 납입	납입한 부담금은 사업장의 경비로 처리한다(전액 필요경비산입).
퇴직연금 이전 및 원천징수영수증 발급	사업장에서 직접 지급하는 퇴직금은 원천징수 한 후에 잔액을 지급하고, 퇴직소득 원천징수영수증을 근로자에게 발급한다.
원천세 신고 및 납부	지급일이 속하는 달의 다음 달 10일까지 과세이연한 내역을 기재한 원천징수이행상황신고서를 세무서에 제출해야 한다. 원천징수 하지 않고 과세이연하였으므로 납부할 세금은 없다.
지급명세서 제출	연금계좌 원천징수영수증(지급명세서)은 다음 해 3월 10일까지 세무서에 제출해야 한다.

⇨ 가입자부담금이 있는 경우

구 분	처리 방법
퇴직연금 이전 및 원천징수영수증 발급	퇴직연금 사업자가 DC 계좌에서 IRP 계좌로 이전을 하면서 연금계좌 원천징수영수증을 이전받는 퇴직연금 사업자에게 통보하고 근로자에게도 발급한다. 가입자부담금이 있으므로 연금계좌이체명세서와 연금납입확인서도 이관 퇴직연금 사업자에게 통보한다.

구 분	처리 방법
	퇴직연금 사업자가 DC 계좌에서 IRP 계좌로 이전을 하면서 연금계좌 원천징수영수증을 이전받는 퇴직연금 사업자에게 통보하고 근로자에게도 발급한다. 가입자부담금이 있으므로 연금계좌이체명세서와 연금납입확인서도 이관 퇴직연금 사업자에게 통보한다.
원천세 신고 및 납부	지급일이 속하는 달의 다음 달 10일까지 과세이연한 내역을 기재한 원천징수이행상황신고서를 세무서에 제출해야 한다. 원천징수하지 않고 과세이연하였으므로 납부할 세금은 없다.
지급명세서 제출	연금계좌 원천징수영수증(지급명세서)은 다음 해 3월 10일까지 세무서에 제출해야 한다.

구 분	DC형(확정기여형)	DB형(확정급여형)
원천징수의무자 : 원천징수영수증 발급자	퇴직연금 사업자(금융기관) : 퇴직연금 사업자가 원천징수영수증을 퇴직자에게 발급	회사(고용부) : 사용자가 원천징수영수증을 퇴직자에게 발급
원천징수이행상황신고서 작성 및 제출	회사는 원천징수이행상황신고서에 기재할 내용 없음(퇴직연금 사업자가 원천징수이행상황신고서에 인원과 지급금액, 징수세액을 기재하여 제출함)	회사가 원천징수이행상황신고서 퇴직소득란에 인원과 지급금액, 징수세액을 기재하여 제출함(단, 이연퇴직소득이 있는 경우에는 퇴직소득 지급금액을 기재하고 원천징수 세액은 0으로 기재함)
지급명세서 제출	회사가 지급할 서류 없음(퇴직연금 사업자가 퇴직소득 지급일이 속하는 과세기간의 다음연도 3월 10일까지 연금계좌 지급명세서를 제출함)	회사가 퇴직소득 지급일이 속하는 과세기간의 다음연도 3월 10일까지 제출(과세이연 시 원천징수 세액 0으로 하여 지급명세서 제출)

용역대가에 대한 수수료의 경비처리

(사업소득과 기타소득)

인적용역에 대한 수수료 지급할 때 소득 구분은 회사 직원인 경우는 근로소득, 외부용역인 경우는 사업소득 또는 근로소득에 속한다.

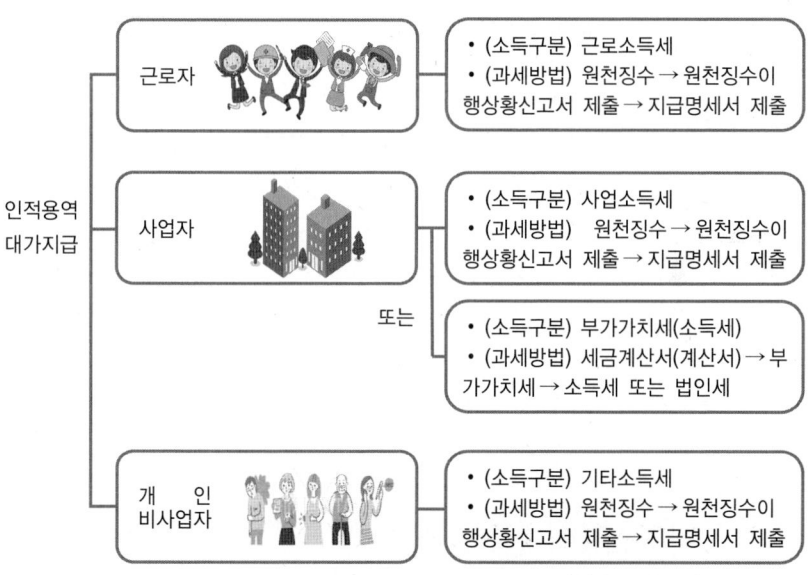

외부 사람을 인적용역으로 사용하는 경우 회계사, 세무사, 노무사 등 사업자등록이 되어있는 사업자인 경우는 세금계산서(계산서)를 받아서 증빙 처리하는 것이 일반적이다. 반면 상대방이 사업자등록이 되어있어도 서로 사업자등록증을 왔다 갔다 하기 귀찮거나 별도의 사정상 사업소득으로 원천징수하고 끝내는 경우가 있다.

즉, 상대방이 사업자등록이 되어있거나 사업성을 가지고 계속적, 반복적으로 용역을 제공받는 경우는 원천징수 할 경우 사업소득으로 원천징수를 한다.

그리고 똑같은 인적용역을 제공받아도 사례금과 같이 일시적·비반복적으로 제공받는 경우는 기타소득으로 원천징수 한다.

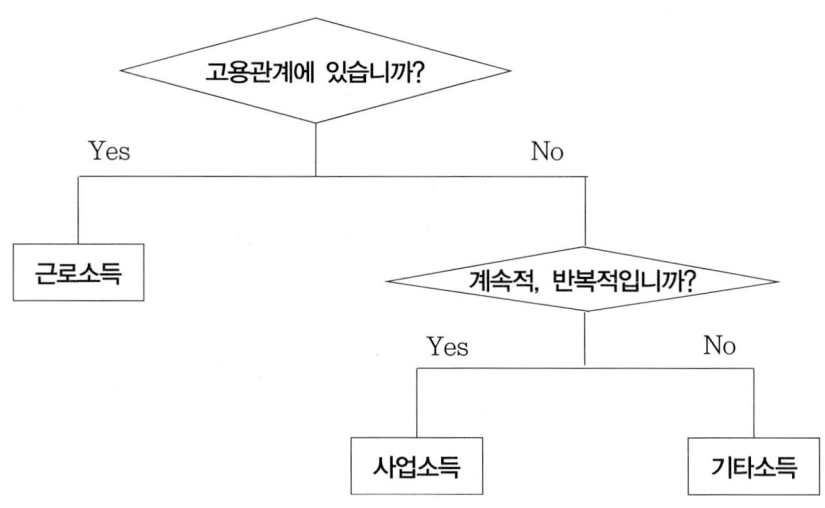

1 사업소득의 원천징수

사업소득은 대가 지급액의 3.3%를 원천징수 후 신고·납부를 하면 된다.

사업자등록이 되어 있지 않은 자로써 계속적, 반복적으로 대가를 지급하는 경우뿐만 아니라, 사업자를 이용하여 세금계산서 발행 대신 원천징수를 원하는 상대방도 3.3%를 원천징수 후 신고·납부를 하면 된다.

원천징수 할 세액 = 지급액 × 3.3%

반면 사업소득은 종합과세 대상인데, 일반적인 사업 외에 부동산임 대업도 사업소득에 해당하므로, 모두 종합소득에 포함된다. 즉, 개인사업자가 5월에 하는 종합소득세 신고가 일반적으로 사업소득 신고를 말한다고 보면 된다.

사업소득 금액은 총수입금액에서 필요경비를 차감하여 계산한다. 여기서 필요경비는 직원 인건비(본인 불포함), 사업을 하면서 들어간 감가상각비, 대손상각비, 기업업무추진비(= 접대비)와 복리후생비 등이 있다. 보통 사업소득과 필요경비는 개인적으로 계산하기에는 매우 복잡하고 어려우므로, 담당 세무사를 통해 계산하는 것이 좋다.

2 기타소득의 원천징수

기타소득은 사업소득과 달리 일시적·비반복적인 대가를 지급할 때 지급액의 8.8%를 원천징수 해서 신고·납부 하면 된다.

❥ 일시적 인적용역(강연료, 방송 해설료, 심사료 등)

> 다수가 순위 경쟁하는 대회에서 입상자가 받는 상금·부상

> 창작품에 대한 원작자로서 받은 원고료, 인세 등

> 상표권, 영업권, 산업상 비밀 등의 자산이나 권리의 대여금액

> 백화점 등의 경품 당첨 소득

> **사례금**

```
원천징수 할 세액 = (지급액 - 필요경비(지급액의 60%)) × 20%
```

구 분	항 목
80% 필요경비 인정	• 공익법인의 설립·운영에 관한 법률의 적용을 받는 공익법인이 주무관청의 승인을 받아 시상하는 상금 및 부상과 다수가 순위 경쟁하는 대회에서 입상자가 받는 상금 및 부상 • 계약의 위약 또는 해약으로 인하여 받는 위약금과 배상금 중 주택 입주 지체상금
60% 필요경비 인정	• 광업권·어업권·산업재산권·산업정보, 산업상 비밀, 상표권·영업권(점포임차권 포함), 이와 유사한 자산이나 권리를 양도하거나 대여하고 그 대가로 받는 금품 • 통신판매중개업자를 통해 물품 또는 장소를 대여하고 연간 수입금액 500만 원 이하의 사용료로 받는 금품 • 공익사업과 관련된 지역권·지상권(지하 또는 공중에 설정된 권리 포함)을 설정하거나 대여하고 받는 금품 • 문예·학술·미술·음악 또는 사진에 속하는 창작품 등에 대한 원작자로서 받는 원고료, 인세 등의 소득 • 인적용역을 일시적으로 제공하고 지급받는 대가
필요경비 없음	사례금, 경품은 지급하는 자가 지급금액의 22%(지방소득세 포함)의 세율로 기타소득세 및 지방소득세를 원천징수 한다.

그런데 기타소득과 관련해서 세금 계산 시 유의할 사항은 과세최저한이라고 해서 기타소득금액이 건당 5만 원 이하인 경우는 세금 납부를 면제해주고 있다는 점이다. 그 금액은 대가로 건당 125,000원 이하를 지급하는 경우가 해당한다.

> 강연료 125,000원 지급 시 필요경비는 지급금액의 60%에 해당하는 것으로 가정
> 기타소득금액 5만 원 = 125,000원 − 125,000원 × 60%(과세 최저한)

반면, 기타소득은 소득금액이 연 300만 원 미만이라면 본인 의사에 따라 종합과세나 분리과세(원천징수) 중 유리한 것을 선택하도록 하고 있다. 즉, 연 300만 원 이상이면 무조건 종합과세를 해야 하나 연 300만 원 미만이라면 분리과세(원천징수)로 모든 세금의무를 끝낼 수 있게 해주고 있다. 따라서 세율이 20% 이상을 적용받는 자는 분리과세(원천징수)로 모든 세금 의무를 끝내는 것이 유리할 수 있다. 그리고 그 판단 기준금액은 연간 대가로 750만 원 이하이다.

- 종합소득 기본세율 24% 적용부터 : 분리과세가 유리
- 종합소득 기본세율 24% 이하 적용 : 종합과세가 유리

구 분	필 요 경비율	과세최저한 (원천징수 안 함)	기 타 소득세	분리과세 한 도
2018년 4월 이전	80%	250,000원	4.4%	1,500만 원
2018년 4월~12월	70%	166,666원	6.6%	1,000만 원
2019년 이후	60%	125,000원	8.8%	750만 원

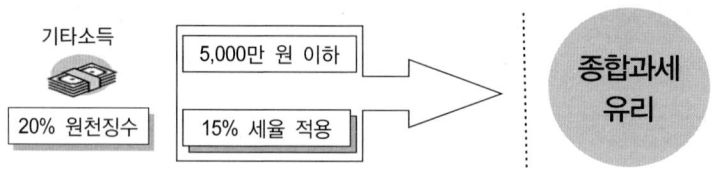

종합과세시 15%의 세율을 적용받으면 원천징수 시 납부한 20% 의 세율보다 유리하므로 차이인 5%의 세금을 환급받을 수 있다.

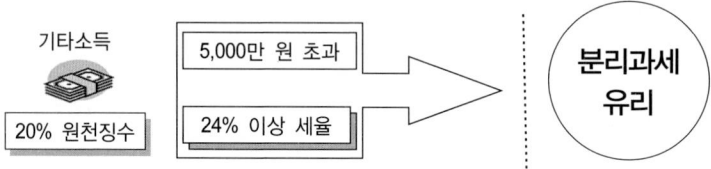

기타소득은 연간소득이 300만 원 미만이라면 분리과세로 납세의무가 종결되지만, 300만 원 이상일 경우 종합소득에 포함된다. 기타소득은 실제 소득의 60%를 필요경비로 인정받을 수 있으므로 필요경비를 60%를 공제한 후의 소득이 300만 원 이상일 경우 종합소득에 포함된다.

예를 들어, 홍길동씨는 강의료로 700만 원을 받았다면, 여기서 필요경비 60%에 해당하는 420만 원을 공제한 기타소득금액은 280만 원이므로, 홍길동씨는 종합소득세를 납부할 필요가 없다. 반면 750만 원을 받았다면, 여기서 필요경비 60%에 해당하는 450만 원을 공제한 기타소득금액은 300만 원 이상이다. 따라서 750만 원 이상의 경우 홍길동씨는 종합소득에 포함해서 신고 및 납부를 해야 한다.

비영업대금의 원천징수와 경비처리

비영업대금의 이익은 금전의 대여를 사업목적으로 하지 않는 자가 일시적·우발적으로 금전을 대여함에 따라 받는 이자 또는 수수료 등을 말한다.

1 비영업대금 이자소득의 원천징수

국내에서 거주자나 비거주자에게 비영업대금의 이익을 지급하는 자는 그 거주자나 비거주자에게 소득세를 원천징수 한다.

원천징수할 세액 = 지급액 × 25%(지방소득세 포함 27.5%)

2 원천징수세액에 대한 신고 방법

⇨ **거주자에게 비영업대금의 이익을 원천징수 하는 경우**

원천징수이행상황신고서의 이자소득(A50)란에 소득지급(인원, 총지급액), 징수세액(소득세 등)을 포함하여 작성하고, 원천징수이행상황신고서 부표의 비영업대금의 이익(C16)란에 소득지급(인원, 총지급액), 징수세액(소득세 등)을 작성해야 한다.

⇨ 법인에게 비영업대금의 이익을 원천징수하는 경우

원천징수이행상황신고서의 내·외국법인원천(A80)란에 소득지급(인원, 총지급액), 징수세액(소득세 등)을 포함하여 작성하고, 원천징수이행상황신고서 부표의 내국법인 비영업대금의 이익(C75)란에 소득지급(인원, 총지급액), 징수세액(소득세 등)을 작성해야 한다.

Chapter 04

합법적으로 세금 아끼는
경비 처리의 기술

세금폭탄을 피하는 가장 쉬운 방법 증빙관리

세법에서 증빙이라고 하면 세금계산서가 대표적이다. 이와 별도로 계산서, 신용카드매출전표, 지출증빙용 현금영수증, 세금계산서 대용 지로용지, 인건비에 대한 원천징수영수증이 세법에서 인정하는 증빙이다.

세금의 세자, 회계의 회자도 모르는 진짜 초보라면 어디를 가서든 창업을 해서든 당장 업무를 해야 한다면 돈이 나갈 때 증빙부터 챙기는 습관을 들여야 한다.

계정과목도 모르고 분개 어떻게 해야 하지요?

경리업무를 하는데 회사에 필요한 서류가 무엇이 있나요?

걱정할 시간에 우선 증빙부터 확실히 챙겨야 한다.

회사의 사업자등록증을 봐서 우리 회사가

❶ 부가가치세법상 어디에 속하는지를 우선 알고,

❷ 세법상 인정받을 수 있는 증빙의 종류를 파악해 두어야 한다.

특히 기업업무추진비 관리는 중요하므로 신경을 써서 관리한다.

[지출증빙을 발행할 경우]

증빙 \ 발행자	개인 일반과세자	개인 간이과세자	면세사업자
세금계산서	가능(과세대상 거래에 한해)	가능(과세대상 거래에 한해)	가능(과세대상 거래에 한해)
계산서	가능(면세대상 거래에 한해)	가능(면세대상 거래에 한해)	가능(면세대상 거래에 한해)
신용카드매출 전표(법인카드)	가능	가능	가능
신용카드매출 전표(개인카드)	가능	가능	가능
현금영수증 (지출증빙용)	가능	가능	가능
현금영수증 (소득공제용)	가능	가능	가능
간이영수증	가능	가능	가능

[지출증빙을 발급받을 수 있는 경우]

수취증빙 \ 상대방	개인 일반과세자	개인 간이과세자	면세사업자
세금계산서	가능(과세대상 거래에 한해)	가능(과세대상 거래에 한해)	가능(과세대상 거래에 한해)
계산서	가능(면세대상 거래에 한해)	가능(면세대상 거래에 한해)	가능(면세대상 거래에 한해)
신용카드매출 전표(법인카드)	가능	가능	가능

수취증빙 \ 상대방	개인 일반과세자	개인 간이과세자	면세사업자
신용카드매출전표(개인카드)	가능(법인은 기업업무추진비는 불가능)	가능	가능
현금영수증(지출증빙용)	가능	가능	가능
현금영수증(소득공제용)	가능{지출증빙용으로 전환}	가능{지출증빙용으로 전환}	가능{지출증빙용으로 전환}
간이영수증	가능(금액 제한이 있다)	가능(금액 제한이 있다)	가능(금액 제한이 있다)

위의 표에서 보면 우리 회사가 발행 가능한 증빙과 반드시 수취해야할 증빙을 구분할 수 있을 것이다.

그런데 세법상 증빙으로 인정하는 위의 증빙은 금액에 따라 적격증빙이 되기도 하고, 안 되기도 한다.

적격증빙이 되기 위한 비용지출 기준금액은 다음과 같으니 초보자는 꼭 암기하고 있어야 한다.

지출 내용		금액 기준	적격증빙
기업업무추진비	경조사비	한 차례 20만 원 초과(20만 1원부터)	세금계산서, 계산서, 신용카드매출전표, 지출증빙용 현금영수증. 청첩장은 증빙이 되지 않음(축의금 + 화환 금액)
		한 차례 20만 원까지(20만 원까지)	청첩장, 초대장 등 경조사를 증명할 수 있는 서류(축의금 + 화환 금액)

지출 내용		금액 기준	적격증빙
경조사비를 제외한 기업업무추진비(=접대비)		한 차례 3만 원 초과(3만 1원부터)	세금계산서, 계산서, 신용카드매출전표, 지출증빙용 현금영수증, 필요적 기재사항이 기록되어 있는 지로영수증(영수증은 안 됨)
		한 차례 3만 원까지(3만 원까지)	세금계산서, 계산서, 신용카드매출전표, 지출증빙용 현금영수증, 필요적 기재 사항이 기록되어 있는 지로영수증(영수증은 안 됨) 외 간이영수증도 가능
기업업무추진비(= 접대비)를 제외한 일반비용		한 차례 3만 원 초과(3만 1원부터)	세금계산서, 계산서, 신용카드매출전표, 지출증빙용 현금영수증, 필요적 기재 사항이 기록되어 있는 지로영수증(영수증은 안 됨)
		한 차례 3만 원까지(3만 1원까지)	세금계산서, 계산서, 신용카드매출전표, 지출증빙용 현금영수증, 필요적 기재사항이 기록되어 있는 지로영수증(영수증은 안 됨) 외 간이영수증도 가능
원천징수하는 세금(인건비)		금액 기준 없음	원천징수영수증

일반과세 물 품 ⇨ 세금계산서, 신용카드매출전표, 지출증빙용 현금영수증, 지로영수증, 원천징수영수증, 간이영수증은 기업업무추진비 및 일반비용 모두 3만 원까지만 적격증빙

면세물품 ⇨ 계산서, 신용카드매출전표, 지출증빙용 현금영수증, 지로영수증, 원천징수영수증, 간이영수증은 기업업무추진비 및 일반비용 모두 3만 원까지만 적격증빙

간 이 과세자 ⇨ 신용카드매출전표, 지출증빙용 현금영수증, 지로영수증, 원천징수영수증, 간이영수증은 기업업무추진비 및 일반비용 모두 3만원 까지만 적격증빙. 세금계산서 발행

일반개인 ⇨ 개인 주택임대업자에게 임대용역을 공급받는 경우는 은행에서 송금하고 송금영수증을 보관하면 되나, 상가를 임대하는 경우는 세금계산서 등 적격증빙을 받아야 함

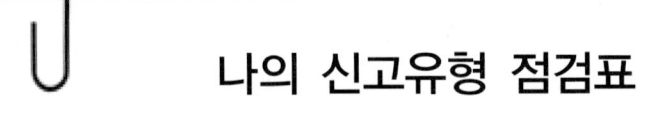

나의 신고유형 점검표

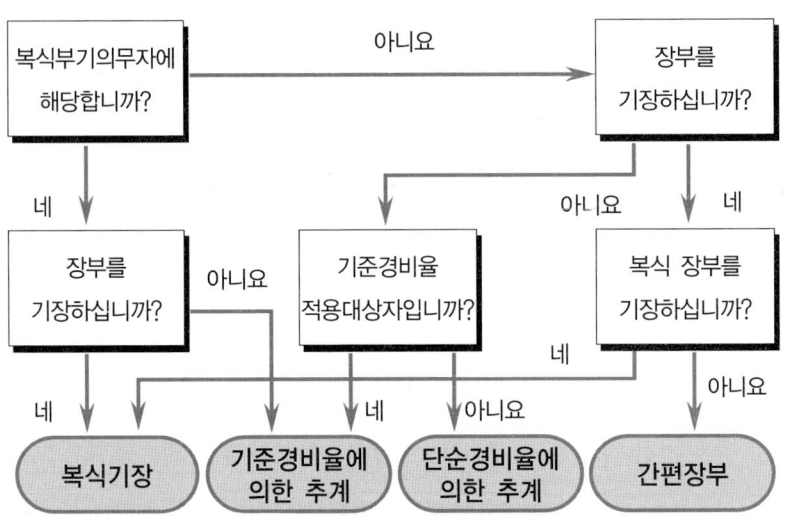

※ 복식부가의무자, 간편장부 대상자 판단 : (220)페이지 참고
※ 기준경비율, 단순경비율 판단 : (221)페이지 참고

종합소득세 계산구조를 알아야 절세도 보인다.

소득세는 개인의 소득에 대해서 납부하는 세금이다.

그러면 소득세에서 말하는 소득은 무엇일까?

소득세에서 말하는 소득이란 연간 총수입금액에서 수입을 얻기 위하여 소요된 모든 비용을 차감한 금액을 말한다. 비용은 종합소득세 계산할 때 다른 말로 필요경비라고 한다.

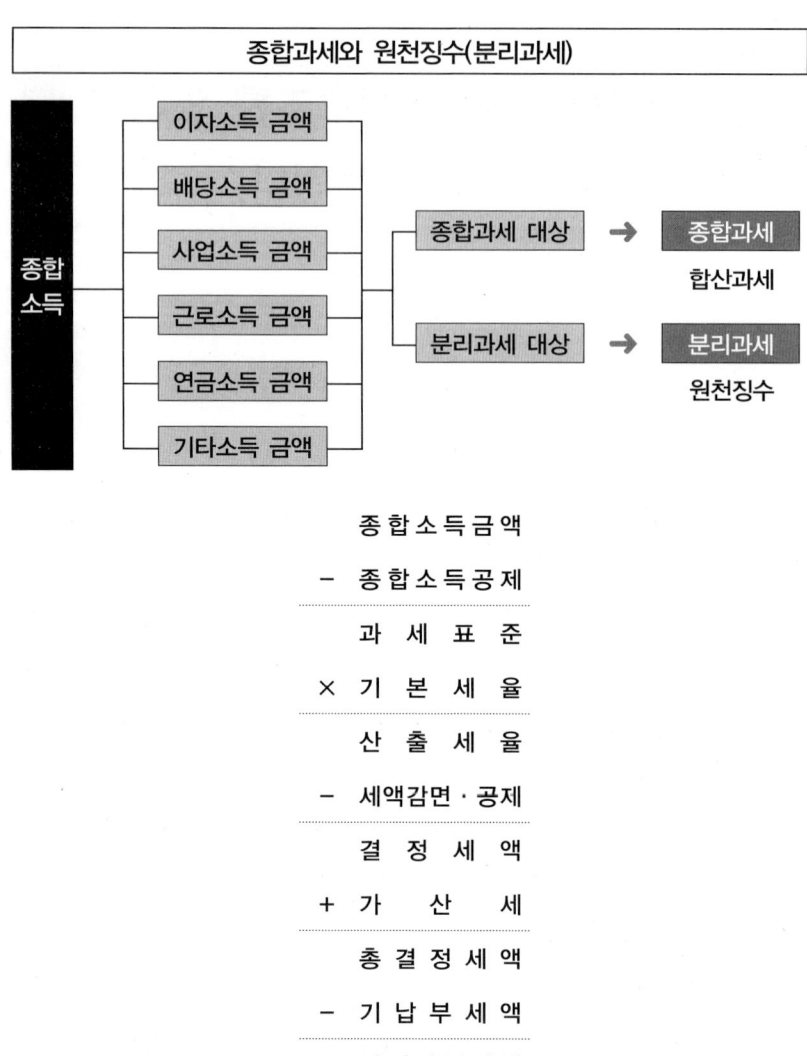

종합과세와 원천징수(분리과세)

종합소득
- 이자소득 금액
- 배당소득 금액
- 사업소득 금액
- 근로소득 금액
- 연금소득 금액
- 기타소득 금액

종합과세 대상 → 종합과세 / 합산과세

분리과세 대상 → 분리과세 / 원천징수

	종 합 소 득 금 액
−	종 합 소 득 공 제
	과 세 표 준
×	기 본 세 율
	산 출 세 율
−	세액감면 · 공제
	결 정 세 액
+	가 산 세
	총 결 정 세 액
−	기 납 부 세 액
	자 진 납 부 세 액

소득세를 신고 및 납부하는 방법은 원천징수와 종합소득세 신고 두 가지 방법이 있다. 여기서 원천징수는 원천징수의무자가 대가를 지급할 때 일정한 세금을 미리 지급액에서 차감해서 대신 신고 및 납

부를 해주는 방법을 말한다. 반면, 종합소득세는 원천징수로 모든 세금 의무가 종결되는 것이 아니라 1년간의 소득을 모두 합산해서 세금을 신고 및 납부하는 방법을 말한다. 따라서 종합소득 대상에 해당하는 소득은 비록 원천징수로 세금을 납부했다고, 하더라도 종합소득으로 납부해야 할 세금을 미리 납부한 것에 불과하며, 나중에 종합소득세에 합산해서 다시 세금을 정산해야 한다.

이같이 어차피 종합소득세로 신고 및 납부해야 할 세금을 미리 내는 것을 기납부세액이라고 하며, 원천징수(중간예납세액, 수시부과세액도 원천징수세액과 함께 기납부세액에 해당한다)가 이에 해당한다.

종합과세란 앞서 표에서 보여준 바와 같이 이자소득, 배당소득, 사업소득, 근로소득, 연금소득, 기타소득 중 원천징수 되는 소득을 제외한 소득을 합해서 종합소득을 구하는 것이다.

그리고 종합소득세 신고와 관련해서는 장부를 작성한 후 장부에 따라 신고하는 기장에 의한 신고와 장부를 작성하지 않아 수입과 지출을 정확히 알 수 없어 사업자의 소득과 비용을 추산해서 신고하는 추계에 의한 신고가 있다.

종합과세 신고 방법	
기장에 의한 신고	무기장(추계)에 의한 신고
• 복식장부에 의한 사업소득 금액 • 간편장부에 의한 사업소득 금액	• 기준경비율에 의한 사업소득 금액 • 단순경비율에 의한 사업소득 금액

경비율을 적용한다는 것은 장부 작성을 하지 않는 것이 전제된 조건이고, 소규모 과세자가 아닌 장부를 충분히 작성할 수 있는데 안 하고 신

고하는 경우 장부 작성을 유도하기 위해 무기장가산세를 매기게 된다. 따라서 사업자는 무기장가산세의 부담까지도 충분히 고려하여 방법을 결정해야 한다. 또한 간편장부대상자가 복식부기에 의한 신고 시 20%의 세액공제 혜택을 주므로 이도 고려해서 신고 방법을 결정한다.

기장에 의한 신고 방법(장부 작성)

복식부기의무 사업자
아래 표와 같이 업종별로 직전 연도 매출액이 일정 금액 이상인 사업자

간편장부대상 사업자
아래 표와 같이 업종별로 직전 연도 매출액이 일정 금액 미만인 사업자
당해연도 사업을 개시한 신규사업자

구 분	복식부기 의무자	간편장부 대상자
가. 농업 · 임업 및 어업, 광업, 도매 및 소매업(상품중개업을 제외한다), 소득세법 시행령 제122조 제1항에 따른 부동산매매업, 그 밖에 '나' 및 '다'에 해당하지 않은 사업	3억원 이상자	3억원 미만자
나. 제조업, 숙박 및 음식점업, 전기 · 가스 · 증기 및 공기조절 공급업, 수도 · 하수 · 폐기물처리 · 원료재생업, 건설업(비주거용 건물 건설업은 제외), 부동산 개발 및 공급업(주거용 건물 개발 및 공급업에 한정), 운수업 및 창고업, 정보통신업, 금융 및 보험업, 상품중개업, 욕탕업	1.5억원 이상자	1.5억원 미만자
다. 소득세법 제45조 제2항에 따른 부동산 임대업, 부동산업(가에 해당하는 부동산매매업 제외), 전문 · 과학 및 기술서비스업, 사업시설관리 · 사업지원 및 임대서비스업, 교육서비스업, 보건업 및 사회복지 서비스업, 예술 · 스포츠 및 여가관련서비스업, 협회 및 단체, 수리 및 기타 개인서비스업, 가구내 고용활동	7,500만 원 이상자	7,500만 원 미만자

※ 업종의 현황 등을 고려하여 욕탕업은 1억 5천만원에 미달하는 경우 간편장부대상자임(소득세법 시행규칙 제95조의2). 2026년 종합소득세 신고의 경우 2025년 소득을 신고하는 것이며, 판단기준은 2024년 매출액을 기준

[기장을 한 경우 종합소득세의 계산 흐름]

총 수 입 금 액	−	필요경비	=	소 득 금 액
소 득 금 액	−	소득공제	=	과 세 표 준
과 세 표 준	×	세 율	=	산 출 세 액
산 출 세 액	−	세액공제 및 감면세액	=	결 정 세 액
결 정 세 액	−	기납부세액	=	납부(환급)할 세 액

무기장(추계)에 의한 신고 방법(장부 미작성)

기준경비율 대상 사업자

인건비, 매입액, 임차료만 증빙에 의하고, 나머지 필요경비는 기준경비율을 적용

단순경비율 대상 사업자

증빙에 의하지 않고 모든 필요경비를 단순경비율 적용

구 분	기준경비율 적용대상자	단순경비율 적용대상자
가. 농업·임업 및 어업, 광업, 도매 및 소매업(상품중개업을 제외한다), 소득세법 시행령 제122조 제1항에 따른 부동산매매업, 그 밖에 '나' 및 '다'에 해당하지 않은 사업	6천만 원 이상자	6천만 원 미만자
나. 제조업, 숙박 및 음식점업, 전기·가스·증기 및 공기조절 공급업, 수도·하수·폐기물처리·원료재생업, 건설업(비주거용 건물 건설업은 제외), 부동산 개발 및 공급업(주거용 건물 개발 및 공급업에 한정), 운수업 및 창고업, 정보통신업, 금융 및 보험업, 상품중개업, 욕탕업	3천 6백만원 이상자	3천 6백만원 미만자
다. 소득세법 제45조 제2항에 따른 부동산 임대업, 부동산업(가에 해당하는 부동산매매업 제외), 전문·과학 및 기술서비스업, 사업시설관리·사업지원 및 임대서비스업, 교육서비스업, 보건업 및 사회복지 서비스업, 예술·스포츠 및 여가관련서비스업, 협회 및 단체, 수리 및 기타 개인서비스업, 가구내 고용활동	2천 4백만원 이상자	2천 4백만원 미만자

* 욕탕업은 기장의무 판단 시에만 '나'군 적용, 경비율 기준은 '다'군 적용

* 수리 및 기타 개인서비스업 중 「부가가치세법 시행령」 제42조 제1호에 따른 인적용역 사업자는 기장의무 판단 시에는 '다'군 적용, 경비율 기준은 '나'군 적용

[기장을 안 한 경우 종합소득세의 계산 흐름]

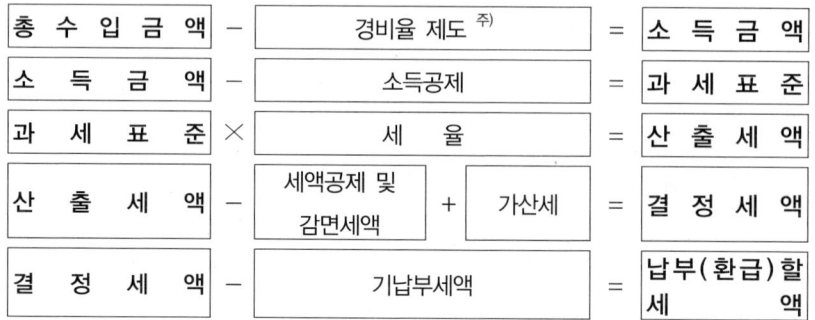

🈯 타가율은 임대를 해서 운영하는 것을 말하며, 자가율은 본인의 집에서 하는 경우

❶ 수입금액 – 주요경비(매입비용 + 임차료 + 인건비) – 기타경비(수입금액 × 기준경비율(복식부기 의무자는 1/2))

❷ [수입금액 – (수입금액 × 단순경비율)] × 소득상한배율(2.8 복식부기의무자 3.4)

※ 간편장부 대상자가 추계에 의한 방법으로 신고한 경우 무기장가산세가 부가될 수 있는데, 소규모 사업자의 경우 가산세가 부과되지 않는다.

※ 소규모 사업자란, 해당 과세기간에 신규로 사업을 개시한 사업자, 또는 직전 과세기간 수입금액이 4,800만 원 미만인 사업자를 말한다.

그리고 소득세는 고지되는 세금이 아니라 스스로 신고납부해야 하는 세금이므로 5월 1일에서 5월 31일 사이에 직접 신고하고 납부해야 한다.

특 징	내 용
신고납부제도	스스로 세금을 계산해서 신고 및 납부하는 것을 말한다.
누진세율적용	소득이 증가할수록 세율이 점차로 올라가는 구조

특 징	내 용
과세단위	원칙은 개인별로 과세하며, 예외적으로 세대 단위 합산과세를 한다(조세 회피목적 공동사업 소득에 대한 공동사업 합산과세).
인적공제 제도	인적 사정에 따는 부담세액을 고려한 인적공제 제도 채택

종합소득세 환급

 환급 사업자
미리 납부한 세금(원천징수 세액, 중간예납 세액)이 납부할 세금보다 많은 경우 환급신청이 되며, 1~2개월 후 환급이 된다.

개인사업자의 경우 중간예납으로 납부한 세액이나 각종 원천세를 기납부세액이라 해서 최종 산출된 세액에서 차감한다. 차감하여 수취한 소득에 대하여 종합소득세 신고 진행 과정에서 최종적으로 산출된 세액이 미리 납부한 세액보다 작은 경우(마이너스가 나는 경우) 환급액이 발생한다.

환급액은 중간예납 및 각종 원천세 등 미리 납부한 세액을 한도로 발생하며, 온라인 환급신청 시 종합소득세 납부내역을 점검하고 신고서 보내기 버튼까지 완료해야 서류가 국세청으로 정확하게 전송된다.

종합소득세 환급은 신고 절차를 밟으면 자동으로 신청접수가 이루어지며 환급받을 계좌번호를 서류에 적은 주소지에 따라 신청한 후 1~2달 이내에 환급이 진행된다.

언니와 동생이 공동으로 사업을 하는 경우 절세의 묘미

1 개인사업자인 경우

언니와 동생이 사업을 시작하면서 수익은 반반으로 나누지만, 언니는 사장 동생은 직원으로 처리하는 경우와 공동사장으로 하는 경우가 있을 수 있다.

⇨ 공동사업자로 등록한 경우

공동사업자로 등록하는 경우 둘의 소득은 반으로 나누어지고 세금을 내는 소득도 둘로 나누어지지만, 각종 공제 혜택은 각각 받을 수 있어 혜택을 2번 볼 수 있는 효과가 있다.

소득은 나누어지고 혜택은 2배이다 보니 당연히 혼자 사장일 때 보다 세금은 적게 낼 것이다.

그런데 좋은 일만 있냐?

그건 아니다. 혹시 한쪽이 사업소득세를 안 내는 경우 다른 한쪽이

내줘야 하는 의무가 있는데, 이를 연대납세의무라고 한다.

그리고 개인사업자 사장의 급여가 비용인정이 안 되는 것처럼 둘이 각각 분배목적이든 급여 성격이든 가져가는 돈에 대해서는 종합소득세 신고할 때 경비인정이 안 된다.

또한 4대 보험도 둘만 있고 직원이 없는 경우 직장이 아닌 지역가입자로 적용받아 소득이 높으면 보험료도 올라갈 수 있다.

결국 혼자와 둘의 차이는 소득은 둘로 나누어지고 세금 공제 혜택을 각각 받는 대신 연대납세의무를 진다는 점이며, 나머지는 혼자 개인사업을 하는 것과 같다.

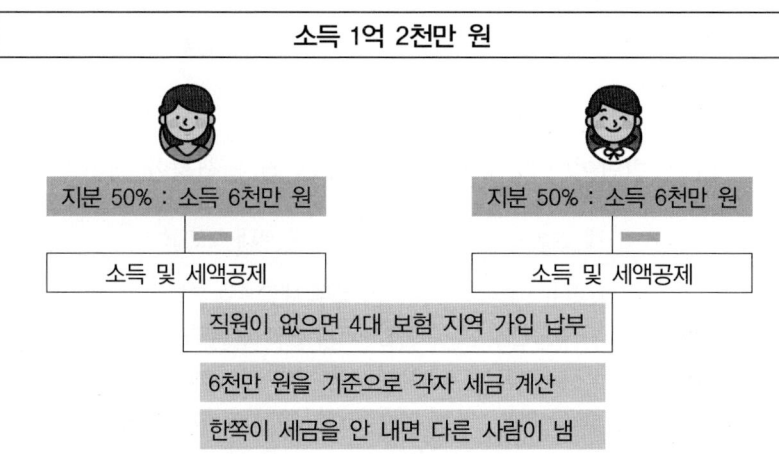

➪ 한 명은 사장 한 명은 직원으로 등록한 경우

사업자등록에 언니 혼자 단독 사장이고 동생은 직원으로 처리하는 경우 언니는 사업소득세를 내고 동생은 근로소득세를 낸다.

그리고 4대 보험은 둘 다 직장가입자로 가입할 수 있어 지역가입자로 보험료를 내는 것보다 유리할 수 있다.

문제는 동생의 급여를 얼마로 책정하냐에 따라 다양한 문제가 발생한다는 점이다.

1. 매월 1,000만 원씩 각각 나누는 경우

구분	세 금	4대 보험료
언니	1,000만 원(언니 + 동생) × 12개월 = 2억 4천만 원 – 1억 2천만 원(동생 급여) = 1억 2천만 원에 대한 사업소득세를 낸다.	1,000만 원에 대한 4대 보험료 납부
동생	동생 : 1,000만 원(월급) × 12개월 = 1억 2천만 원에 대한 근로소득세를 낸다.	1,000만 원에 대한 4대 보험료 납부

2. 실제로는 반반이어도 동생급여로 200만 원을 책정한 처리

구분	세 금	4대 보험료
언니	2,000만 원(언니 + 동생) × 12개월 = 2억 4천만 원 – 2천 4백만 원(동생급여) = 2억 1천 6백만 원에 대한 사업소득세를 낸다.	200만 원에 대한 4대 보험료 납부 종합소득세 신고 후 추가납부 금액 발생(실제로 1년에 2억 1천 6백만 원에 합당한 건강보험료를 납부해야 했으나 2천 4백만 원에 해당하는 건강보험료만 납부했으므로)
동생	동생 : 200만 원 × 12개월 = 2천 4백만 원에 대한 근로소득세를 낸다.	200만 원에 대한 4대 보험료 납부 언니랑 같이 살지 않는 경우 고용보험 가입 후 나중에 실업급여도 받을 수 있음

대다수는 4대 보험 납부액을 줄이기 위해 동생의 급여를 축소 신고할 것이다. 하지만

그로 인해 언니의 세금이 올라가고 4대 보험료가 올라갈 수 있다는 점을 생각해 분배해야 할 것이다. 즉, 당장 나가는 4대 보험만 생각해 급여를 책정하지 말고 세금과 추후 언니가 추가로 부담할 건강보험까지 생각하라는 것이다.

2 \ 법인사업자인 경우

공동으로 법인 대표를 하든, 단독으로 하든 소득에 대한 세금은 법인세로 나가고, 받는 월급은 근로소득세로 각각 납부하면 된다.

📄 둘 다 개인회사 사장의 경우 4대 보험은 국민연금과 건강보험만 가입이 된다.

📄 한 명은 개인회사 사장인 다른 한 명은 직원인 경우에도 사장은 국민연금과 건강보험만 직장 가입이 된다.

📄 한 명은 개인회사 사장, 다른 한 명은 근로자인 경우는 사장은 국민연금과 건강보험만 가입, 근로자는 4대 보험 전체 가입이 가능하다.

다만, 발생하는 소득에 대해서 나누어 갖는 것은 제한이 있다.

3 \ 동업 계약할 때 유의할 사항

📄 동업계약서 체결 : 출자금액, 손익분배 비율·방법·정리 시점 등을 명시

📄 사업자등록 : 공동사업장을 1 사업장으로 등록 : 대표 공동사업자 신고, 동업계약서 첨부

📄 연대납세의무 : 소득은 손익비율대로 분배되지만, 세금은 연대납세의무로 규정되어 있음.

📄 공동사업의 안분 과세

합산 손익계산을 각 손익 분배 비율로 안분하여 과세소득 계산

각자 손익·결손금·이월결손금을 따로 계산하며, 다른 단독소득과 합산함.

① 자녀, 배우자 등 특수관계자 간의 경우 : 손익 분배 비율이 가장 큰 동업자로 합산
② 공동사업자 간의 손익 분배 비율이 불합리하거나 조세회피 의도가 있는 경우 등 단일합산

📄 개인과 법인이 공동사업 수행 시 : 손익비율 구분소득에 대해 개인소득은 소득세법, 법인소득은 법인세법 적용함.

4 동업자금을 마련하기 위한 대출금 이자

출자를 위한 차입금 이자는 비용인정을 받을 수 없고, 회사경비로 사용하기 위한 차입금의 이자는 비용인정을 받을 수 있다.

⇨ 출자를 위한 대출금이자 경비처리

공동사업에 출자하기 위하여 대출받은 차입금의 이자비용은 공동사업장의 필요경비에 해당하지 않는다. 즉, 공동사업자의 대출금은 출자를 위한 개인적인 채무의 부담이므로 해당 사업과 관련이 없다고 본다. 이는 동업계약서가 어떻게 작성됐는지? 와 실제 사용내역이 어떻게 되었는지에 따라 대출금에 대한 이자비용은 인정받을 수도 있고 받지 못할 수도 있다.

⇨ 영업자금을 위한 대출금이자 경비처리

대출받아 사용한 용도에 따라 필요경비 인정 여부가 결정되므로 사용 용도를 객관적으로 밝혀 지급이자 처리가 되는지부터 명확히 하는 것이 중요하다.

그리고 공동으로 부동산임대업을 할 경우는 부동산 매매계약 이전에 동업계약서를 작성해야 한다.

동업계약서에 공동경영, 지분율, 각자의 출자금을 명시하고 계약금 또는 계약금과 중도금은 각자의 출자금으로 충당하며, 나머지 취득 자금은 임대보증금과 대출금으로 지급하는 내용을 기재한다.

또한, 대출금 지급이자는 공동명의 사업수입금액(부동산임대업은 건물의 임대 수입)에서 지급하기로 약정한다. 그리고 동업계약서를 작성한 후에 사업자등록(부동산 매매계약)을 하는 것이 바람직하다.

결국, 동업계약서라는 요식 행위를 통해 대출금이 동업 계약에 따른 출자의무를 이행하기 위해 빌린 자금이 아니라 사업을 하는 데 필요한 운영자금이라는 것을 더욱 명확히 할 수 있는 수단이라고 볼 수 있다.

5 각자 사업용 신용카드 등록과 사업용 계좌 사용

⇨ 사업용 신용카드 등록

각 개인카드 사용 시 사업과 관련된 경비는 비용으로 인정될 수 있다. 하지만 국세청에 개인카드를 등록할 경우 사업용 신용카드로 인정받을 수 있는데, 이는 등록 시 단점보다 장점이 많다. 이유는 개인적인 목적으로 사용하더라도 등록된 사업용 카드를 쓸 때 업무용으로 추정할 수 있기 때문이다. 하지만 실질이 업무용 외로 사용했을 경우는 경비처리가 되지 않는다. 단, 홈텍스에서 사업용 신용카드 등록은 대표자만 가능하다.

➪ 사업용 계좌 사용

사업용 계좌는 공동사업자의 경우 사업자의 필요에 따라 1인 명의에 의한 1개 계좌 또는 공동사업자 각각의 명의에 의한 복수 계좌를 신고해도 무방하다.

6 | 동업 계약 해지 처리

공동사업을 영위하는 언니와 동생이 공동사업을 해지하는 경우는 해지 일까지의 공동사업장에서 발생한 수입금액에 대해서 결산을 하여 손익 분배 비율(지분율)에 따라 소득금액을 분배해야 한다.

각각 언니와 동생은 공동사업장에서 발생한 소득과 타 소득을 합산해서 다음 연도 5월에 주소지 관할 세무서에 소득세를 확정신고·납부를 해야 한다.

사업자등록을 한 공동사업자 중 일부가 변경되거나 탈퇴 또는 새로운 공동사업자가 추가되는 경우는 사업자등록 정정신고서에 사업자등록증, 동업 변경(해지)계약서를 첨부해서 공동사업의 변경에 대한 사업자등록 정정 신고를 하면 된다.

기장료보다 세금을 더 적게 내는데, 기장을 맡겨야 하나?

기장을 안 해도 종합소득세는 경비율에 의해 신고할 수 있는데, 경비율에 의한 세금이 기장료보다 적으면 굳이 기장료 내고 기장을 안해도 된다. 단, 판단기준은 다음의 조건을 만족해야 한다.

📄 개인사업자여야 한다. 법인은 해당 사항 없음

📄 세무사가 기장을 해줬을 때 세금이 아닌 기장을 안 하고 경비율을 적용했을 때의 세금과 기장료를 비교해야 한다. 즉, 세금 납부 금액과 기장료 등 나가는 총액을 보고 판단해서 결정한다.

1 경비율 제도는 개인사업자만 있다.

개인사업자는 되고 법인은 안 되는 이유는 개인사업자는 기장을 안했을 때 소득 추정액으로 신고할 수 있는 경비율 제도가 있다. 반면 법인의 경우 무조건 복식 장부에 의해 신고해야 한다. 특히 본인이 단순경비율 대상자의 경우 뒤도 돌아보지 말고 본인이 홈택스에서 신고하는 방법 조금만 공부해서 신고한다.

2 기장을 안 했을 때를 기준으로 판단한다.

기존에 기장을 맡기고 있었던 경우 세무사가 빼먹지 않고 기장을 잘 해줘서 세금이 적게 나온 경우일 수도 있으니, 기장을 맡기지 않는 게 이익인지 판단기준은 반드시 기장을 안 하고 경비율을 적용했을 때 세금을 기준으로 판단해야 한다.

예를 들어 세금은 매년 100만 원 납부했는데, 기장료는 120만 원 낸 경우

어차피 경비율로 신고해도 100만 원의 세금이 나오거나 100만 원 + 120만 원 = 220만 원보다 적게 나온다면 본인이 그냥 신고하는 게 유리할 수 있다. 즉, 본인의 기장료 포함 총지출은 220만 원인데, 직접 해도 220만 원보다 세금이 적게 나온다면 이익이기 때문이다. 반면, 매출은 종전과 비슷한데 본인이 기장을 안 하고 신고했더니 세금이 300만 원이다. 그럼 220만 원이 싸니 기장을 맡기는 게 좋다.

특히 주의할 점은 마이너스 나는 경우나 본인이 기장을 못 하면 맡기는 게 좋다. 사업을 하다 손해를 보면 세법에서는 다음에 이익이 낮을 때 일정기간 마이너스 금액을 공제해 주는 제도가 있는데 이는 반드시 기장 해야 인정 해주기 때문이다. 또한 본인이 이것저것 신경 쓰기 귀찮고 영업에만 전념하고 싶으면 맡기는 방법밖에는 없다.

3 개인사업자의 신고 방법 구분

개인사업자는 앞서 설명한 바와 같이 기장한 후 종합소득세를 신고

하는 방법과 기장을 안 하고, 국가에서 정해준 경비율에 따라 경비를 인정받아 신고하는 방법이 있다.

그리고 기장에 의한 신고는 복식부기 의무자와 간편장부대상자로 나누어지고, 기장을 안 한 경우는 기준경비율과 단순경비율로 구분된다.

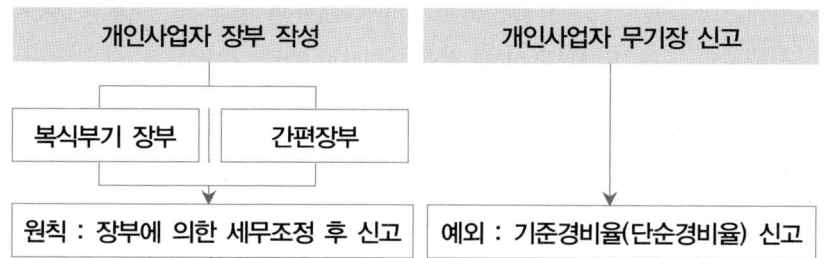

4 복식부기 의무자와 간편장부의무자

구 분	복식부기 의무자	간편장부 대상자
가. 농업·임업 및 어업, 광업, 도매 및 소매업(상품중개업을 제외한다), 소득세법 시행령 제122조 제1항에 따른 부동산매매업, 그 밖에 '나' 및 '다' 에 해당하지 않은 사업	3억원 이상자	3억원 미만자
나. 제조업, 숙박 및 음식점업, 전기·가스·증기 및 공기조절 공급업, 수도·하수·폐기물처리·원료재생업, 건설업(비주거용 건물 건설업은 제외), 부동산 개발 및 공급업(주거용 건물 개발 및 공급업에 한정), 운수업 및 창고업, 정보통신업, 금융 및 보험업, 상품중개업, 욕탕업	1.5억원 이상자	1.5억원 미만자
다. 소득세법 제45조 제2항에 따른 부동산 임대업, 부동산업(가에 해당하는 부동산매매업 제외), 전문·과학 및 기술서비스업, 사업시설관리·사업지원 및 임대서비스업, 교육서비스업, 보건업 및 사회복지 서비스업, 예술·스포츠 및 여가관련서비스업, 협회 및 단체, 수리 및 기타 개인서비스업, 가구내 고용활동	7,500만 원 이상자	7,500만 원 미만자

※ 업종의 현황 등을 고려하여 욕탕업은 1억 5천 만 원에 미달하는 경우 간편장부대 상자임(소득세법 시행규칙 제95조의2).

위의 금액에 따라 복식부기 의무자와 간편장부대상자를 구분하는데, 그 기준은 신고하는 연도 5월 기준 전전연도 수입금액 기준이다.

예를 들어 음식업을 운영하는 홍길동의 전전연도 수입금액이 1억 5천만 원 이상이라고 하면, 간편장부로 기장한 경우 기장한 것으로 인정해 주지 않는다. 반면, 복식부기로 기장을 했다면 기장한 걸로 인정해준다. 즉, 앞서 표상의 업종 규모에 따라 간편장부 대상인지, 복식부기 의무자인지 판단한 후 기장 방법을 결정하면 되며, 도저히 장부를 적을 수 없는 경우에는 기준경비율에 의해 종합소득세를 신고 및 납부하면 된다. 무기장에 의한 신고는 수입금액을 추정치로 신고한다고 해서 추계에 의한 신고라고 부른다.

만일 복식부기 의무자가 간편장부가 편하다고 간편장부에 의해 신고하는 경우 무기장에 의한 신고로 본다. 반면 간편장부대상자가 복식부기에 의해 신고하는 경우는 아무 문제 없이 신고할 수 있다.

구 분	해 설
기장한 것으로 보는 경우	❶ 간편장부대상자가 간편장부 또는 복식 장부를 작성해서 신고한 경우 ❷ 복식부기 의무자가 복식부기에 의해 장부를 작성해서 신고한 경우
무기장으로 보는 경우	❶ 간편장부나 복식부기에 의한 장부를 작성하지 않고 신고한 경우 ❷ 복식부기 의무자가 간편장부에 의해 신고한 경우

추계에 의한 신고도 규모에 따라 아래와 같이 기준경비율 적용대상자와 단순경비율 적용대상자로 구분한다.

구 분	기준경비율 적용대상자	단순경비율 적용대상자
가. 농업·임업 및 어업, 광업, 도매 및 소매업(상품중개업을 제외한다), 소득세법 시행령 제122조 제1항에 따른 부동산매매업, 그 밖에 '나' 및 '다'에 해당하지 않은 사업	6천만 원 이상자	6천만 원 미만자
나. 제조업, 숙박 및 음식점업, 전기·가스·증기 및 공기조절 공급업, 수도·하수·폐기물처리·원료재생업, 건설업(비주거용 건물 건설업은 제외), 부동산 개발 및 공급업(주거용 건물 개발 및 공급업에 한정), 운수업 및 창고업, 정보통신업, 금융 및 보험업, 상품중개업, 욕탕업	3천 6백만원 이상자	3천 6백만원 미만자
다. 소득세법 제45조 제2항에 따른 부동산 임대업, 부동산업(가에 해당하는 부동산매매업 제외), 전문·과학 및 기술서비스업, 사업시설관리·사업지원 및 임대서비스업, 교육서비스업, 보건업 및 사회복지 서비스업, 예술·스포츠 및 여가관련서비스업, 협회 및 단체, 수리 및 기타 개인서비스업, 가구내 고용활동	2천 4백만원 이상자	2천 4백만원 미만자

* 욕탕업은 기장의무 판단 시에만 '나'군 적용, 경비율 기준은 '다'군 적용
* 수리 및 기타 개인서비스업 중 「부가가치세법 시행령」 제42조 제1호에 따른 인적용역 사업자는 기장의무 판단 시에는 '다'군 적용, 경비율 기준은 '나'군 적용

5 단순경비율 대상과 기준경비율 대상(경비율 제도)

앞서 말한 바와 같이 장부를 기장하지 않은 경우 추계액 신고 즉 추정해서 신고하게 되는데, 전전연도 수입금액 기준에 따라 기준경비율 대상자와 단순경비율 대상자로 나눈다. 즉, 앞서 설명한 업종별 기준수입금액 이상자는 기준경비율을 적용해서 소득금액을 계산하고, 기준수입금액 미만자와 당해 연도 신규사업자는 단순경비율을 적용하여 소득금액을 계산한다. 다만, 의사, 변호사 등 전문직 사업자는 신규 여부, 수입금액과 관계없이 기준경비율을 적용하며, 현금영수증 미가맹사업자, 신용카드·현금영수증 상습 발급 거부자는 단순경비율 적용이 배제된다. 유의할 점은 추계에 의한 신고의 경우에

는 무기장에 해당하므로 추계에 의한 산출세액의 20%를 가산세로 추가로 내야 하는 불이익이 있다.

위의 내용을 도·소매업을 예로 들어 설명해보면 종합소득세 신고 시 다음의 기준이 적용된다.

구 분		기장 인정 범위
기장에 의한 신고를 하는 경우	직전 연도 수입금액이 3억 원 이상	복식부기 장부에 의해 기장
	직전 연도 수입금액이 3억 원 미만	간편장부에 의해 기장
무기장 (추계)에 의한 신고를 하는 경우	직전 연도 수입금액이 6천만 원 이상자	기준경비율 적용 신고
	직전 연도 수입금액이 6천만 원 미만자	단순경비율 적용 신고

▷ 기준경비율에 의한 소득금액 계산 방법

기준경비율 제도는 장부를 기장하지 않는 사업자가 기장한 사업자의 경우와 같이 증빙서류에 의해 확인되는 주요경비와 총수입금액에 기준경비율을 곱한 기타경비를 합한 금액을 총수입금액에서 차감하는 방식으로 소득금액을 계산하는 제도이다.

> 수입금액
> – 주요경비(매입비용 + 임차료 + 인건비)
> – 기타경비(수입금액 × 기준경비율(복식부기 의무자는 1/2))
> = 소득금액

기준경비율 적용대상자는 주요경비(매입비용, 인건비, 임차료를 말함)는 계산서, 세금계산서, 신용카드매출전표, 현금영수증 등 증빙서류를 받아야 경비로 인정되고, 기타경비는 수입금액에 기준경비율을 곱한 금액을 비용으로 인정받게 된다.

따라서 주요경비에 대한 증빙서류를 수취하지 못한 경우 기준경비율에 의한 기타경비만을 필요경비로 인정받게 되어 세 부담이 급격히 증가될 수 있다.

이와 같은 문제를 완화하기 위해 기준경비율에 의한 소득금액이 단순경비율에 의한 소득금액에 소득상한배율을 곱한 금액보다 클 경우 단순경비율에 의한 소득금액으로 신고할 수 있도록 하고 있다.

소득금액 ❶과 ❷중 적은 금액으로 신고 가능
❶ 기준경비율에 의한 소득금액 = 수입금액 - 주요경비(매입비용 + 임차료 + 인건비) - 기타경비(수입금액 × 기준경비율(복식부기의무자는 1/2))
❷ 단순경비율에 의한 소득금액 = [수입금액 × 단순경비율] × 소득상한배율 (2.8배 복식부기의무자 3.4배)

사례

제조업(단일 업종)을 경영하는 사업자로 2024년도 수입금액이 4억 원, 2025년 수입금액이 1억 2천만 원일 때 추계소득 금액은? (장애인이 아닌 임차사업장으로서 기준경비율 : 20%, 단순경비율 : 75%, 배율 3.4배)

○ 주요경비 합계액은 6천 8백만 원이며, 증명서류를 보관하고 있고 기초재고 및 기말재고가 없다.

○ 주요경비 내용 : 매입비용(4천 1백만 원), 임차료(1천 2백만 원), 인건비(1천 5백만 원)

2026년 5월 2025년 귀속 종합소득세 신고기준 직전연도(2024년) 수입금액이 제조업으로서 4억 원이므로 복식부기 의무자이며, 복식부기 의무자가 추계신고 시 기타경비에 대하여 기준경비율의 1/2을 적용하며, 배율은 3.4배를 적용한다.

○ 추계소득금액 (①, ② 중 적은 금액) : 4천만 원

① 120,000,000원 − 68,000,000원 − (120,000,000원 × 20% × 1/2) = 4천만 원

② [120,000,000원 − (120,000,000원 × 75%)} × 3.4 = 1억 2백만 원

주요경비의 범위

구 분	해당 경비
매입 비용	상품·제품·재료·소모품·전기료 등의 매입비용과 외주가공비 및 운송업의 운반비를 말한다. ❶ 음식 대금, 보험료, 수리비 등 용역(서비스)을 제공받고 지출한 금액은 매입비용에서 제외되어 주요경비에 포함되지 않으나, ❷ 운송업 및 운수 관련 서비스업을 영위하는 사업자가 타인의 운송 수단을 이용하고 그 대가로 지출한 금액은 매입비용에 포함한다.
임차료	사업에 직접 사용하는 건축물, 기계장치 등 사업용 고정자산의 임차료를 말한다.
인건비	종업원의 급여·임금 및 일용근로자의 임금과 실지 지급한 퇴직금을 말한다.

기준경비율 신고자의 증빙서류 수취 · 보관

주요경비에 대한 증빙서류가 없으면 비용으로 인정되지 않고, 기준경비율에 의한 기타경비만 필요경비로 인정되므로, 그만큼 소득금액이 커지고 소득세 부담도 늘어나게 된다.

매입비용과 임차료는 세금계산서, 계산서, 신용카드매출전표, 현금영수증 등 적격증빙을 수취해야 하며, 간이세금계산서나 일반영수증을 수취한 금액은 「주요경비 지출명세서」를 제출해야 한다.

농어민과 직접 거래 및 거래 1건당 3만 원 이하의 거래 등은 「주요경비지출명세서」 작성을 면제하므로 영수증만 수취·보관하면 된다.

인건비는 원천징수영수증·지급명세서를 세무서에 제출하거나 지급관련 증빙서류를 비치·보관해야 한다.

▷ 단순경비율에 의한 소득금액 계산 방법

단순경비율 적용대상자는 당해 연도 귀속 종합소득세를 장부에 의해 계산한 소득금액으로 신고하지 않는 사업자로서, 직전년도 수입금액이 앞서 설명한 기준경비율 적용대상 수입금액에 미달하는 사업자와 당해 연도 신규사업자를 말한다.

단순경비율 적용대상자는 장부나 증빙서류에 의하지 않고, 수입금액에 단순경비율을 곱한 금액을 필요경비로 인정받게 된다.

소득금액 = 수입금액 − (수입금액 × 단순경비율)

▷ 추계신고자 무기장 가산세 납부

복식부기 의무자가 장부를 비치·기장하지 않고 기준경비율에 의해 추계신고(간편장부에 의한 신고 포함)를 하게 되면 기장에 의해 신고하지 않은 것으로 보아 무기장가산세와 무신고가산세 중 큰 금액이 적용된다. 무신고가산세는 가산세 대상 금액(산출세액 – 무신고 또는 과소신고 소득금액의 대한 원천징수세액)의 20%의 금액과 수입금액의 7/10,000중 큰 금액이 부과된다.

소규모 사업자(직전년도 수입금액이 4,800만 원 미만자)를 제외한 간편장부대상자가 기준경비율 및 단순경비율에 의해 추계신고 하면 산출세액의 20%의 금액을 무기장 가산세로 부과한다.

또한 외부조정계산서 첨부 대상자가 자기조정 계산서만 첨부하여 신고하게 되면 소득세법에 의한 적법한 신고로 보지 않기 때문에 무신고가산세가 산출세액의 20%, 수입금액의 7/10,000중 큰 금액이 가산된다.

구 분	가산세
간 편 장 부 대 상 자	간편장부 대상자가 단순경비율 또는 기준경비율로 추계신고할 수 있으나 무기장가산세 20%가 적용되며, 장부를 작성하지 않았기 때문에 적자(결손)가 발생한 경우 그 사실을 인정받을 수 없다. 무기장 가산세 = 산출세액 x (무기장 소득금액/종합소득금액) x 20% 그러나 다음에 해당하는 "소규모 사업자"는 무기장 가산세가 적용되지 않는다. ❶ 당해 연도 신규사업자 ❷ 직전 과세기간의 총수입금액의 합계액이 4,800만 원 미만인 자 ❸ 독립된 자격의 보험모집인, 방문판매원으로서 간편장부대상자가 받는 사업소득으로 원천징수의무자가 사업소득 연말정산을 한 경우

구 분	가산세
복식부기 의 무 자	복식부기 의무자는 복식부기로 장부를 작성해서 종합소득세를 신고하는 것이 원칙이며, 간편장부를 작성하여 신고한 경우 무기장 가산세 20%가 적용된다. 단순경비율 또는 기준경비율로 추계신고할 때는 무기장가산세와 무신고가산세 중 큰 금액이 적용된다. 또한 기준경비율 적용 시 기준경비율 전체가 아닌, 기준경비율의 1/2을 적용해 필요경비를 계산한다.

결론 : 한마디로 내가 세금 몇십만 원 내는데 120만 원 기장료 내고 맡기지 말고, 단순경비율 대상자는 홈택스에서 그냥 본인이 신고하라는 말이다.

개인사업자 비용처리의 정석

1 \ 업무와 관련된 비용만 비용인정

너무도 당연한 말이지만 누구나 세금을 적게 내고 싶은 마음에, 남은 모르겠지? 하는 마음으로 가사 관련 비용도 은근슬쩍 비용 처리하는 것이 너무 일상화돼 있다. 하지만, 비용처리는 사업하는 동안에 사업으로 발생한 지출에 관해서만 해야 한다. 간혹 절세를 위해 개인적인 지출을 가짜 서류를 만들어 편법으로 신고하는 경우가 있다.

국세청 세무조사에서는 일상화된 탈세유형부터 가장 먼저 본다는 점을 잊어서는 안 된다. 가사 관련 비용은 은근슬쩍 끼워놓는 것은 사업자 자신이 결정할 문제이지 넣어도 돼요? 안 돼요? 남이 결정해 줄 문제는 아니다.

2 \ 세금 신고할 때 영수증을 전부 제출하는 것이 아니다.

세금 신고를 할 때 그동안 사용한 모든 지출영수증을 제출해야 한다고 알고 있는 사업자가 의외로 많다. 그러나 모든 영수증을 제출할 필요 없이 5년 동안 잘 보관하고 있다가 세무조사를 받으면 소명자료로 보여주고, 평소에는 이 영수증을 근거로 신고만 잘하면 된다.

3. 인건비는 반드시 계좌 입금하고, 세금 신고해야 한다.

개인사업자나 자영업자가 사용하는 비용 중 가장 큰 비중을 차지하는 항목은 인건비이다. 소규모 사업장의 경우 인건비를 통장이 아니라 현금으로 지급하는 경우가 있는데, 인건비는 현금 대신 계좌로 지급하여 근거를 남기는 것이 유리하다. 또한, 인건비에 대해 원천징수 후 신고를 해야 하는데, 안 하고 있다가 종합소득세가 많이 나오니 그때야 허둥지둥 인건비 신고하는 방법을 찾는 사업자가 많은데, 평소에 매달 신고를 잘해두어야 한다.

4. 적격증빙은 아무리 강조해도 또 중요하다.

영수증도 아무거나 비용처리가 되지 않는다.

비용을 지출했다는 것을 인정받을 수 있는 증빙이어야 한다. 세법에서 인정하는 적격증빙은 세금계산서, 계산서, (지출증빙용)현금영수증, 신용카드매출전표, 체크카드 영수증만 유효하다.

직원이나 프리랜서처럼 사업자등록이 안 된 사람에게 지출할 경우는 원천징수영수증을 발행하면 인정받을 수 있다.

신용카드 결제를 하거나 세금계산서를 요구할 시 10% 부가가치세를 내야 한다. 이 부가가치세가 아까워서 현금결제를 하는 사업자도 있으나 이는 피하는 것이 좋다. 세금계산서는 증빙이 되기 때문에 부가가치세는 다 돌려받을 수 있을 뿐만 아니라 종합소득세까지 줄여주기 때문이다. 현금으로 결제하면 좀 깎아준다고 현금결제 하는 것보다 부가가치세를 주고 세금계산서를 받는 것이 훨씬 유리하다.

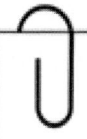

개인사업자 경비로 인정되는 항목 체크리스트

매출액에서 뺄 수 있는 경비는 사업과 관련하여 지출한 경비로, 이를 세법에서는 필요경비라고 한다.

그러나 모든 필요경비가 전액 경비로 인정되는 것은 아니고, 기업업무추진비와 기부금과 같이 세법에서 정한 한도 내에서만 인정해 주는 지출도 있다. 또한, 3만 원 초과 거래에 대해서는 반드시 세금계산서, 계산서, 현금영수증을 받거나 신용카드로 결제해야 비용으로 인정된다. 따라서 3만 원 초과 거래에 대해 세금계산서를 받지 않고 간이영수증을 받은 경우는 2% 가산세를 내야 비용인정이 된다.

그리고 거액의 돈은 현금으로 지급하지 않고 온라인으로 송금하는 것이 세무상 바람직하다. 이유는 추후 세무조사가 진행되는 경우 큰 금액의 거래는 반드시 지급한 증빙을 요구하는데, 온라인 송금영수증과 계약서, 입금표, 거래명세표를 보인다면 문제없이 해결될 것이기 때문이다.

회사를 운영하는 사장님 중에 아무거나 영수증만 있으면 무조건 경비인정을 해준다고 생각하는 분들이 많다.

그래서 평소에 마트에서 가정용으로 사용한 비용 및 주말에 골프 치고 발생하는 비용, 하물며 자녀 학원비 영수증까지 경비 처리하라고 하는 사장님이 있다.

그러나 경비인정을 받기 위해서는 사적으로 사용한 비용은 안 되고 업무용 지출이어야 한다.

국세청이 내가 사적비용을 경비 처리한다고 자기들이 어떻게 알아나는 소규모 회사인데 괜찮겠지! 이런 생각은 이제 버리세요.

마음만 먹으면 모두 찾아요. 인력 부족으로 안 찾을 뿐입니다.

구 분	비용처리
사업자 관련 대출 경비처리	원금은 안되고 이자비용은 경비처리가 가능하다. 이자비용에 대해 경비처리를 하는 경우 부채증명원과 이자상환내역증명원을 발급받으면 된다. 다만, 주택 관련 대출에 대해서는 경비처리가 불가능하다.
자동차 관련 비용의 경비처리	자동차등록증상 자동차 명의가 대표자 본인(부부공동 가능) 명의인 보험료, 자동차세, 주유비 등은 경비처리가 가능하다.
차량유지비	업무용 차량의 유지비용은 경비처리가 가능하다. 단, 차량운행일지를 작성하고 업무용 승용차 전용보험에 가입해야 한다. 참고로 출퇴근 차량유지비도 차량운행일지(승용차 작성, 트럭은 제외)를 작성하면 업무용으로 인정해준다. 그리고 대리운전비용도 업무용 지출인 경우 인정된다.
트럭이나 다마스, 경차 비용	매입세액불공제 및 운행일지 작성 의무 차량은 흔히 말하는 승용차를 말하며, 영업용으로 사용하는 트럭이나 다마스, 경차, 배달 오토바이 비용은 경비 인정된다.
사업용 고정자산 매입비용	업무와 관련한 컴퓨터, 노트북, 프로그램 구입비, 책상 등 가구 구입비는 비용인정이 된다.

구 분	비용처리
통신비	본인 핸드폰비, 인터넷, 전화, 팩스비용 모두 가능하다. TV 설치비용은 업종 특성상 꼭 필요하지 않은 업종의 경우 비용처리가 힘들다.
사업장 임차료	사업장 임차료는 비용인정 된다. 본인 집은 인정받기 힘들다.
개인소유 핸드폰 사용료	사업자가 핸드폰을 업무와 관련하여 사용하고 지급하는 핸드폰 사용료는 경비인정 된다. 그러나 종업원이 업무와 관련 없이 종업원의 개인 휴대폰 사용료를 회사가 부담하는 경우 근로소득세를 원천징수하고 경비인정을 받는다. 또한 핸드폰 기기 구입비용도 업무와 관련된 것은 경비처리가 가능하다.
인건비	세금 신고를 한 인건비만 경비처리가 가능하다. 그리고 급여를 통장으로 지급하지 않고 현금으로 지급할 경우는 꼭 급여대장을 작성해 두어야 한다.
배우자 인건비	배우자 인건비는 근로소득으로 봐 경비처리가 가능하다. 단, 실제로 근로를 제공한 증거자료(출퇴근 기록 및 업무일지, 급여 이체와 4대 보험 및 근로소득세 신고자료 등)를 확보해 두어야 한다. 이 경우 배우자도 4대 보험 납부를 한 경우 비용으로 인정된다.
4대 보험료	4대 보험 중 직원부담 분은 경비처리가 가능하다. 하지만 사장 개인 4대 보험료 중 건강보험료는 경비처리가 가능하나 국민연금은 인출금처리 후 종합소득세 신고 시 경비처리가 아닌 연금소득공제를 받는다.
식대 지출액	종업원의 20만 원 식대 비과세 대신, 식사를 제공하는 경우 경비인정이 된다. 구내식당 비용 경비인정 된다. 그러나 사장 본인의 식대는 경비처리가 안 되는 것이 원칙이다. 하지만 1인 회사를 제외한 사장의 식사비를 직원 식비에 끼어 경비 처리하는 세무 대리인도 있으니 참고한다.

구 분	비용처리
사업장 공과금	수도료, 전기료, 가스료, 관리비 등 사업과 관련된 공과금은 경비처리가 가능하다. 공동사용으로 공동부과되는 경우 본사 사용 부담분만 인정된다.
기업업무추진비(= 접대비)	3만 원 초과 기업업무추진비는 적격증빙을 갖춰야 경비 처리된다. 단, 법인은 반드시 법인카드를 사용해야 한다. 반면, 경조사비(청첩장, 부고장)는 20만 원이 경비처리 된다. 매출보다 상대적으로 많은 양의 경조사비를 비용 처리하는 경우가 있는데, 이 경우 소규모 회사라도 소명요구가 올 수 있다.
기부금	법에서 인정한 일반기부금, 특례기부금만 인정된다. 개인의 동창회 기부금, 이익단체 기부금은 인정되지 않는다.
부가가치세, 종합소득세 납부액	부가가치세 및 종합소득세 납부액은 경비인정이 되지 않는다. 다만, 부가가치세가 면제되는 사업자가 부담하는 매입세액, 비영업용소형승용차 유지에 관한 매입세액은 경비처리가 가능하다.
공동사업자의 출자와 관련된 차입금이자	공동사업자가 출자를 위해 차입한 차입금의 이자는 경비처리가 불가능하다. 하지만 회사설립 후 회사 운용자금으로 차입한 이자비용은 경비처리가 가능하다.
경품으로 제공한 상품 등	사업자가 판매촉진을 위하여 경품부 판매를 하는 경우 경품으로 제공하는 상품 등은 경비로 인정된다. 그리고 불특정다수인을 대상으로 견본 등 무상으로 제공되는 것도 경비인정이 된다.
시설의 개체나 원상복구 비용	폐업할 때 사업장 원상복구 비용 등에 대한 경비는 비용인정 된다.
감가상각 안 하고, 수선비로 즉시비용처리	600만 원 미만의 수선비, 자산 가액 5% 미만 수선비, 3년 미만 주기의 수선비는 자산 계상 후 감가상각하지 않고 지출 즉시 비용처리가 가능하다.
사장 개인 사적비용	사장의 개인적인 골프비용, 동창회 회비, 콘도 이용 요금 등은 사적비용으로 경비 처리하면 안 된다.

구 분	비용처리
자산등록 없이 즉시 비용처리가 가능한 경우	거래 단위별 취득가액 100만 원 이하의 지출금액 전화기(휴대용 전화기 포함), 개인용 컴퓨터(그 주변기기 포함)는 금액의 제한이 없이 자산등록을 안 하고 즉시 비용처리가 가능하다.
기타 영수증	회비, 조합비, 기타 수수료 등

사업자 개인 급여는 비용처리가 안 된다. 특히 1인 기업이나 프리랜서의 경우 식사비용은 본인의 식사비용이므로 비용처리가 어렵다.

국고보조금 및 고용노동부 지원금 등의 비용처리

구 분	세무처리
약국 사업자의 구매카드 결제금액에 대해 지급하는 캐쉬백 또는 마일리지	약국을 경영하는 사업자가 자기 사업과 관련하여 구입한 의약품 구매대금을 구매카드로 결제하고 카드회사로부터 그 결제금액의 일정 비율을 포인트로 지급받아 이를 캐쉬백 또는 마일리지 적립금 등으로 사용하는 경우, 해당 캐쉬백 상당액 등은 해당 사업소득의 총수입금액에 산입한다.
신용카드 단말기 장려금	신용카드가맹점인 음식점을 경영하는 거주자가 용역의 공급에 대한 대가를 신용카드로 받으면서 특정 부가통신사업자(예 : 벤사)의 신용카드 단말기를 이용해주고, 부가통신사업자의 대리점으로부터 받는 장려금은 사업소득의 총수입금액에 산입한다.
장애인고용장려금	개인사업자가 한국장애인고용촉진공단으로부터 지급받는 장애인 고용장려금의 수입 시기는 당해 공단으로부터 그 장려금의 지급통지를 받은 날이 속하는 사업연도에 사업소득의 총수입금액에 산입한다.

구 분	세무 처리
고용촉진장려금	거주자가 신규직원을 채용하고 고용노동부 장관으로부터 지원받은 신규고용촉진장려금은 사업소득의 총수입금액에 산입한다.
제조회사로부터 대리점 직원이 받는 판매장려금	대리점과 가전제품 제조사 간에 사전 합의에 따라 제품 모델별 판매실적에 따른 장려금을 대리점 소속 직원에게 직접 상품권으로 지급하는 경우 동 상품권은 대리점의 사업소득금액 계산에 있어 총수입금액에 산입하며, 직원이 받은 상품권은 근로소득세를 원천징수 한다.
재난지원금, 지자체 재난 기본소득, 긴급생계비 지원사업	해당 소득은 개인에게 지급하는 것으로 사업주와는 관계가 없으며, 근로자는 소득세법상 열거된 소득이 아니므로 소득세가 과세되지 않는다.
휴업이나 휴직수당의 일정액을 지원받는 고용유지지원금과 특수고용직 등 사업자가 받는 고용안정지원금	국가나 지자체로부터 휴업이나 휴직 수당의 일정액을 지원받는 고용유지지원금과 특수고용직 등 사업자가 받는 고용안정지원금은 고용 등 사업과 관련해 받은 것이므로 사업소득세(법인세)가 과세 된다. 그러므로 개인과 법인이 받는 고용안정지원금이니 고용유지지원금은 사업 관련 소득으로 결산과 세무조정 시 영업외수익으로 계상하거나 세무조정 시 개인사업자는 총수입금액에 산입하고 법인은 익금산입하는 등 과세소득에 전액 포함해야 한다. 1. 개인사업자 : 사업소득으로 종합소득세 과세 2. 법인사업자 : 법인소득으로 법인세 과세 반면 사업자로부터 지원금을 급여로 받는 근로자의 경우도 다른 근로소득과 합하여 과세대상이 된다.

구 분	세무 처리
정부보조금 (국고보조금)	세법상 정부보조금은 익금 및 총수입금액산입항목이다. 그러나 자산 관련 보조금을 익금 및 총수입금액산입항목으로 보면 일시에 과세되어 자산 취득자금이 세금으로 유출되어 자산취득에 어려움이 발생할 수 있다. 이에 따라 세법은 자산 관련 보조금에 대해 일시상각충당금(압축기장충당금)으로 과세이연하는 제도를 두고 있다.

[정부지원금의 세무 처리]

구 분	세무 처리
긴급 · 고용안정 지원금(고용보험법)	수입 합산 후 급여비용 인정(비과세)
근로자고용유지지원(직접지급)	수입 합산 후 비용인정(비과세)
사업주 통한 고용유지지원금	총수입합산 → 비용처리(과세임)
코로나 피해 고용안정특별지원금	직원에 직접지급(비과세)
재난지원금	개인 직접지급(비과세)
사업보전지원금	총수입금 합산
소상공인 손실보상금	비과세(수입금 미산입)
소상공인방역지원금	수입 제외
영업손실보상	수입 가산 - 손실 비용 대응

재료비의 비용처리

제조업이나 건설업 등에서 발생한다. 즉 재료를 기초로 하거나 이를 가공하여 완제품 또는 건물을 완성하는 경우 재료를 구입하는데, 지출한 비용은 필요경비로 인정된다. 이는 반드시 세금계산서를 받아

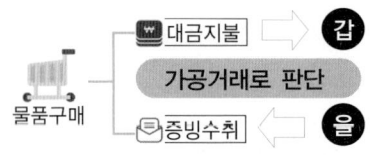

야 후일 문제가 발생하지 않는다. 대금은 반드시 온라인으로 치르는 것이 좋다. 이유는 재료비의 경우 대부분 금액이 크기 때문이다. 큰 금액을 현금으로 지급했다고 하면 믿을 사람이 별로 없다.

그렇게 되면 세무조사로부터 인정받을 수 없는 가공 세금계산서가 될 수 있기 때문이다. 또한 갑과 을이 같은 사장이라고, 납품은 갑에게 하고 대금은 을에게 받거나 세금계산서 발행 명의와 대금 지급 회사명이 다르면 안 된다.

가족회사 가족 급여의 경비처리

1 급여 업무처리

배우자와 가족이 사장의 회사에서 근무하고, 급여를 지급하는 경우 해당 배우자 또는 가족도 일반근로자와 같게 급여에 대한 원천징수 후 신고 및 납부를 하면 된다. 또한, 해당 급여는 나중에 종합소득세 신고 및 납부 시 필요경비로 인정되어서 세금을 줄여주는 역할을 한다. 다만, 주의해야 할 사항은 배우자나 가족이라고 해서 동일한 직급이나 업무를 하는 다른 직원과 차별적으로 급여를 주어서는 안된다. 즉, 동일한 업무가 가족이 아닌 제3자에게 주어졌을 경우 사회 통념상 인정되는 금액을 급여로 줘야 한다는 것이다.

다음의 조건을 모두 충족하였을 때 경비처리가 가능하다. 서류가 중요하기 때문에 이 조건들을 충족했다는 근거 자료를 평소에 꼼꼼히 구비 해두어야 한다.

⇨ 실제 근무하였을 것

근거를 위하여 근무일지 등을 꼭 작성 및 구비 해두어야 한다.

일부 사업주가 실제 근무하지 않은 가족의 인건비를 경비처리로 악용하는 경우가 많아, 세무조사의 표적이 될 수도 있다. 실제 근무 사실 확인 자료를 반드시 꼼꼼하게 확보해 두어야 한다.

⇨ 근로소득을 지급

근거를 위해서 사업용 계좌에서 본인 명의 계좌로 지급해야 한다.

다만, 과다 지급으로 인정될 경우 경비로 인정받지 못한다.

따라서 회사에 지급 규정이 있는 경우 동일 직급 동일 근속연수를 가진 직원과 같게 급여를 지급해야 한다.

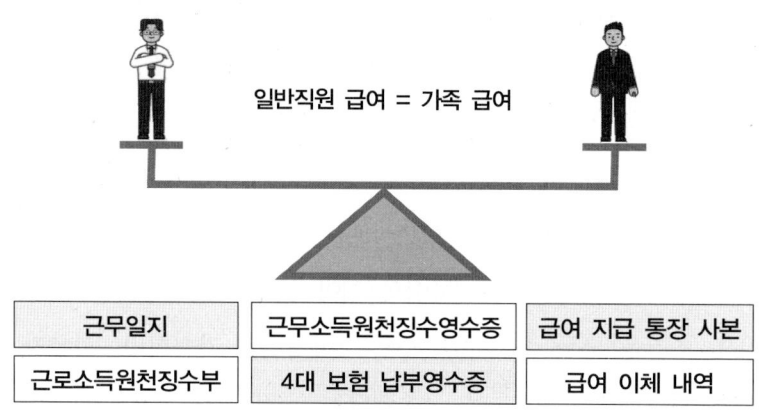

가족은 세법상 특수관계자로 본다.

세법은 특수관계자에게 과다 급여 지급을 규제하고 있다.

과다 지급의 기준은 다른 직원들의 급여수준, 업무내용, 직급 등으로 고려해 보았을 때 과다한 수준일 경우이다.

4대 보험가입 후 보험료를 납부해야 하고, 소득세, 지방소득세 등을 원천징수해서 매월 신고·납부 해야 하며, 장부 작성을 통해 인건비를 계상해야 한다.

 소명을 위해 갖추어야 할 증빙과 서류
- 업무일지
- 근로소득 원천징수영수증 및 근로소득원천징수부
- 4대 보험 납입영수증
- 급여이체내역 및 급여지급통장 사본

2 4대 보험처리

4대 보험의 대원칙은 건강보험과 국민연금은 소득이 있으면 가입, 고용보험과 산재보험은 사용자는 미가입, 근로자는 가입대상이다. 즉 고용보험과 산재보험에 가입하기 위해서는 근로자여야 한다.

따라서 사업장에 근로하고 있는 사용자의 친족은 근로자인지와 무관하게 급여를 받으면 국민연금과 건강보험의 사업장 가입 대상자이다. 반면, 해당 사업장에 근로하고 있는 사용자의 친족이 근로기준법상 근로자에 해당하는지에 따라 고용보험, 산재보험 적용대상자 여부가 결정되므로 근로자 여부를 우선 판단해야 한다.

또한, 친족은 민법상 친족(8촌 이내의 혈족, 4촌 이내의 인척 및 배우자)을 말하며, 동거 여부 및 친족 여부는 주민등록표나 가족관계증명서 등의 증빙서류를 통해 판단한다.

⇪ 사업주와 동거하고 있는 친족의 경우

사업주와 동거하고 있는 친족의 경우에는 임금 및 고용 상태 파악이 어렵고, 사회 통념상 사업주와 생계를 같이하는 것으로 근로자가 아니므로 고용·산재보험을 적용하지 않는다. 다만, 그 친족이 같은 사업장에 근무하는 일반 근로자와 동일하게 사업주의 지휘·감독하에서 상시 근로를 제공하고 그 대가로 임금형태의 금품을 지급받는 자라는 사실관계가 명확하게 확인된 경우는 고용·산재보험을 적용할 수 있다. 즉, 사장의 동거 친족이 같은 사업장에 근무하는 다른 근로자와 동일한 근로조건 하에 임금을 목적으로 근로를 제공하여 보수를 지급빝는 경우는 근로자로 인정한다.

⇪ 사업주와 동거하지 않는 친족의 경우

사업주와 동거하지 않는 친족은 일반적으로 근로자로 인정하여 고용·산재보험을 적용한다.
친족인 경우도 근로자성을 인정받고, 고용·산재 가입이 가능하다면 두루누리 지원금도 지원받을 수 있다.

[고용센터의 근로자성을 판단 기준]

구분	동거 여부	고용·산재보험
배우자	무관	비적용
배우자 외 (형제·자매, 자녀 등)	동거	비적용
	비동거	적용

 가족회사 가족 근로관계 입증자료

 근로관계
근로계약서, 인사기록 카드 등

 근로 실태
출근부, 휴가원, 출장부 등 복무·인사 규정 적용자료, 출퇴근 교통카드 이력 등 복무상황에 대한 자료, 업무분장표, 업무일지, 업무 보고 내역 등 담당업무 관련 자료 등

 급여내역
급여대장, 근로소득 원천징수 영수증, 급여 계좌이체 내역

 기타
타 사회보험 가입 내역(보험료 납부내역), 조직도, 근로자명부 등

 허위직원을 등록해 탈세하다 적발된 경우

가족회사에서 가장 흔히 쓰는 세금 탈세 방법의 하나가 인건비 부풀리기다. 즉, 회사에 근무하지도 않는 아들이나 며느리 또는 친분이 있는 친구나 지인을 회사의 직원으로 등록

시켜 놓고 급여를 지급하는 것처럼 해서 탈세하는 방법이다. 결과적으로 유령직원을 두는 것이다.

그럼 이런 행동을 하다가 세무서에 적발되는 경우 세무상 처리는 어떻게 될까?

평소에는 그냥 넘어가다 세무조사나 제보가 있는 경우 밖으로 나타나게 된다. 세무조사 시 일반적으로 그 회사의 조직도를 제출하라고 한다.

세무 조사관들이 경험이 있으니 척하면 척이다. 흔한 말로 세무조사 시 목표액이 있다고 말한다. 회사 규모나 매출 등 기타 여러 상황을 보고 이 정도 금액의 세금을 추징할 수 있겠다. 예상한다는 말이다.

유령직원이 적발되면 법인은 유령직원의 급여를 비용으로 처리하여 종합소득세를 적게 냈으므로 부당하게 지급한 급여를 비용에서 제외하고 종합소득세를 다시 계산하여 내야 한다. 물론 이에 따른 가산세도 추가로 내야 한다.

그리고 유령직원에 대해서는 유령직원과 회사의 관계에 따라 기타소득 또는 증여세를 내게 된다. 지인 등 타인의 경우 기타 소득세를, 며느리나 아들의 경우 증여세를 내야 할 가능성이 크다.

세무서에서 소득금액변동통지서를 받게 되면 다음 달 10일까지 허위직원에 대해 회사는 원천징수 수정신고를 해야 한다.

그러면 근로소득이 줄어드는 대신 기타소득이 추가된다. 허위 직원은 필요경비가 인정되지 않는다. 따라서 급여로 5천만 원을 지급했다면 천백만 원(5천만 원 × 20% = 천만 원 + 지방소득세 백만 원)을 내야 한다.

구 분		세무상 처리
개인사업자 사장님		법인세나 종합소득세를 추징당하고, 가산세를 납부한다.
유령 직원	며느리나 아들 등	증여세가 과세 될 확률이 높다.
	지인 등 타인	근로소득 대신 기타소득세를 납부하고, 종합소득세와 합산될 경우 높은 세금을 부담한다.

급여를 적게 축소 신고하는 경우 발생할 수 있는 업무처리

1 소득세/법인세 증가

인건비를 줄여서 신고하면 매월 납부하는 4대 보험료는 감소하지만, 납부해야 하는 종합소득세(법인세)는 증가한다는 사실을 잊지 말아야 한다.

참고로 법인의 경우 그 차액이 가지급금으로 계상되기 때문에 유의해야 한다. 즉, 300만 원으로 급여 신고해야 할 직원의 급여를 200만 원으로 축소 신고하는 경우 100만 원의 비용 부분이 모자랄 것이고 특별한 증빙이 없으면 100만 원은 가지급금으로 처리한다.

2 근로소득자 탈세 혐의

실제 받는 급여보다 적은 금액이 신고되었으므로 직원의 경우 탈세가 된다.

따라서 추후 적발 시 본세와 더불어 가산세까지 추징당할 수 있다.

3 ＼ 4대 보험 문제

인건비를 줄여서 신고했는데 만약 직원이 출산휴가를 신청하거나 해고되어서 실업급여를 신청하는 경우는 해당 직원의 통상임금이 줄어들게 되어서 직원과 분쟁할 소지가 있으므로 특히 주의해야 한다.

또한, 직원은 국민연금도 적게 내므로 나중에 받는 국민연금액도 줄어들 수 있다.

4 ＼ 각종 수당계산

시간외근로수당 계산시, 세금 신고 등의 기준금액과 맞추기 위해 각종 수당도 축소 신고된 금액으로 지급할 경우 근로자는 실제액보다 수당을 적게 받게 되고 이 경우 임금 체불 문제가 발생할 수 있다.

5 ＼ 퇴직금 문제

퇴직금 산정은 4대 보험에 신고된 금액과 별개로 실제 받은 금액을 기준으로 퇴직금을 계산해야 하는데, 사용자가 4대 보험 신고된 금액을 기준으로 퇴직금을 지급하였다면 실 지급된 임금을 입증할 수 있는 자료(월급명세서 또는 월급 입금 통장)를 근거로 노동청에 임금체불 신고를 당할 수 있다.

그렇다고 신고된 금액과 다르게 실제 금액으로 지급하는 경우 걸리고 안 걸리고를 떠나 신고금액과 실제 금액과의 차이만큼 법인의 경우 세법상 가지급금이 발생할 수 있다.

월급을 축소 신고하는 것은 불법이다. 조세범 처벌법 제3조에 따라 사기나 그 밖의 부정한 방법으로 조세를 포탈하면 2년 이하의 징역 또는 포탈 세액의 2배 이하에 상당하는 벌금에 처한다.

특정범죄가중처벌법 제8조에 따르면, 납부하지 않은 세액이 연간 5억 원 이상인 자는 3년 이상의 징역, 10억 원 이상이면 무기 또는 5년 이상의 징역형을 받을 수 있다.

그리고 그 포탈 세액 등의 2배 이상 5배 이하에 상당하는 벌금을 부과한다.

사업주에게 발생하는 일

- 종합소득세 증가(손해)
- 4대 보험료 감소(이익)
- 각종 수당과 퇴직금 감소(이익)
- 조세범처벌 및 특정범죄가중처벌(손해)

근로자에게 발생하는 일

- 근로소득세 감소(이익)
- 4대 보험료 감소(이익)
  (단, 국민연금은 손해)
- 각종 수당과 퇴직금 감소(손해)

🗋 축소된 급여로 수당 지급 시, 수당 과소지급 문제로 임금체불 문제 발생 가능성↑

🗋 축소된 급여로 퇴직금 계산 시, 퇴직금 과소지급 문제로 임금체불 문제 발생 가능성↑

복리후생비의 경비처리

복리후생비는 임직원의 복지와 후생을 위해 지출되는 경비를 말하는데, 대부분 복리후생비는 기업이 직원에게 생산성 향상 또는 동기부여를 위해 지출하는 성격이 강하다. 따라서 당연히 경비로 인정된다. 식대, 경조사비, 체육행사, 회식비, 피복비 등이 주류를 이루는데 증빙만 구비 한다면, 한도 없이 전액 경비로 인정된다. 다만, 주의해야 할 것은 복리후생비의 경우 업무와 관련 없는 가사경비로 오해를 받을 수도 있으므로 집행 금액이 거액의 경우 지출결의서나 품의서 등을 구비해서 놓으면 그런 오해는 풀 수 있을 것이다.

또한, 계정과목 상 복리후생비로 처리하면 모두 비과세되는 것으로 착각하는 실무자도 많은데, 복리후생비가 비과세 되기 위해서는 세법에서 규정인 비과세 급여에 해당해야만 비과세 된다. 즉, 명칭만 복리후생비라고 모두 비과세되는 것은 아니며, 세법에서 규정하고 있는 복리후생적, 실비변상적 성질의 지출에 대해서만 비과세 급여로 처리한다.

➪ 임직원 본인의 학자금

종업원에게 지급하는 사회통념상 타당하다고 인정되는 범위 안의 생
계비 및 학비 보조금은 인건비로 간주해 회사의 경비처리가 가능한
것이며, 해당 보조금을 받은 종업원에게는 근로소득으로 원천징수해
야 한다. 다만, 학자금을 수령한 임직원은 다음의 요건을 갖춘 경우
비과세 근로소득으로 소득세가 과세되지 않는다.

❶ 업무와 관련 있는 교육일 것

❷ 사규 등에 의하여 정해진 회사의 지급기준이 있고, 그에 따라 받
는 학비(학자금)일 것

❸ 교육기간이 6월 이상의 경우 교육 종료 후 교육기간을 초과하여
근무해야 하고, 그렇지 않을 경우는 받은 금액을 반납할 것을 조건
으로 받을 것

➪ 임직원 자녀의 학자금

만일 법인이 임직원의 교육비가 아닌 임직원의 자녀에 대한 학비를
지급하는 경우 그 임직원의 인건비로 보아 회사의 경비처리가 가능
하다. 임직원은 근로소득으로 보아 근로소득세가 과세된다. 다만,
근로자가 아닌 임원의 경우는 사내에 정해진 급여 지급 기준을 초과
하여 지급하는 자녀학자금은 필요경비로 인정되지 않으니 유의하기
를 바란다.

2 여행경비 보조금액

종업원에게 보조해 주는 국내 여행경비는 당해 법인의 업무수행을 위해 통상 필요하다고 인정되는 부분의 금액만 필요경비로 인정하며, 초과하는 부분이나 회사업무 수행과 관련이 없는 여행경비는 당해 해당 종업원의 급여로 본다.

관광목적으로 하는 국내 여행은 회사의 업무 수행상 필요한 여행으로 보지 않으므로 회사가 보조해 준 여행경비는 종업원의 급여로 처리한다. 또한, 해외 출장 시 가족을 동반할 필요가 없는 경우지만 동반하여 회사에서 경비를 부담한 경우 해당 직원의 급여로 처리한다.

3 건강검진비, 체력단련비

세법상 복리후생비는 직장체육비, 직장연예비, 우리사주조합의 운영비, 국민건강보험법에 의하여 사용자로서 부담하는 건강보험료 기타 부담금, 「영유아보육법」에 의하여 설치된 직장보육시설의 운영비, 「고용보험법」에 의하여 사용자로서 부담하는 보험료, 기타 종업원에게 사회 통념상 타당하다고 인정되는 범위 안에서 지급하는 경조사비 등을 의미하는 것으로, 문화비나 건강 증진비의 형태로 본인에게 직접 귀속되는 것은 계정과목 상 복리후생비로 처리해도 세법에서는 개인의 인건비로 규정하고 있으므로 문화비나 체력단련비 지급 시 근로소득세를 원천 징수해야 한다.

⇨ 건강 검진비

산업안전보건법에 따라 사업주(회사)는 정기적으로 근로자의 건강검진을 시행해야 한다.

사무직은 2년에 1회 이상, 비사무직은 1년에 1회 이상 건강검진을 해야 하며, 건강검진을 받지 않으면 과태료가 부과될 수 있다.

산업안전보건법에 따라 시행되는 정기적인 건강검진비를 회사가 부담한 경우, 회사는 복리후생비로 비용처리가 가능하며, 근로자는 근로소득에 해당하지 않는다.

그러나 의무 검사 항목을 초과하여 일부 임직원에게만 추가로 지원한 건강검진비나 검진 내용 및 비용의 차액 등 건전한 사회통념을 넘어설 경우, 회사는 복리후생비 처리가 가능하나 해당 임직원은 근로소득으로 보아 근로소득세를 납부해야 한다.

건전한 사회통념은 사실 판단할 사항으로 그 기준이 명확하지 않아, 실무상 의무 검사 항목을 초과한 비용은 임직원의 과세 급여로 보아 원천징수하고 있다.

구 분	산업안전보건법에 따른 정기 건강검진	의무 검사 항목을 초과한 비용
회계처리	복리후생비로 장부 처리 후 비용인정	복리후생비 또는 급여로 장부 처리 후 비용인정
세무회계	근로소득세에 해당 안 함	해당 근로자의 급여로 보아 근로소득세 원천징수 후 납부

⇨ 체력단련비 회사부담액의 경비처리

직원의 체력 단련을 목적으로 체육시설을 이용하는 등 개인적인 여가 목적이 아닌 회사에서의 업무능력을 향상하기 위한 '체력단련으로 인정될 수 있는 수준의 것이라면 업무와 관련이 있는 사회 통념상의 비용으로 판단해 비용으로는 인정된다. 다만, 체력단련비 등 개인적 비용을 보조하는 금액은 근로소득(급여)에 해당해 근로소득세를 원천징수한다.

이에 대한 관련 국세청 예규를 살펴보면 다음과 같다.

회사가 부담한 직원들의 체육시설 등록비용의 비용처리

사회 통념상 타당한 범위 내에서 해당 회사가 부담하는 직원들의 체육시설 등록비용은 필요경비에 산입한다.

체력단련비가 특정 직원을 대상으로 한 비용이 아닌 모든 임직원을 위힌 비용인 경우에만 필요경비에 산입할 수 있다.

체력단련 비용과 근로소득

직원에게 복리후생 목적으로 체력단련비 명목으로 직접 지급하는 금품의 가액은 근로소득에 해당한다.

체력단련 비용과 부가가치세

아래의 3가지 요건을 모두 충족하는 경우는 매입세액공제가 가능한 것으로 해석하고 있다.

❶ 휘트니스클럽이 계약상 원인에 의하여 회사에게 용역을 공급하는 것일 것

(직원에게 용역을 공급하고 회사가 대납하는 것에 불과한 경우에는 매입세액공제 대상에 해당하지 않음)

❷ 해당 이용료가 사회 통념상 인정가능한 범위의 복리후생비에 해당할 것

❸ 세금계산서 또는 신용카드매출전표를 수취할 것

사무실 · 사택 · 기숙사 임차료의 경비처리

사업장을 임차한 경우 임차료를 매월 지급하게 되는데, 그 임차료는 필요경비로 인정이 된다. 다만, 실제 지급하는 임차료와 세금계산서에 기재되는 임차료 금액이 틀릴 수 있는데(이중으로 계약서를 쓴 경우) 건물주로부터 세무용으로 작성된 계약서에 기재된 금액만을 임차료로 인정받는 경우 실제 지급하는 임차료와의 차액은 경비로 인정이 안 된다. 임대차계약서를 작성할 때는 실제로 지급하는 금액으로 작성해야 세금을 적게 내는 것이 된다.

구분	적격증빙
임차보증금	임차보증금은 나중에 돌려받을 수 있는 돈이므로 자산 중 보증금 계정으로 전표 처리하면 되며, 별도로 비용처리 할 사항은 없다. 보증금에 대해서는 세금계산서 발행도 안 되며, 계약서를 증빙으로 보관하면 된다.
금융리스	영수증 수취(지로 입금)
운용리스	계산서 수취

구분	적격증빙
주택 임차	주택임대 용역은 면세 용역이다. 따라서 계산서를 받으면 된다. 거래상대방이 사업자등록이 안 된 개인 임대주라면 적격증빙을 받을 수 없다. 이 경우 입금내역 등 거래 사실이 확인되는 경우는 비용으로 인정받을 수 있다(송금 후 송금명세서 제출).
사무실 등 주택 외 임대	과세 사업자인 경우 세금계산서, 계산서, 신용카드매출전표, 현금영수증 등의 적격증빙을 반드시 수취해야 한다. 미수취한 경우, 입금내역 등 거래 사실이 확인되는 경우는 비용인정이 가능하나 지출증빙불성실가산세(2%)가 부과된다. 2. 임대인이 비사업자인 경우 거래상대방이 사업자등록이 안 된 개인 임대주라면 적격증빙을 받을 수 없다. 이 경우 입금내역 등 거래 사실이 확인되는 경우는 비용인정 가능하다(송금 후 송금명세서 제출). 정기적인 임차가 아닌, 행사 등 일시적으로 임차하는 경우의 임차료에 대해서는 기타소득으로 원천징수한 후 증빙처리할 수 있다.

구분	적격증빙
임차료	세금계산서 수취
수도료	계산서 수취
전기료 · 가스료 · 주차료 등	본사 부담분에 대해서 세금계산서 수취
전기료·가스료·주차료·수도료 등을 명세서에 구분 징수하지 않고, 임차료에 포함해서 징수하는 경우는 전체 금액에 대해서 세금계산서 수취	

구분	적격증빙
관리비 공공요금	별도로 납부하는 경우 발행받은 세금계산서, 계산서를 비용처리 하면 된다. 전기료, 가스료 등 임대인 명의로 세금계산서를 교부받는 경우 (건물 전체에 대해서 임대인 명의로 통합 고지)는 임대인은 임차인의 금액만큼 세금계산서를 발행해 주어야 한다. ① 전기요금이나 가스료(부가가치세 과세 대상) : 임차인 부담분에 대하여 세금계산서로 적격증빙을 받는다. ② 수도요금(부가가치세 면세 대상) : 계산서나 영수증으로 적격증빙을 받는다. 기숙사 및 사택에 해당하는 관리비를 회사가 대납해 주는 경우 동 비용은 해당 근로자의 급여로 보아 처리해야 한다. 반면 프리랜서일 때는 기업업무추진비로 처리한다.
중개수수료	세금계산서 수취 또는 송금명세서 제출 {중첩표}

중개수수료 항목 내 표:

구분	적격증빙
일반과세자	세금계산서나 신용카드 매출전표
간이과세자	송금명세서. 연 매출 4,800만 원~1억 400만 원 미만 간이과세자는 세금계산서나 신용카드 매출전표
비사업자	비용인정을 받을 수 없음

구분	적격증빙
세무대리를 맡기는 경우	① 전자 세금계산서, 계산서, 법인카드, 현금영수증 등은 자동 취합되므로, 종이 세금계산서, 입금확인서 등인 경우에만 별도로 제출한다. ② 입금할 때 메모란에 '임차 관련 비용'으로 입금 시, 메모해 두면 기장할 때 편리하다.

🔍 사업소득 원천징수 대상인 프리랜서에게 제공하는 기숙사 임차료

직원의 기숙사 임차료를 회사가 부담하는 경우 세금계산서 등 증빙을 받아서 경비 처리하면 된다(수도료, 전기료, 가스료 등 개인적 지출액은 제외).

사업소득으로 원천 징수하고 있는 프리랜서(3.3% 계약 근로자 포함)에 대하여 당초 용역계약을 체결하면서 계약조건에, 해당 프리랜서에게 기숙사를 제공하고 월세를 해당 사업자가 직접 부담하는 경우는 해당 사업자의 기업업무추진비에 해당한다.

기업업무추진비로서 한도 이내의 금액에 대하여 필요경비로 산입하는 것이다.

사용하는 직원들이 부담해야 할 비용을 당해 사업자가 대신 부담하는 경우는 그 금액을 포함한 금액을 원천징수 대상 사업소득의 수입금액으로 하는 것이며, 해당 사업자의 지출경비로서 필요경비로 산입하는 것이다.

다만, 기업업무추진비에 해당하는 금액을 지출하는 경우는 계산서, 세금계산서, 신용카드 매출전표 또는 현금영수증을 지출증빙서류로 수취·보관해야 하며, 거래상대방이 사업자에 해당하지 않아 적격증빙을 수취하지 못하는 경우는 기업업무추진비로 필요경비로 산입할 수 없다. 참고로 기숙사 등으로 주택을 임대하는 경우는 해당 주택임대는 부가가치세 과세 사업자로, 거래상대방은 부가가치세 과세 사업자등록을 해야 한다.

🔍 사택과 기숙사의 차이와 증빙 및 세무회계

상시 주거용 주택의 임대(사택)는 부가가치세가 면제되는 것이나 사업을 위한 주거용(기숙사 등)은 부가가치세가 과세되는 것으로, 기숙사는 주택이 아니므로 오피스텔을 임차인이 직원기숙사로 사용한다면 오피스텔 임대용역은 부가가치세가 과세되는 것으로 세금계산서를 발행받아야 한다(법규 부가 2012-306, 2012.10.15).

기숙사의 경우는 부가가치세가 과세되며, 회사의 책임과 계산하에 기숙사를 임차하여 사내규정 등에 의하여 복리후생 목적으로 공급하는 경우는 사업과 관련된 것으로 보아 부가가치세가 과세 되며, 그 임차료를 부담한 회사는 부가가치세 매입세액공제를 받을 수 있다.

구 분	세무처리
사택	• 사업자가 직원에게 거주를 목적으로 • 주택을 사업자가 직접 계약 임차하여 임차료 및 관리비를 부담하고 • 직원에게 무상으로 제공하는 경우 이는 사택에 해당 사택 월세의 경우 주택임대에 해당하여 정규증빙 수취의무가 없어 증빙 없이 지출 사실만 소명하면 비용처리가 가능하다.
기숙사	• 사택과 동일하나 • 직원에게 유상으로 제공하는 경우 이는 기숙사에 해당 기숙사는 부가가치세법상 과세사업으로 임대인으로부터 월세 비용에 관한 세금계산서를 수취해야 한다.

사내 헬스장, 어린이집, 기숙사

사내 헬스장, 어린이집, 기숙사를 설치하고 각각에 필요한 시설로서 공구, 기구나 비품 등을 구입한 경우 취득가액을 자산별로 감가상각함이 타당하다. 단, 즉시상각 의제 규정에 따라 그 취득가액이 거래단위 별로 100만 원 이하인 감가상각자산에 대해서는 이를 그 사업에 사용한 날이 속하는 사업연도의 필요경비로 계상할 때는 이를 당기 경비처리가 가능하다.

회사의 업무용 자산의 유지, 관리비, 사용료 등은 복리후생비로 경비처리가 가능하다.

O 법인이 사내 체육시설을 설치하고 시설의 관리와 유지 등을 위해 지출한 금액이 있다면 이는 사업용자산에 대한 비용으로 경비처리가 가능할 것으로 판단된다.

O 또한 「영유아보육법」에 의하여 설치된 직장어린이집을 운영함에 따라 발생하는 경비 라면 복리후생비로 경비처리 할 수 있을 것이다.

O 기숙사의 경우 출자자(소액주주 제외)가 아닌 임직원에게 사택을 무상제공함에 있어서 기숙사의 유지 관리에 관한 경비는 비용처리 할 수 있을 것으로 판단되나, 개별 임직원이 부담해야 할 사적 경비(전기·수도요금, 전화요금 등)는 업무와 관련 없는 비용이므로 경비처리가 안 되며, 해당 근로자의 근로소득으로 봐 원천징수한다.

출장비 등 여비교통비의 경비처리

여비교통비는 시내출장과 시외출장 그리고 해외 출장으로 인하여 지급하는 경비로 시내출장의 경우 소액이므로 영수증이 없는 경우가 보통인데(택시비는 영수증을 받을 수 있다) 종전에는 영수증이 없어도 회사에서 사용하는 지출결의서만 있으면 경비로 인정받을 수 있었다.

그러나 최근에는 버스나 지하철, 택시 등 교통수단뿐만 아니라 기타 출장 중 지출하는 비용도 적격증빙을 받기가 쉬우므로 증빙을 첨부하는 것이 타당하다.

🗋 지하철, 버스, 택시 등 대중교통 이용을 위해 회사에서 별도로 카드를 만들어 시내출장 시 해당 카드를 사용하는 방법을 생각해 본다.

🗋 해외 출장의 경우 해외에서 사용가능한 신용카드로 사용하거나, 회사 내부 결의서나 보고서 등에 따라 객관적으로 그 지출이 입증되어야 비용인정이 가능하다.

🗋 해외에서 신용카드로 결제한 내역은 부가가치세 신고 시 매입세액공제는 되지 않으니 이 부분은 알아둔다. 다만, 해당 외국에 대한민국 조세특례제한법상의 외국 사업자 간접세 환급 특례 규정이 존재한다면 해외 지출경비 등에 대한 부가가치세 환급을 청구할 수는 있으니 해당 내용을 확인한다.

시외출장의 경우 숙박비와 기차요금, 항공요금이 지급되는데, 이 경우 모두 영수증이 있어야만 경비로 인정받을 수 있다. 해외 출장비 또한 외국에서 지출하고 받은 영수증이 있어야만 경비로 인정받을 수 있다. 회사에서 갖춘 출장여비규정에 의하여 지급한 경우 증빙이 없어도 되는 것으로 이해하는 예도 있는데, 국세청에서는 줄곧 증빙이 있어야 경비로 인정한다는 것이 기본 자세이다.

특히 사장님이나 임원의 경우 세법에서 일정 금액을 증빙 없이 인정해주는 것처럼 생각해, 영업비 또는 일비라는 명목으로 증빙 없이 일정 금액을 지출하는 경우가 있는데, 이것은 잘못된 지출 습관이다. 회사에서 사용하는 명칭이 어떤 것이든 세법상 3만 원 초과의 비용(경조사비는 20만 원)은 무조건 적격증빙을 첨부해야 한다.

그래도 이왕이면 여비지급규정이 있으면 그래도 할 말이 있으므로, 있는 것이 더 좋지 않을까 싶다. 국외 출장의 경우 대행사를 통해 일괄 지급하는 경우가 있는데 이 경우에는 수수료에 대해서 반드시 세금계산서를 받아야 세금 측면에서 유리하다. 그렇지 않은 경우 거래금액의 2%를 가산세로 내야 하기 때문이다.

1 출장 일비의 경비처리 기준

근로자가 업무와 관련하여 받는 여비로서 회사가 여비지급규정에 따라 출장목적·출장지·출장 기간에 실제 드는 비용을 사회통념상 인정되는 범위 안에서 합리적인 기준에 따라 지급하는 경우 실비변상적인 성질의 급여로 보아 비과세한다.

🗋 여비지급규정에 따른 출장비 지급기준에 따라 지급한다.

🗋 사회 통념상 타당한 금액이어야 한다.

출장내역을 별도로 관리하면서 실지 드는 비용을 충당할 정도의 범위 내로 시내출장 및 시외출장을 구분하여 여비지급규정에 정하여 지급하는 경우 실비변상적 급여로 보아 근로소득 비과세 대상에 해당한다.

일비에 대해 어느 정도가 적당한지는 명확한 금액이 없으므로 사회 통념상 타당한 금액의 판단은 주관적인 판단이 될 수밖에 없다. 따라서 가장 좋은 방법은 일비 지출에 대한 증빙을 첨부하는 것을 권하며, 과하다 싶으면 급여 처리하는 것이 깔끔하다.

> 여비지급규정에 따라 지급받는 현장 체재 여비는 출장목적 등을 감안하여 실지 소요되는 비용을 충당할 정도의 범위 내에서는 비과세하는 것으로 이에 해당하는지? 여부는 실질 내용에 따라 사실 판단할 사항임(소득, 원천세과-596, 2011.09.30)

반면 여비·체재비로써 당해 회사의 출장비 지급기준에 따라 실지 드는 비용을 정산하여 지급받지 않고 여비출장비 등의 명목으로 일정 금액을 정기적으로 지급받는 경우는 과세대상 근로소득에 해당한다.

구 분	과세방법
여비지급규정에 따른 출장비 지급기준에 따라 지급하는 경우	일비에 대한 적격증빙을 첨부하는 경우 해당 근로자의 근로소득으로 보지 않으며, 비용인정이 가능하다. 즉, 사용처별로 거래증빙과 객관적인 자료에 의하여 지급 사실을 입증하는 경우 회사의 경비로 처리한다(실비변상적인 비용은 여비교통비로 처리하든 비과세 급여로 처리하든 세무상 같음). 개인적으로는 일반비용의 적격증빙 한도인 3만 원까지 적격증빙 없이 비용처리가 가능할 것으로 판단되나 너무 자주 별도의 영수증 없이 비과세소득으로 처리하면 세무조사 등의 실사를 받을 경우 쟁점이 될 수 있다.
영업일비로 1일 2만 원 등으로 한 달간 정기적으로 지급하는 경우	일비를 지급하면서 적격증빙에 의한 실비를 지원하는 경우 해당 일비는 비과세 대상 급여로 보나, 실제 지출 여부와 상관없이 매일 일정액을 지급하는 경우는 과세대상 근로소득으로 본다. 즉, 근로자가 업무수행을 위한 출장으로 인하여 실제 드는 비용으로 받는 금액은 비과세소득에 해당하나, 실제 든 비용과 관계없이 여비출장비 등의 명목으로 일정 금액을 정기적으로 지급받는 금액은 근로소득에 해당한다. 따라서 해당 근로자의 급여에 포함해 원천징수를 하지 않을 경우 반드시 적격증빙을 첨부해야 한다(소득 46011-3478, 1997.12.30.).
일비를 받으면서 여비교통비에 대해 증빙으로 실비정산도 받는 경우	일비는 원칙적으로 출장여비를 대신해서 일정액을 주는 것이므로 출장여비에 대해서 적격증빙에 의해 실비정산하고, 출장여비 실비정산액과 별도로 일비를 주는 경우 해당 일비는 근로소득으로 보아 근로소득세를 신고·납부 해야 한다.

물론 사용인에게 지급하는 여비 중 일비 등은 지출증빙서류 수취 대상이 아니라는 국세청 예규는 다음과 같이 있다.

> 지출증빙서류 수취에 관한 규정은 사업자로부터 재화 또는 용역을 공급받고 그 대가를 지급하는 경우 적용하는 것으로 법인이 사업자로부터 재화 또는 용역을 공급받고 그 대가를 지급하는 경우가 아닌 사용인에게 지급하는 경조사비·여비 중 일비·자가운전보조금 및 일용근로자에 대한 급여, 건물파손보상금 등의 경우에는 지출증빙서류 수취대상이 아님(법인, 법인 46012-296, 1999.01.23.)

그러나 이 예규는 회사와 임직원 간의 관계에서 지출증빙서류 수취대상이 아니라는 것이지 회사의 비용처리를 위해서는 증빙이 필요하므로, 회삿돈을 사용한 임직원은 타인으로부터 적격증빙을 대신 받아서 회사에 제출해야 한다.

2 자가운전보조금의 경비처리 방법

종업원의 소유 차량을 종업원이 직접 운전하여 업무수행에 이용하고 출장 여비 등을 받는 대신에 정해진 지급 기준에 따라 받는 금액은 월 20만 원까지 비과세한다.

구 분	비과세 여부
일반적인 경우	매월 20만 원 이내의 자가운전보조금은 근로소득세 과세 안 됨(불포함) : 그러나 자가운전보조비에 추가해서 받는 차량 운행 실비는 과세 포함.
실비변상적 여비교통비는 과세 안 됨.	업무상 이동할 때 지급하는 대중 교통비는 업무 관련성을 입증하면 대중교통 이용, 증빙 입증 시 실비대로 비용인정, 근로소득 과세안 됨(입증 증빙 : 택시비, 버스, 철도, 항공비 등).

구 분	비과세 여부
자기 차량 소유자	① 월 20만 원은 소득세 비과세 원칙 ② 영업활동 등으로 월 20만 원이 초과하는 경우는 실제 차량운행일지를 작성하면서 대응하는 유류비 영수증과 통과료 등의 증빙으로 입증함(내부 처리 기준 필요).
차량 운행 관련 내부 기준 필요	자가운전보조금 월 20만 원 이외의 각종 여비교통비 지출에 대한 내부 기준은 필요
대리운전 비용의 인정 가능성	원칙적으로 자가운전의 대리이므로 자가운전보조금 20만 원에 포함되어야 한다. 그러나 접대나 회식이 업무 연관성이 인정되면 대리운전비는 적격증빙을 구비하면 별도의 비용으로 인정될 필요가 있음(접대, 회식 등의 업무관련성 여부와 주행 거리별 금액 등 관련 내부 운영 규정 필요하지만, 아직 명백한 세법상 규정·해석은 없음).

3 해외 출장 및 연수비용 경비처리

해외 현지에서 지출할 때는 적격증빙(예 : 세금계산서, 현금영수증)을 받는 것이 불가능하므로 거래 사실을 확인할 수 있는 서류(예 : 항공권, 영수증 등)로 대신하여 처리할 수 있다.

출장·연수 등을 목적으로 출국한 기간동안의 급여 상당액은 비과세되는 국외 근로소득으로 보지 않는다.

업무와 관련 있는 해외 시찰 및 교육훈련의 목적으로 지출된 여비교통비, 교육훈련비 등은 경비 처리가 가능하다. 다만, 업무와 관련 없이 이루어질 수 있는 개연성이 높은 지출이므로 업무수행 상 반드시 필요한 것이라는 것을 입증해야 할 것이다.

증빙서류는 여행사에서 보내온 입금표와 인보이스 외에도 당초 연수 목적, 연수기간, 연수를 갈 임·직원, 연수의 내용 등이 나타나는 품의서와 업무 관련성을 입증할 수 있는 실제의 연수 활동 내용에 대한 서류 등이 필요하다.

출장비의 합리적인 세무회계

가장 정확한 관리 방법은 금액과 관계없이 3만 원 이하의 출장비라고 하더라도 적격증빙을 수취하는 것이다. 그리고 가장 안전한 지출명세는 법인 신용카드 매출전표이다.

신용카드는 따로 영수증을 모으지 않아도 자동으로 증빙이 수취 되며, 신용카드 매출전표는 적격증빙에 해당하므로 출장비를 허위로 쓴 것이 아닌지 명확하게 나타나기 때문이다.

3만 원까지의 지출
교통비나 숙박비, 식대 등과 같은 여비교통비는 회사의 지급 규정에 그 내용이 있고, 그에 따라 정당하게 지급된 경우는 지출증빙을 따로 갖추지 않아도 비용으로 인정하고 있다(국세청 예규).

3만 원 초과 지출(30,001원~)
세금계산서나, 계산서, 신용카드매출전표 등의 적격증빙을 반드시 받아야만 비용으로 인정받을 수 있다.

내부적 관리와 관련해서는 직원의 출장목적과 그 활동 사실 등이 회사의 내부 출장비 지급 규정에 해당해야 한다.

품의서나 출장명령서, 출장여비정산서 등 내규에 의해 해당 출장이 합리적으로 이루어졌음을 입증할 수 있는 서류를 구비 해두어야 한다.

하지만 이 서류들만으로는 실제 지출이 발생했는지 입증하기 어려울 수도 있으므로 대중

교통 승차권이나 간이영수증 등 추가적인 입증 서류를 함께 구비해 놓으면 더 확실하다. 회사 내부적으로 조작할 수 있는 증빙만 있으면 국세청은 출장비를 악용하여 가공경비(가상의 비용) 처리를 통해 이익을 축소했다고 의심할 수 있다.

⊘ 해외 현지 지출할 때는 적격증빙(세금계산서, 현금영수증 등)을 수취하는 것이 불가능하므로, 거래 사실을 확인할 수 있는 서류(항공권, 영수증 등)로 대신하여 처리할 수 있다.

⊘ 국외에서 사용한 신용카드 사용액은 부가가치세 신고시 매입세액불공제를 받는다.

⊘ 세무대리를 맡기는 경우 환전 등으로 현금인출이 필요한 경우, 통장내역 메모에 '출장비용'으로 기록해 둔다.

⊘ 직원 또는 사용인의 해외여행과 관련하여 지급하는 여비는 그 해외여행이 회사의 업무수행상 통상 필요하다고 인정되는 부분의 금액에 한한다. 따라서 회사의 업무수행상 필요하다고 인정되지 않는 해외여행의 여비와 회사의 업무수행상 필요하다고 인정되는 금액을 초과하는 부분의 금액은 원칙적으로 당해 직원에 대한 급여(사장인 경우 인출금)로 한다. 다만, 그 해외여행이 여행기간의 거의 전 기간을 통하여 분명히 회사의 업무수행상 필요하다고 인정되는 것인 경우는 그 해외여행을 위해 지급하는 여비는 사회통념상 합리적인 기준에 의하여 계산하고 있는 등 부당하게 큰 금액이 아니라고 인정되는 한 전액 경비로 인정된다.

다음에 해당하는 여행은 원칙적으로 업무수행상 필요한 해외여행으로 보지 않는다.

1. 관광여행의 허가를 받아 행하는 여행

2. 여행알선업자 등이 행하는 단체여행에 응모하여 행하는 여행

3. 동업자단체, 기타 이에 준하는 단체가 주최하여 행하는 단체여행으로서 주로 관광목적이라고 인정되는 것

학원비, 교재비, 강사료, 자기개발비 교육훈련비의 경비처리

1. 자격증 취득비용 등 교육훈련비 경비처리

일반적으로 회사에서 업무와 관련하여 임직원에게 사내외에서 교육하는데 드는 학원비, 교재비 등은 교육훈련비로 비용처리할 수 있다.

이에는 교육장 임차료, 초빙 강사료, 연수비, 교육용 책자구입비, 세미나 참가비, 학원 수강료 등이 해당한다.

경리실무자들은 업무 관련성과 관련해 직원의 자격증 취득비용이나 학원비 등 직원에게 지원되는 비용이 근로소득으로 세금을 부과해야 하는지, 아니면 동 비용이 업무 관련 비용으로 근로소득세 원천징수 없이 비용으로 인정받을 수 있는지 헷갈릴 수 있다.

직원이 회사업무와 관련하여 자격증 취득비용인 학원비, 시험응시료, 교재비 등 자격증 취득 보조금이 회사의 경영 정책상 필수적이라 할지라도 회사업무와 관련하여 업무능력을 향상시키는 결과를 초래한다는 객관적인 입증이 가능해야 교육훈련비로 비용처리를 할 수 있다.

따라서 업무와 관련이 없는 자격증 취득이나 직원 개개인의 자기 계발비의 경우는 해당 직원의 근로소득에 포함하여 원천징수를 해야 한다. 또한 회사에서 학원비나 자격증 취득비용을 자기개발비 명목으로 월 10만 원씩 지원하는 것은 실제 이용액을 회사에서 보전해주는 형식이다.

이용 항목 또한 학원비, 자격증 취득비 등 자기개발과 관련한 항목으로 제한되어 있고, 이는 통상적으로 특정 개인에게 이용권이 있는 자기개발비에 해당하므로 근로소득에 포함해서 원천징수해야 한다.

2 \ 교육훈련비 비과세 요건

회사에서 임직원에게 복리후생적 성격으로 지원할 수 있는 세법상 비과세 근로소득에 해당하는 학자금은 초중등교육법 및 고등교육법에 의한 학교와 근로자직업훈련촉진법에 의한 직업능력개발훈련시설의 입학금, 수업료, 수강료 기타 공납금 중 일정 요건을 갖춘 학자금만을 일컫는 것으로 비과세 학자금 요건은 다음과 같다.

비과세 학자금 요건

⊘ 당해 근로자가 종사하는 사업체의 업무와 관련 있는 교육훈련을 위해 지급받는 것

⊘ 당해 근로자가 종사하는 사업체의 사규 등에 의하여 정해진 지급기준에 따라 받는 것

⊘ 교육·훈련기간이 6개월 이상인 경우 교육·훈련 후, 당해 교육기간을 초과하여 근무하지 않을 때는 받은 금액을 반납할 것을 조건으로 하여 받는 것

이처럼 회사에서 고용관계에 있는 자에게 지급한 교육비(학원비 등 포함)가 소득세법에서 규정하는 학자금에 해당하지 않는다면 과세대상 근로소득에 해당하는 것으로 교육비를 비과세로 인정받기 위해서는 '회사업무와 관련 있는 교육훈련을 위해 지급받는 것'이라는 점에 중점을 두어야 한다. 즉, 소득세법상 과세대상 근로소득의 계산은 급여의 명칭과 상관없이 근로의 제공으로 인해 받는 모든 급여에서 비과세 근로소득만을 제외하는 것이며, 비정기적 교육비 및 업무 외 능력개발비에 대해서는 위에서 열거된 비과세 근로소득에 해당하지 않으므로 전액 근로소득세 과세 대상이 되는 것이다.

3 직원교육의 업무 관련성 입증

직원 교육이 회사업무와 관련이 있다는 것을 입증하는 방법은 다음과 같다.

회사에서 직원에게 자기개발 차원의 복리후생적인 성격의 영어학원비를 지원한 경우라면 당연히 직원 개인의 비용이기 때문에 근로소득으로 보아야 하지만 직원에게 영어교육을 하는 목적이 회사의 사업목적을 영위하는데, 필요한 경우라면, 예를 들어 해외시장에 진출하기 위하여 외국어가 능통한 인력을 미리 확보하기 위한 경우는 실제 회사업무와 관련이 있다고 볼 수 있다.

그러나 개개인이 꽃꽂이 실습학원에 다닌 후 회사의 근무 환경을 쾌석하게 하기 위함이었다고 주장하더라도 업무와 직접적인 관련성이 있다고 보기는 어렵다.

물론 세무 조사관에게 쾌적한 사무실을 유지하기 위한 환경미화 차원의 교육이라거나 심지어는 거래처 화한 등 기업업무추진비가 많이 발생하는 회사에서 그 비용을 줄이고자 화환이나 화분을 직접 만들어서 보내기 위한 비용이라고 주장한다고 하더라도 이를 회사의 사업목적을 영위하는 데 꼭 필요한 비용이라고 주장하기는 무리가 있다.

많은 회사에서 실무적으로는 그 금액이 소액인 경우, 교육훈련비에 포함하여 처리하기도 하나, 이는 회사 비용과 직원의 비용을 구분하여야 하는 원칙에 어긋나는 것이라는 사실을 주지해야 한다.

교육훈련비의 합리적인 세무회계

일반적으로 회사에서 업무와 관련하여 임직원에게 사내외에서 교육하는데 소요되는 학원비, 교재비 등은 소득세 등 원천징수 없이 교육훈련비 또는 복리후생비로 비용처리가 가능하다. 이에는 워크숍 비용, 연수원 임차료(교육장 임차료), 사내외 강사 초빙료, 연수비, 교육용 도서구입비, 세미나 참가비, 학원 수강료, 식대, 숙박비, 교통비, 사원채용 모집공고료 등을 포함한다.

업무 관련 교육훈련비의 비용처리(업무 차원 교육훈련비 증빙)

기업의 업무 관련 교육의 지출비용이 3만 원을 초과하는 금액은 계산서 등 적격증빙을 갖추어야 원칙적으로 비용으로 인정된다.

업무와 관련 없는 사적인 학원 수강료 보조액(개인 급여를 구성)

업무와 관련 없는 사적인 학원 수강료 등을 보조해주는 경우 회사에서 복리후생비나 교육훈련비로 회계처리 해도, 세법상 해당 직원의 급여로 보며, 소득세 및 지방소득세를 각각 원천징수 후 원천징수영수증을 증빙으로 보관해야 한다. 다만, 직무 관련 학원비는 연말정산 시 교육비 공제를 받을 수 있다.

◎ 직원이 회사업무와 관련해서 자격증 취득비용인 학원비, 시험응시료, 교재비 등 자격증 취득 보조금이, 회사의 경영 정책상 필수적이라 할지라도 회사업무와 관련해서 업무능력을 향상시키는 결과를 객관적으로 입증이 가능해야, 교육훈련비 또는 복리후생비로 비용처리가 가능하다.

◎ 업무와 관련이 없는 자격증 취득이나 직원 개개인의 자기개발비, 영어학원비나 체력단련비의 경우는 직원의 근로소득에 해당되어, 반드시 원천징수해야 한다. 즉, 회사에서 학원비나 자격증 취득비용을 자기개발비 명목으로 지원하는 경우 또는 실제 사용액을 회사에서 보전하는 경우는 근로소득에 포함해서 원천징수한다.

◎ 신입직원에게 회사의 업무와 관련해 연수시키고 지출하는 비용은 근로소득에 해당하지 않고 교육훈련비로 비용처리가 가능하다.

◎ 종업원의 복리후생 측면에서 종업원이 부담한 어학원 수강료 등의 일부를 지원하는 경우 이는 급여 성격으로 해당 직원으로부터 소득세 등을 원천징수 후 납부해야 회사의 비용처리가 가능하며, 법인이 어학원과 별도 계약을 맺어 종업원들을 수강하게 하고, 그 수강료를 직접 학원에 지급하였다면, 회사가 용역을 공급받은 자에 해당되어 해당 직원 급여로 처리하지 않고 교육훈련비로 회계처리 후 계산서 등 적격증빙을 받아서 비용처리한다.

◎ 신경영 습득을 위하여 각종 단체에서 주최하는 세미나에 참석하고, 세미나 일반경비에 충당되는 사회통념의 참석 비용을 지출하는 경우 그 지출비용은 경비로 인정된다.

1. 사원 채용 경비 및 강사료 지급과 원천징수

사원 채용에 따른 연수비, 사내교육 행사 및 매뉴얼 인쇄비용 등의 지출과 관련해서 지출 상대방이 사업자인 경우는 반드시 적격증빙을 받아야 한다.

이 경우 교육훈련기관은 부가가치세가 면세되는 사업자이므로 계산서나 신용카드매출전표를 받으면 된다. 참고로 가끔 면세가 아닌 과세 교육기관이 있는데, 이 경우는 세금계산서를 받아야 한다.

2. 외국인 개인에게 외국어 교습을 받는 경우

외국인 강사의 지위가 국내사업장이 없는 비거주자에 해당하는 경우는 적격증빙을 받지 않더라도 증빙불비가산세(2%)를 부담하지 않고 비용처리가 가능하다. 단, 금액, 강사 이름, 국적, 여권번호 등을 기재한 지출결의서를 작성 후 해당 여권 사본 등을 첨부해 증빙으로 보관하면 된다.

3. 특정 시험응시료를 회사가 대납하는 경우
자격증 등 특정 시험응시료를 회사가 대납해주는 경우 이는 해당 직원의 근로소득으로 보아 원천징수를 해야 비용인정이 된다.

강사료 기타소득으로 신고할까? 사업소득으로 신고할까?

일시적으로 강의를 하고 지급받는 강사료는 기타소득으로 분류한다.
계속적, 반복적으로 강의를 하고 받는 강사료는 사업소득에 해당한다. 이는 강사 개인 기준이다.
그러나 실무적으로 회사에서는 강사가 일시적인지 반복적인지 알기가 어려우므로 고민하는 경우가 많다.
실무적으로는 강사를 기준으로 강사의 직업, 강의시간, 강의횟수, 강의내용 등에 비추어 사업 활동으로 볼 수 있을 정도로 계속적·반복적으로 강사 활동을 할 경우 사업소득, 그렇지 않을 경우 기타소득으로 분류한다.
강사의 직업적 특성상 계속·반복성이 있다고 보기는 힘들므로 일반적으로 기타소득으로 분류하는 것이다. 단, 강사가 교육기관이나 기업체 등의 요청에 의하여 강의용역을 간헐적으로 제공하였더라도 상당기간 동안 상당한 횟수에 걸쳐 강의 서비스를 제공한 경우 또는 강의 계약에 의하여 일정기간 동안 지속적으로 강의를 제공하고 모집인원에 따라 다시 추가 강좌가 만들어지는 등 계속적, 반복적으로 강의 서비스가 제공되는 경우라면, 일시적인 강의용역이라고 간주할 특정한 상황이 있는 경우를 제외하고는 사업소득으로 판단한다.
최근 국세청의 판단을 보면 대학교수, 회계사, 세무사, 노무사 등 전문가들이 종합소득세 신고 시 기타소득으로 신고한 경우 사업소득으로 합산과세하여 소득세를 추징하는 사례를 자주 볼 수 있다. 이는 기타소득보다는 사업소득으로 신고하기를 권장하는 추세인 것 같다.
그 원인은 기타소득의 경우 60%의 필요경비가 인정되지만, 사업소득의 경우 장부를 기장한 경우 그 장부상의 손익에 따라, 추계과세 시에는 업종별로 정해진 경비율에 따라 계산하기 때문에 과세표준이 더 높아져, 세금이 더 늘어나기 때문이다.

사업소득이 아닌 기타소득으로 신고할 경우 원천징수 등 납부지연가산세를 원천징수의무자에게 부과될 수 있으므로 명확히 구분해서 원천징수해야 한다.

구 분	원천징수
사내 강사	회사 임직원을 강사로 사용하는 경우 근로소득으로 보아 근로소득세 신고·납부
사외 강사	외부에서 강사를 초빙하였을 때 기타소득 또는 사업소득으로 처리할 수 있으나, 최근 추세는 사업소득으로 보아 지급액의 3.3%를 원천징수한 후 사업소득세 신고·납부

비용인정 되는 공과금과 경비인정 되는 벌과금, 과태료

사업과 관련하여 부담하는 세금과 공과금은 기본적으로 비용으로 인정된다.

전화요금, 팩스료, 전력비, 수도광열비 등도 업무를 하는 데 있어 필수 불가결하게 발생하는 비용이므로 당연히 경비로 인정된다.

그러나 취득세와 등록세는 경비로 처리하는 것이 아니라 고정자산의 취득가액에 포함하여 감가상각의 대상이 되는 것이지 지출한 즉시 경비로 처리되지 않는다. 또한, 부가가치세나 법인세, 소득세 등 일반적으로 국세의 납부액은 비용처리를 해주지 않는다.

사업을 하다 보면 회비를 지출하기도 하는데, 영업자가 조직한 단체로서 법인 또는 주무관청에 등록된 조합 또는 협회에 정기적으로 납부하는 회비는 필요경비로 인정되나 부정기적인 특별회비와 위의 단체에 대한 회비가 아닌 경우에는 특례기부금에 해당이 되어 일정한 한도 내에서만 필요경비로 인정이 된다.

그리고 동창회비, 향우회비 등 개인적인 모임에 대한 회비는 경비로 인정되지 않는다.

또한 법령위반으로 부과되는 벌금, 과료, 과태료, 가산금 등은 업무와 관련하여 발생한 것이라도 경비로 인정을 받지 못한다. 대표적인 것이 출장 중 교통위반 벌과금이다.

1 비용인정 되는 공과금과 안 되는 공과금

경비인정 되는 공과금	경비인정 안 되는 공과금
❶ 상공회의소 회비, 대한적십자사 회비 ❷ 영업자가 조직한 단체로서 법인 또는 주무관청에 등록된 조합·협회비 ❸ 교통유발부담금, 폐기물 부담금, 국민연금 사용자 부담금, 개발부담금 등	❶ 법령에 의하여 의무적으로 납부하는 것이 아닌 공과금 ❷ 법령에 의한 의무의 불이행 또는 금지·제한 등의 위반에 대한 제재로서 부과되는 공과금 ❸ 수질환경보전법에 의한 폐수배출부담금

주 토지에 대한 개발부담금은 즉시 경비로 인정하지 않고, 토지의 취득원가를 구성한 후 처분과정을 거치며 경비 처리한다.

2 비용인정 되는 벌과금과 안 되는 벌과금

비용불인정 항목	비용인정 항목
❶ 법인의 임원 또는 종업원이 관세법을 위반하고 지급한 벌과금 ❷ 업무와 관련해서 발생한 교통사고 벌과금 ❸ 산업재해보상법의 규정에 의해 징수	❶ 사계약 상의 의무불이행으로 인해서 부과하는 지체상금(정부와 납품계약으로 인한 지체상금은 포함하며, 구상권 행사가 가능한 지체상금은 제외함) ❷ 보세구역에 장치되어 있는 수출용

비용불인정 항목	비용인정 항목
하는 산업재해보상보험료의 가산금 ❹ 금융기관의 최저예금지불준비금 부족에 대해서 한국은행법의 규정에 의해 금융기관이 한국은행에 납부하는 과태료 ❺ 국민건강보험법의 규정에 의해 징수하는 가산금 ❻ 외국의 법률에 의해 국외에서 납부하는 벌금	원자재가 관세법상의 장치기간 경과로 국고귀속이 확정된 자산의 가액 ❸ 연체이자 등 가. 철도화차사용료의 미납액에 대해서 가산되는 연체이자 나. 산업재해보상보험법의 규정에 의한 산업재해보상보험료의 연체료 다. 국유지 사용료의 납부지연으로 인한 연체료 라. 전기요금의 납부지연으로 인한 연체 가산금

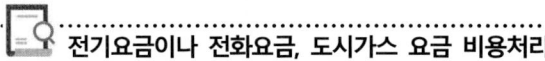

전기요금이나 전화요금, 도시가스 요금 비용처리

사업자가 사업장에서 사용하고 납부한 전기요금이나 도시가스 요금 등은 부가가치세 과세대상으로 세금계산서(지로용지가 세금계산서 기능을 함)를 받으면 부가가치세 신고 때 매입세액공제는 물론 종합소득세 신고 시 비용처리도 가능하다.

그러기 위해서는 해당 공단에 사업자등록증을 제시하여 사업자등록번호로 발급받아야 한다. 전화요금이나 핸드폰 요금도 마찬가지로 이 같은 과정을 거치면 매입세액공제 및 비용처리가 가능하다.

비용인정 되는 세금과 경비인정 안 되는 세금

1 비용인정 되는 세금과 안 되는 세금

소득과 관련해 발생하는 종합소득세의 경우에는 결과적으로는 비용이 아니다. 종합소득세에 부과되는 지방소득세(대략 10%)도 마찬가지로 비용으로 인정되지 않는다. 다만, 회계적으로 손익계산서상 맨 아래쪽에 별도로 표기돼 당기순이익에서는 차감돼 표시된다.

부가가치세도 기업 입장에서는 분기 또는 반기에 한 번씩 내는 금액이다. 하지만 부가가치세는 기본적으로 매출이 발생할 때 거래 상대방에게 대신 받아서 내는 예수금의 성격이기 때문에 비용이 아니다. 다만, 매입비용 중에서 기업업무추진비, 비영업용 소형승용차 유지관리비용, 면세 관련 매입세액 등 부가가치세 공제를 받지 못하는 경우는 매입 시 부담한 부가가치세가 결과적으로 비용에 포함되기는 하지만, 분기별로 납부하는 부가가치세 금액은 비용이 아니다.

직원들의 소득에 부과되는 원천세도 역시 비용이 아니다. 원천세는 직원들에게서 세금을 미리 떼놓고(원천징수) 납부만 기업에서 하는 것이기 때문에 실제로 돈은 나가지만 기업의 비용은 아니다.

사업과 관련해서 사옥이나 사업장을 보유하고 있다면, 해당 부동산에 대해 부과되는 재산세나 종합부동산세는 비용으로 인정된다. 또한, 사업소가 있는 개인이나 법인은 매년 균등분 주민세가 부과되는데, 이 또한 비용으로 인정된다. 하지만 개인 균등분 주민세는 주소지가 있는 개인에게 일괄적으로 부과되는 세금이어서 사업과 관련이 없으므로 비용인정이 되지 않는다. 또한, 가산세는 제때 세금을 납부하지 않거나 신고를 하지 않는 등 의무위반의 성격으로 부과되는 것이기 때문에 해당 불이익이 세금이 줄어드는 것으로 경감되는 것을 방지하는 목적이므로 비용인정이 되지 않는다. 세금은 비용인정이 되지 않는 항목으로 생각하면 편리하다.

구 분	종 류
경비 인정되는 세금	관세, 취득세, 인지세, 증권거래세, 종합부동산세, 등록면허세, 주민세(균등 분, 재산분), 재산세, 자동차세, 지방소득세 종업원분, 지역자원시설세
경비인정 안 되는 세금	❶ 법인세(종합소득세) 및 그에 관한 지방소득세 · 농어촌특별세 ❷ 부가가치세 매입세액(단, 면세사업 관련분 등 제외) ❸ 반출했으나, 판매하지 아니한 제품에 대한 개별소비세·교통·에너지·환경세, 주세의 미납액. 다만, 제품가격에 그 세액을 가산한 경우는 제외) ❹ 증자 관련 등록면허세(신주발행비 등) ❺ 가산금·체납처분비·가산세·각 세법상 의무불이행으로 인한 세액

부가세 : 농어촌특별세, 교육세, 지방교육세는 본세와 동일하게 처리

☎ 취득단계의 세금(취득세) : 즉시 비용으로 인정되지 않고 자산의 취득원가에 가산

한 후 감가상각이나 처분 과정을 거치며 필요경비에 산입한다.

🔒 보유 단계의 세금(재산세 · 자동차세 · 종합부동산세) : 경비로 인정하는 것이 원칙이나 업무와 관련 없는 자산에 대한 것은 업무무관비용에 해당하므로 경비불인정 한다.

2 매입세액불공제 항목의 경비인정

구 분		필요경비 산입 여부
부가가치세법상 공제되는 일반적인 매입세액		필요경비산입
부가가치세법상 공제되지 않는 매입세액	❶ 본래부터 공제되지 않는 매입세액 가. 영수증을 발급받은 거래분의 매입세액 나. 부가가치세 면세사업 관련 매입세액 다. 토지 관련 매입세액 라. 비영업용 소형 승용자동차의 구입 · 유지에 관한 매입세액 마. 기업업무추진비 및 유사 비용의 지출에 관련된 매입세액 바. 간주임대료에 대한 부가가치세	필요경비산입 자산의 취득원가나 자본적 지출 해당분은 일단 자산으로 계상한 후 추후 필요경비인정
	❷ 의무불이행 또는 업무무관으로 인한 불공제 매입세액 가. 세금계산서의 미수취 · 불분명 매입세액 나. 매입처별 세금계산서합계표의 미제출 · 불분명 매입세액 다. 사업자등록 전 매입세액 라. 사업과 관련 없는 매입세액	필요경비불산입 자산으로 계상할 수 없음

관세와 관세환급금의 경비처리

구 분	세무처리
관세	• 물품을 수입할 때 부담한 관세는 매입부대비용이므로 자산의 취득원가로 처리함 • 회사가 비용처리 한 경우 필요경비불산입(유보 처분)
관세환급금	• 외국에서 수입한 원자재로 생산한 제품을 수출하는 경우 수입할 때 부담한 관세를 환급받음 • 환급되는 관세는 익금산입

• 관세 환급금의 손익 귀속시기

❶ 수출과 동시에 환급받을 관세가 확정된 경우 : 수출완료일

❷ 수출과 동시에 환급받을 관세가 확정되지 않은 경우 : 환급금 결정통지일과 환급일
중 빠른 날

차량유지비의 경비처리

1. 차량유지비의 경비처리 기준

구 분	경비처리
일반적인 경우	• 매월 20만 원 이내의 자가운전보조금은 근로소득세 과세 안 됨 (불포함) • 자가운전보조금과 별도로 받는 차량 운행 실비는 과세 포함
실비변상적 여비교통비는 과세 안 됨	• 업무상 이동 시 지급하는 대중교통비는 업무관련성 입증하면 비용인정 • 대중교통 이용 증빙을 수취하면 실비대로 비용인정(입증 증빙 : 택시비, 버스, 철도, 항공비 등). • 근로소득세 과세 안 됨
자기 차량(배우자 공동명의 포함) 소유자	• 월 20만 원은 소득세 비과세 원칙 • 영업활동 등으로 월 20만 원이 초과되는 경우는 실제 차량운행일지를 작성하면서 대응하는 유류비 영수증 등의 증빙으로 입증함(내부처리기준 필요).

구 분	경비처리
차량 운행 관련 내부 기준 필요	자가운전보조금 월 20만 원 이외의, 각종 여비교통비 지출에 대한내부기준은 필요
대리운전비용의 인정가능성	• 원칙적으로 자가운전의 대리이므로 자가운전보조금 20만 원에 포함되어야 함. • 그러나 접대나 회식이 업무 연관성 인정되면 대리운전비는 적격증빙 수취 시 별도 비용으로 인정될 필요가 있음(접대, 회식 등의 업무 관련성 여부와 주행 거리별 금액 등 관련 내부운영 규정 필요하지만, 아직 명백한 세법상 규정·해석은 없음)

2 배우자 명의 차량 사업용 자산등록

사정에 따라 차량 명의가 배우자(혹은 다른 사람)의 명의로 되어 있을 경우 그 등기 또는 등록명의에 불과하고 사실상 해당 사업자가 취득하여 사업에 사용하였다는 것이 확인되는 경우 그 자산은 사업용자산으로 등록(구입 당시의 차량 금액을 고정자산 기초가액으로 반영하면 되며, 등록일은 등록 시점으로 반영한다.)한 후 비용화 할 수 있다.

쉽게 말해 형식적인 명의보단 실질적으로 사업에 사용되었는지가 중요하다는 것이다.

따라서 배우자 명의로 구입했더라도 사업용으로 사용할 때 구입시 세금계산서를 발급받고 자산화하여 감가상각을 할 수 있다.

차량등록부 상 타인의 명의로 되어 있더라도 사실상 당해 사업자가 취득하여 사업에 공하였음이 확인되는 경우는 이를 당해 사업자의 사업용자산으로 보고 감가상각할 수 있는 것임(국기, 소득 46011-78, 2000.01.17.).

3 배우자 명의 차량유지비 경비처리

배우자 명의 차량이라도 업무용 승용차 관련 비용(보험료, 수리비, 유류대 등)에 관한 규정을 앞서 설명한 1과 같게 적용받는다고 생각할 수 있다. 따라서 차량운행일지 등에 근거하여 업무사용비율에 따라 관련 비용들을 경비로 처리할 수 있다. 다만, 배우자 등 타인명의로 인해 사업용으로 사용하는지에 대한 입증책임이 더 엄격할 수 있으므로 반드시 이에 대한 입증자료를 확실히 준비해두는 것이 좋다.

업무 관련성 입증과 관련해서는 구체적으로 사업과의 연관성, 사용실태 등 업무와 직접 관련하여 지출한 사실이 입증되어야 하는데, 출발지 및 도착지 정보, 거래처와 구매 물품에 관한 거래명세서, 차량운행일지 등에 의해 업무 관련 내용 등이 명백히 확인되는 경우는 필요경비에 산입할 수 있다.

만일 사업용으로 사용하지 않거나 사업용으로 사용하는지? 여부가 불분명할 경우 해당 비용을 비용으로 인정받지 못할 가능성이 크다.

사업자가 자기의 사업과 관련하여 타인명의의 비영업용 소형승용자동차(트럭 등)에 해당하지 않는 차량을 자신의 과세사업에 사용하고 이에 대한 유류대 등 차량유지비를 지출하였다면 이는 매입세액공제가 가능하다.

4 　부부공동 명의 차량비 경비처리

개인사업자인 부인이 비사업자인 남편과 공동으로 차량을 구입하고 해당 차량을 사업소득자로 세금계산서를 발급받은 경우 실제로 사업자 명의로 취득한 차량가액 즉, 사업자 지분 해당분에 대하여 장부상 차량 취득가액으로 하고 감가상각비를 계산하여 필요경비산입을 할 수 있다. 사업과 관련하여 실제로 지출되는 유류대 등 차량유지비에 대하여 장부에 의하여 사업소득 금액을 계산하는 경우 필요경비에 산입할 수 있다.

매입세액공제 대상인 화물차 또는 9인승 이상 차량(경차 포함)을 구입하여 사업용으로 사용하는 경우 공제가 가능하나, 비사업자인 배우자와 공동명의로 구입, 등록하면서 사업자등록번호로 세금계산서를 수취한 경우 사업자 지분 해당분만 매입세액공제가 가능하다.

다만, 부가가치세법상 매입세액공제 대상인 차량운반구를 사업자와 비사업자가 공동으로 매입하면서 사업자등록번호와 성명 및 비고란에 비사업자의 인적 사항이 기재된 매입세금계산서를 수취하고 자동차등록원부에는 비사업자의 명의로 등록하는 경우 동 매입세금계산서의 매입세액은 사업자의 매출세액에서 공제할 수 없다(서삼46015 -11542, 2003.10.01).

5 　직원명의 차량유지비 경비처리

직원명의 차량을 회사업무에 사용하는 경우 사업을 위해 쓰인 것이 명확하다면 경비처리가 가능하다.

따라서 차량이 직원 명의라도, 사업을 위한 출장에 쓰인 것이 명확하다면 이때 주유된 금액은 경비처리가 가능하다.

다만, 직원이 결제한 후 현금을 주기보다는 사업용 카드로 주유비를 결제하는 것이 바람직하다.

또한, 추후 사업용이라는 것을 소명할 수 있도록 출장 장소(거래처), 출장 사유 등을 간단하게 기재하여 보관하는 것이 좋다.

실질이 형식을 우선하는 것은 맞지만 사업에 쓰였다는 사실을 입증할 상황이 있을 수 있기 때문이다.

6. 사업 개시 전 취득한 차량 고정자산등록

사업 개시 전에 구입한 차량이 비용처리가 안 된다는 것은 잘못된 상식이다.

세법은 기본적으로 형식이 아닌 실질을 우선하고 있다.

형식적으로 언제 구매했느냐 보단 그 자산을(차량을) 사업에 쓰고 있느냐가 중요하다. 따라서 사업 개시 전에 구입한 차량이라도 사업에 쓰는 것이 분명하다면 실제 구입가격(자산의 취득가액은 취득 당시의 매입가액에 취·등록세 기타 부수비용을 가산한 금액)을 기준으로 해당 차량을 장부상 자산으로 등재하고 감가상각비 및 관련 유지비용을 경비 처리할 수 있다. 이 경우 감가상각 적용 시 사업에 사용한 시점 일을 취득일로 보아 적용하면 되는 것으로 잔존내용연수 상관없이 5년간 정액법을 적용하면 된다.

물론 사업 개시 후 구입한 차량에 비해 일정 기간동안 가사용으로 사용한 차량이기 때문에 운행일지 작성 등 추후 소명자료를 더욱 철저히 할 필요는 있다. 다만, 한 가지 유의할 사항이 있다.

차량을 사업 용도로 사용하고 세무상 비용처리를 한 경우엔 추후 해당 차량을 판매할 때 차량 판매에 따른 부가가치세를 부담해야 한다. 일반 가사용 차량이 아닌 사업용 차량이기 때문에 매매가격의 10%에 해당하는 부가가치세를 납부해야 한다.

그런데도 차량 유지비용의 경비처리 부분을 고려하면 일반적으로 자산등록을 하는 것이 유리하다.

회사 차량으로 사고를 낸 경우 피해액 급여에서 공제

임금은 근로기준법에 따라 전액 지급되는 것이 원칙이다. 다만, 예외적으로 법령(4대 사회보험료 근로자 부담분과 근로소득세) 또는 단체협약에 특별한 규정이 있는 경우에 임금 일부를 공제하거나 통화 이외의 것으로 지급받을 수 있다.

그러면, 회사 차량을 운전하다가 직원의 부주의로 사고가 난 경우, 임금 전액 지급의 원칙에 따라 차량 수리비를 직원의 급여에서 공제하면 안 될까?

임금채권과 손해배상액은 채권의 종류가 다르고, 임금 전액 지급의 원칙에 따라 회사가 일방적으로 임금에서 차량 수리비를 공제할 수 없는 것이지, 직원의 동의를 얻는 경우는 임금에서 공제할 수 있다.

즉 직원이 먼저 본인의 과실로 인해 발생한 비용을, 임금에서 공제할 것을 요청하거나, 직원의 동의를 받고 상계 처리하는 것은 법적으로 문제가 없다.

결국 "직원의 동의 여부"가 가장 핵심이 되는 것이므로, 실무적으로는 손해배상액 임금 공제 동의서 양식을 통해

1. 손해배상액이 얼마인지

2. 그 금액을 몇 월 급여에서 공제하는지?

3. 직원이 해당 내용을 확인하고 자유로운 의사에 따라 동의함을 서면으로 남겨두는 것이 바람직하다.

회사 차량으로 사고 시 부가가치세만 회사가 부담하는 경우

차량의 사고 시 수리비는 보험회사에서 납부하고 부가가치세는 회사에서 직접 부담하며, 세금계산서는 회사 명의로 발급이 된다.

이 경우 자차 부담금 등 보험회사 보험처리 비용과 별도로 회사 부담 비용이 있는 경우에는 동 비용만 수선비로 비용처리를 하면 되며, 회사 부담금이 없이 전액 보험처리 후 부가가치세만 회사가 부담하는 경우 차량에 따라 부가가치세 전표 처리만 하고 부가가치세 신고 시 매입세액공제를 받으면 된다.

흔히 보험금 수령액도 계정과목을 정해, 전표 처리한 후 비용 처리해야 하지 않나 생각하기 쉬우나 보험금 납부 시 보험료로 비용처리 후 보험금 수령액 마저 비용처리를 하면 같은 건에 대해 두 번에 걸쳐 비용처리를 하는 것과 같다.

주정차 등 주차위반 과태료는 비용인정 안 된다.

무단 주·정차로 인한 견인, 보관료 및 주차위반 과태료, 차량 관련 범칙금이나 과태료는 비용인정을 안 해주는 비용이다. 계정과목은 "잡손실" 또는 "세금과공과" 계정을 사용하면 된다. 즉, 직원이 영업활동 중에 발생한 주차위반, 신호 위반 등 교통 관련 과태료를 회사가 대신 내준 경우 회사의 업무수행과 관련이 있는 경우에도 비용 불인정해야 한다.

참고로 회사의 업무수행과 관련이 없는 경우 및 법인의 업무수행과 관련이 있더라도 회사의 내부 규정에 따라 원인유발자에게 변상 조치하기로 되어 있어, 당해 원인유발자에 대한 급여로 처리 후 근로소득세를 원천징수·납부한 경우에는 급여로써 비용인정을 받을 수 있다.

개인사업자 업무용 승용차 비용처리

차량운행일지 작성, 임직원 전용 자동차보험 가입 등은 복식부기 의
무자 중 성실신고 대상자에 해당하는 사항으로 간편장부대상자는 적
용 대상이 되지 않는다.

1 업무용의 범위

주말 나들이나 골프 등 사적인 취미활동에 회사 차를 이용할 때는 개
인 비용으로 주유하고 이를 기록해 놓아야 불이익을 막을 수 있다.

차량은 운행일지를 작성하고 '업무용'으로 사용한 부분에 대해서만
원칙적으로 경비처리 할 수 있다. 어디까지를 '업무'로 볼 것이냐가
문제인데, 거래처 방문, 판촉 활동, 회의 참석 외에 출퇴근도 업무
의 범위에 포함된다. 출퇴근용도 업무용으로 인정하는 이유는 산재
보험 등에서 출퇴근까지 업무로 인정하는 점을 고려했다.

운수업, 자동차판매업, 자동차임대업, 운전학원업, 경비업법 등 노
란색 번호판, 장례식장 및 장의 관련업을 영위하는 법인차량과 운구

용 승용차는 업무용 승용차 적용 대상 차량에서 제외되므로 별도로
운행일지를 작성하지 않아도 된다.

① 거래처/대리점 방문

② 회의 참석

③ 판촉 활동

④ 출/퇴근(원격지 출/퇴근을 포함)

⑤ 교육훈련

⑥ 직원야유회 관련 운행

⑦ 거래처 접대차 및 판촉 활동

⑨ 기타 업무 사용

2 업무용 지출 비용의 범위

감가상각비[감가상각비(정액법) = 취득원가 × 0.2(5년 정액시) × 해당 사업연
도 사업월수 ÷ 12], 임차(리스)료, 유류비, 보험료, 수선비, 자동차세,
통행료, 금융리스 부채에 대한 이자비용, 그 밖의 차량 관련 비용을
말한다.

3 운행일지를 작성 안 해도 경비로 인정되는 경우

아래의 경우는 운행일지를 작성 안 해도 경비인정 되는 차량 및 업
종이다. 따라서 이외의 차량은 임직원 전용 보험에 가입하고 운행일
지를 작성해야 한다.

⇨ 무조건 인정되는 차량과 업종

구 분	내 용
차종	경차, 트럭 등 화물차, 9인승 이상의 승합차
업종	운수업, 자동차판매업, 자동차임대업, 운전학원업, 경비업법 등 노란색 번호판, 장례식장 및 장의 관련업을 영위하는 법인차량과 운구용 승용차

⇨ 임직원전용보험에 가입하고 운행일지를 작성

구 분		비용인정 여부
임직원 전용 자동차보험에 미가입		복식부기의무자는 50%만, 성실신고확인 대상자 전액 필요경비 불인정(2024년)
임직원 전용보험에 가입	운행일지 미작성	연간 1대당 1,500만 원까지만 비용인정
	운행일지 작성	업무 사용 비율만큼 비용인정

4 차량 운행일지에 기록되어야 할 내용

구 분	내 용
일반사항	차량번호, 회사명, 사업자, 부서, 성명 등
운행기록	계기판 거리, 총 주행거리, 업무용 사용 거리, 업무 목적 등

5 개인 업무용 승용차 처분에 따른 과세

⇨ 개인사업자가 사업에 사용하던 차량의 매각

부가가치세 과세사업자가 자기의 과세사업과 관련하여 취득한 자동차를 매각하는 때는 구입 시 부가가치세 환급 여부와 상관없이 부가가치세가 과세되어 거래 상대방에게 세금계산서를 발급해야 한다(서면 3팀-406, 2006.03.06.).

사업소득과 관련해서는 개인사업자도 업무용 승용차를 처분하게 되면 그에 따른 손익이 과세된다. 단, 성실신고 확인 대상 복식부기 의무자를 대상으로 한다.

개인사업자가 업무에 사용하던 사업용 고정자산을 처분할 때 사업소득 수입금액에 포함된다. 처분 차익이 아닌 전체 금액이 수입금액에 포함되고 장부가액은 필요경비로 인정된다.

구 분	내 용
적용대상	성실신고 확인 대상 복식부기 의무자인 개인사업자
손익인식 방법	• 매각가액을 매각일이 속하는 과세기간의 사업소득 금액을 계산할 때 총수입금액에 포함 • 매각 당시의 장부가액을 필요경비에 포함
차량처분 손실 한도	업무용 차량 처분 손실을 800만 원(해당 사업연도가 1년 미만의 경우 월할 계산한 금액)까지만 비용으로 인정 → 초과 금액은 이월하여 필요경비 산입

⇨ 개인사업자가 사업과 관련 없는 차량의 판매

당해 과세사업과 관련 없이 개인적으로 사용한 자동차를 매각하는 때에는 부가가치세 과세대상에서 제외되어 세금계산서 발급대상이 아니다. 즉, 승용차가 자기의 과세사업과 관련 없이 개인적으로 사용한 차량에 해당하는 경우는 세금계산서 발급 대상에 해당하지 않는다.

구 분		판매시 세무처리
업무용으로 사용	부가가치세	과세. 세금계산서 발급
	종합소득세	과세. 판매 전체 금액이 수입금액에 포함되고, 장부가액은 필요경비로 인정된다.
업무용으로 사용하지 않음	부가가치세	비과세. 세금계산서 미발급
	종합소득세	비과세

자동차보험, 상해보험 등의 보험료 경비처리

사업과 관련하여 지급하는 화재보험료, 자동차 보험료 등 각종 보험료는 업무와 관련한 것이므로 모두 경비로 인정이 된다.

국민연금과 건강보험료는 보험료보다는 세금과공과와 복리후생비로 처리하는 것이 더 합리적이다. 이유는 직원의 복리후생을 위해 지출하는 비용이기 때문이다.

사업자가 종업원을 피보험자·수익자로 하여 보험료를 납부하는 경우 사업자는 이를 필요경비로 인정받을 수 있지만, 종업원은 보험료가 근로소득에 포함되어 추가적인 세금을 내야 한다. 다만, 단체순수 보장성보험과 단체환급부 보장성보험의 경우 연간 70만 원 이하 금액은 근로소득으로 보지 않는다.

종업원을 피보험자로 종업원의 사망·상해·질병 등을 지급 사유로 하고 계약자는 사용자로 하여 사용자가 부담하는 보험료의 필요경비 산입 범위는 수익자에 따라 다음과 같이 구분된다.

피보험자	수익자	보험 내용(지급사유)	필요경비 해당 여부
종업원	종업원	종업원의 사망·상해·질병을 지급사유로 하는 다음의 보험 ① 만기에 납입보험료를 환급하지 않는 단체순수보장성보험 ② 만기에 환급보험료가 납입보험료를 초과하지 않는 단체환급부보장성보험 ③ 선원보험료, 상해보험료, 신원보증보험료, 선원보증보험료, 퇴직보험료, 단체퇴직보험에 부가된 특약보험 등	보험료 : 필요경비산입(해당 종업원의 근로소득) 다만, ① 단체순수보장성보험과 ② 단체환급부보장성보험의 경우 해당 보험료 중 연간 70만원 이하 금액은 근로소득으로 보지 않음
종업원	회사	종업원의 사망·상해·질병을 지급사유로 하는 보험	• 보험료 납입시 : 필요경비 불산입(자산처리) • 보험금 수령시 : 총수입금액 산입) • 보험금 종업원에 지급시 : 필요경비 산입(근로소득) • 보험계약자 및 수익자를 종업원으로 변경 시 : 필요경비 산입(근로소득)

단체환급부 보장성보험으로서 계약기간 만료 전 또는 만기에 종업원에게 귀속되는 환급금은 종업원의 근로소득에 해당한다.

개인용달 이용 시 증빙 수취 요령과 경비처리

1 개인용달이 일반과세자인 경우

개별운수업자의 용달차를 사용하여 운반비나 상하차비를 지급하는 경우는 현실적으로 적격증빙 수취 의무규정에 따라 적격증빙을 수취하는 것이 불가능하므로, 간혹 용달비가 3만 원을 초과하는 경우 간이영수증을 3만 원 이하로 나누어 수취하는 경우가 종종 있다.

이 경우 영수증을 여러 장으로 나누어 끊으면 "동일한 1건"으로 간주되어 증빙불비가산세가 부과될 수 있다.

사업과 관련한 거래를 하고 적격증빙(세금계산서, 계산서, 현금영수증, 신용카드매출전표)를 받지 않아도 경비를 지출한 사실을 입증할 수 있는 증빙을 구비한 경우는 사업소득 필요경비로 차감할 수 있다.

물론 개인용달이 일반과세자인 경우 정규증빙을 수취하지 아니한데, 따른 증빙불비가산세(2%)는 부담해야 한다.

문제는 개인용달이 간이영수증은 발행해도 적격증빙은 잘 발행해주지 않으므로 인터넷 등에서 적격증빙을 발행해 주는 업체를 통해 거래하는 것도 손쉬운 비용인정을 위한 방법이다.

전화로 현금영수증 발행이 가능하니 아래 방법을 참고해서 진행하길 바란다.

01. 국세청 콜센터 126으로 전화

02. 현금영수증, 전자세금계산서 등 홈택스 관련 상담번호인 [1] 번을 누른다.

03. 현금영수증 [1] 번을 누른다.

04. "상담 센터 연결" 번호인 [2] 번을 누른다.

05. 한국어는 [1] 번을 누른다.

06. "가맹점 현금영수증 발급 서비스"인 [4] 번을 누른다.

07. 사업자등록번호 10자리를 누른다.

08. 비밀번호로 할 4자리 숫자를 등록한 후, [비밀번호 4자리]와 [#]을 누른다.

09. "현금영수증 발급"인 [1] 번을 누른다.

10. "빠른 말 서비스" 인 [#]을 누른다.

11. 현금영수증을 발급해 줄 [고객님의 휴대폰 번호]와 [#]을 누르고, 금액을 누른다.

12. 현금영수증을 "소득공제용"(개인 휴대폰 번호 경우)으로 할지 "지출증빙용"(사업자등록번호용)으로 할지에 따라 [1] 번 또는 [2] 번을 누른다.

반면 간이과세자인 운수업을 영위하는 자가 제공하는 운송용역을 공급받은 경우이고, 금융회사 등을 통하여 운임을 지급한 경우로서 과세표준 확정신고서에 송금 사실을 기재한 경비 등의 송금명세서를 첨부하여 종합소득세 신고시 납세지 관할 세무서장에게 제출하는 경우는 필요경비에 해당하며, 증빙불비가산세도 적용되지 않는다.

개인용달이 일반과세자인 경우
증빙을 안 주는 경우 가능 업체를 이용하거나 전화로 현금영수증 발행

개인용달이 간이과세자인 경우
은행을 통해 송금하고 경비 등의 송금명세서를 종합소득세 신고 때 제출

감가상각비의 경비처리

감가상각비란 고정자산에 대해서는 취득가액(취득과 관련하여 지출하는 비용, 세금을 포함한다)을 취득한 연도에 전액 비용으로 떨지 않고, 그 자산이 사용되는 기간동안 비용으로 처리하는 것을 말한다. 취득한 연도에 모두 비용으로 처리하지 않는 것은 취득한 자산을 취득연도에만 사용하는 것이 아니고, 사용하지 못할 때까지 계속해서 사용하기 때문에 사용하는 기간동안 취득가액을 비용으로 처리하는 것이다. 이러한 고정자산에는 건물, 집기비품, 인테리어, 차량운반구, 권리금, 상표권 등이 있다.

중고자산을 취득한 경우에도 신규 자산을 취득한 경우와 동일하게 비용처리를 한다. 취득가액이 100만 원 이하의 경우 고정자산으로 계상하기보다는 취득한 연도에 전액 비용으로 처리하는 것이 좋다. 다만, 업무의 성질상 대량으로 보유하는 것은 안 된다.

그리고 감가상각비는 비용으로 계상해도 되고 안 해도 된다.

그러나 세금 감면을 받을 때 감가상각비를 계상하지 않으면 계상하지 않은 감가상각비는 나중에 경비로 인정받을 수 없다. 따라서 이익이 발생하면 거의 모두 세금 감면의 혜택을 받으므로, 반드시 감가상각비를 계상하는 것이 절세하는 길이다.

개업 초기에는 영업실적이 저조하여 결손이 많이 발생한다.

적자가 발생하면 은행과의 거래가 원활하지 못할 수 있어 결손을 줄이거나 이익을 늘릴 필요가 있는데, 이때 감가상각비를 계상하지 않으면 도움이 된다. 일반적으로 감가상각비 금액이 크기 때문이다. 반면, 외부감사법인은 반드시 감가상각비를 계상해야 한다.

결과적으로 감가상각비 계상이 강제되지 않는 기업의 경우는 감가상각비의 계상을 본인 회사의 실정에 맞게 계상하기도 하고 안 하기도 하는 고무줄이다.

특징	감가상각비는 회사 실정에 맞게 장부에 잡고 싶으면 잡고, 잡기 싫으면 안 잡을 수 있다. 단, 다음의 경우는 주의해야 한다.
주의 사항	세금 감면의 혜택을 받으면 반드시 감가상각비를 계상하는 것이 절세하는 길이다. 계상하지 않아도 감가상각한 것으로 본다(감가상각의 의제).
	외부감사를 받는 법인은 반드시 감가상각비를 계상해야 한다.
	적자가 발생하면 은행과의 거래가 원활하지 못할 수 있어, 결손을 줄이거나 이익을 늘릴 필요가 있는데, 이때 감가상각비를 계상하지 않으면 도움이 된다.
	취득가액이 100만 원 이하의 경우 고정자산으로 계상하기보다는 취득한 연도에 전액 비용으로 처리하는 것이 좋다.

🔍 감가상각의 마술(비용을 자산으로 반영하는 경우 재무 건전성)

수선비를 지출하고 해당 수선비를 자산 처리할지 해당 자산의 가액에 가산해서 감가상각할지? 여부를 판단하기 어렵다면 600만 원을 기준으로 이상은 자산, 미만은 비용으로 적용하면 된다.

자산으로 처리하게 되면, 매년 감가상각을 적용하여 손익계산서에 반영해야 하는 어려움이 있다. 반면, 사업 초기 법인이 적자인 상황에서는 자산 계상을 하면 비용을 유예시켜 재무구조를 건전하게 보일 수 있다(감가상각기간 동안 1/n만 비용처리되기 때문에). 즉, 자산별로 다르지만, 감가상각은 기간을 나누어 비용으로 처리하기 때문에 비용을 분산시키는 효과가 있다.

자산으로 처리하는 게 비용으로 처리하는 경우보다 재무구조가 건전해진다.

예로, 자본금 600만 원인 회사의 경우

1. 비용 600만 원을 한 번에 비용 처리하면 자본잠식이지만,

2. 자산 600만 원을 5년간(기간 설정에 따라) 나누어 비용 처리하면 600만 원 − (600만 원 ÷ 5년) = 480만 원의 자본이 남게 된다.

5년 전체의 기간으로 보면 600만 원으로 동일하나, 매년의 경우에는 재무구조가 달라진다.

재무구조가 건전해지면, 사업 초기 투자유치나 정부 과제 선정 등에 유리할 수 있다.

반면 세금 측면에서는 감가상각을 많이 하는 것이 수익을 줄여 절세 측면에서 좋을 수 있으므로 기업의 환경에 따라 판단해서 결정한다.

🔍 즉시상각의 의제

다음의 자산은 취득 시 감가상각을 통해 비용처리를 하거나 즉시 비용으로 처리하는 방법 중 선택해서 적용할 수 있다. 즉, 자산으로 처리하지 않고, 특별히 지출 즉시 소모품비나 수선비 등으로 전액 비용처리가 가능하다는 것이다.

구 분		즉시 비용처리 가능 자산
취득시	금액적으로 소액인 자산	거래 단위별 취득가액 100만 원 이하의 지출 금액. 단, 고유업무의 성질상 대량으로 보유하는 자산과 그 사업의 개시 또는 확장을 위해서 취득한 자산은 제외
	대여사업용 비디오테이프 등	대여사업용 비디오테이프와 음악용 콤팩트디스크로서 개별자산의 취득가액이 30만 원 미만인 자산
	단기사용자산	시험기기·영화필름·공구·가구·전기기구·가스기기·가정용 기구 및 비품·시계·측정기기 및 간판 이는 금액의 제한이 없다.
	어업의 어구	어업에 사용하는 어구(어선 용구 포함)는 금액의 제한이 없다.
	전화기, 개인용 컴퓨터	전화기(휴대용 전화기 포함), 개인용 컴퓨터(그 주변기기 포함). 이는 금액의 제한이 없다.
보유시	소액 수선비	개별자산별 수선비(자본적 지출과 수익적 지출) 합계액이 소액 수선비 판단기준에 미달하는 경우 [주] 소액 수선비 판단기준 = Max(600만원 미만, 전기말 B/S상 장부가액의 5%)
	주기적 수선비	3년 미만의 기간마다 지출하는 주기적 수선비
폐기시	시설 개체와 시설낙후로 인한 폐기 자산	시설을 개체 또는 기술의 낙후 등으로 생산설비 일부를 폐기한 경우는 장부에 비망가액 1,000원만 남기고 나머지는 폐기한 사업연도의 필요경비에 산입할 수 있다.

리스료의 경비처리

리스란 기업이 필요로 하는 시설 장비를 일정 기간 임차하고 사용료인 리스료(일종의 임차료라 생각하면 틀림이 없다)를 지급하는 것을 말하는데, 빌린 물건은 빌린 사람이 주인인 것처럼 회계처리를 하는 금융리스와 물건을 빌려준 사람이 소유권을 갖는 것으로 회계처리를 하는 운용리스가 있다. 양자의 차이점은 금융리스는 물건을 빌린 사람이 감가상각비를 계상하여 비용 처리하는 반면, 운용리스는 물건을 빌린 사람은 매월 지급하는 리스료를 비용으로 처리하는 점에서 그 처리가 다르다.

그러나 현재 리스는 대부분 금융리스이며, 리스 회계처리의 개정으로 회계상으로는 금융리스와 운용리스의 구분이 없어졌다. 다만, 차량의 경우 절세효과 그리고 차량 소유자를 숨기기 위하여 금융리스로 이용되고 있다.

물건을 리스로 취득하는 것과 자신의 명의로 직접 구입하는 것 중 어느 것이 유리할까?

결론부터 말하면 리스로 취득하는 것보다 자신의 명의로 직접 취득하는 것이 유리하다. 이유는 리스의 경우 절세효과가 크다고 하고 있지만, 리스로 취득하고 지출하는 리스료의 총합계는 자기명의로 취득하는 것보다 언제나 비싸다. 따라서 주머니에서 나가는 금액은 절대적으로 리스의 경우가 크다. 따라서 공제되는 금액이 많을 수밖에 없는데 이를 절세되는 금액이 많다고 하는 것이다.

그리고 절세효과 또한 리스료는 지급한 해에 반드시 경비로 처리해야 하지만 자기명의로 취득한 경우는 감가상각이라는 과정을 통하여 경비로 처리하는 만큼 언제든지 경비로 계상할 수 있다는 장점이 있다.

따라서 OO캐피탈을 통해서 차량을 구입하는 것보다는 직접 차량을 구입하는 것이 절세효과가 더 크다. 근본적으로 리스는 물건을 취득할 자금이 부족한 사람을 위해서 만들었다고 생각하면 이해가 더 빠르지 않을까 싶다.

구 분	자가구매	리스(운용리스), 렌터카
초기 구입 비용과 비용 처리	회계장부에 고정자산으로 기록된다. 그리고 자동차를 취득하면서 낸 취득세 등의 제세공과금은 차량가액으로 합산되었다가 나중에 감가상각 절차를 통해 비용처리가 되고, 보험료나 수리비 등 자동차를 유지·관리하는 비용도 세무상 비용으로 처리된다.	리스(운용리스)하거나 렌트하는 경우, 그 자체로 전액 비용처리가 되어 과세소득을 줄일 수 있다. 문제는 지출되는 비용이 늘어나면 늘어난 금액에 상당하는 세금이 줄어드는 것이 아니라, 그 비용으로 인해 줄어든 소득에 대한 세율에 해당하는 만큼의 세금만 줄어든다는 것이다.

구 분	자가구매	리스(운용리스), 렌터카
	→ 초기 투자 비용 발생 → 감가상각을 통해 서서히 비용 처리	→ 초기 투자 비용이 발생하지 않고 리스료를 통한 비용처리 금액이 감가상각보다 많이 발생
비용 인정 기준	업무용으로 사용하고 운행일지를 작성해야 한다.	업무용으로 사용하고 운행일지를 작성해야 한다. 리스회사나 렌터카 회사들은 자가 구매와 달리 무조건 비용처리가 될 것처럼 광고하는데, 그 말을 곧이곧대로 믿었다가는 나중에 세금을 추징당할 수 있으니 주의해야 한다.
전체 지출 측면	여유자금이 있어서 자기 돈으로 자동차를 구입하면 말할 것도 없고, 할부로라도 구입하면 소유권이 바로 구매한 사람에게 주어지기 때문에 할부금을 모두 상환한 뒤에는 자동차를 소유할 수 있다. 그러나 리스하거나 렌트하는 경우는 계약기간이 끝나면 다시 리스나 렌트 계약을 해야 하므로 또다시 많은 비용이 들어간다. 따라서 자동차를 빌려 타면 리스료나 렌트비에 대한 비용처리가 되어서 얼핏 세금이 줄어드는 것처럼 보이지만, 실제로는 자동차를 취득했을 때보다 더 많은 돈이 들어간다.	

기업업무추진비(= 접대비) 경비처리와 한도액 계산

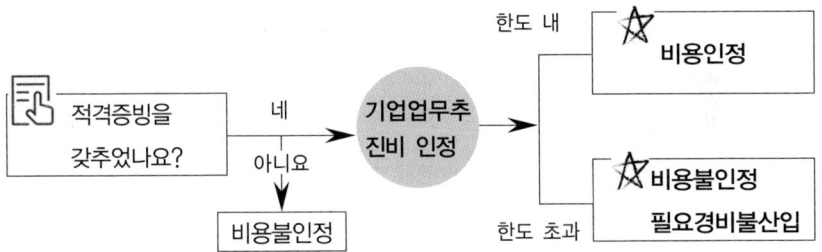

기업업무추진비는 업무와 관련하여 거래처에 접대, 향응, 선물 등을 위해 지출하는 비용을 말한다.

기업업무추진비는

첫째, 해당 지출이 기업업무추진비에 포함이 되는지를 판단해야 한다. 3만 원 초과 지출에 대해 적격증빙을 받은 경우 해당 비용은 기업업무추진비에 포함이 되나, 적격증빙을 안 받은 경우는 회계상 기업업무추진비로 전표 처리해도 세법상으로는 기업업무추진비로 봐주지 않는다.

둘째, 기업업무추진비에 포함되었다고 모두 비용인정을 해주는 것은 아니다. 일정한 한도가 있어 동 한도 내에 들어가는 비용만 비용인정 해주고, 나머지 금액은 비용인정을 안 해준다.

그리고 한도 내 기업업무추진비라도 3만 원을 초과하는 지출에 대해서는 반드시 법인카드를 사용해야 기업업무추진비로 인정이 되고, 그렇지 않은 경우는 경비로 인정받을 수 없다.

기업업무추진비에 해당하는 주요 사례

⊘ 회의비 중 통상 개최 장소 이외에서 지출된 비용이나 유흥주점 등에서 사용된 것

⊘ 사용권 지정 또는 알선 대리에 따라 지급된 사례금은 기업업무추진비 또는 기부금(업무 관련성이 있으면 기업업무추진비, 없으면 기부금)

⊘ 특수관계자 외의 거래자에 대해 거래 채권 포기 시 정당한 사유가 없으나 업무와 관련한 채권의 경우

⊘ 법인이 대리점에 무상으로 제공한 견본품은 기업업무추진비. 단. 동 견본품을 불특정다수인에서 무상으로 배포 시에는 광고선전비.

⊘ 학습지 구독자를 위한 음악회 등 행사비의 경우 구독자라는 특정인에 해당하는 그룹에 지출한 비용

⊘ 특정 병원에 사회 통념상 단순한 견본품으로 보기 어려운 수량의 의료용 소모품을 무상으로 제공한 경우

⊘ 법인이 특정 거래처에 할인액 및 약정을 초과하여 할인할 경우 해당 금액은 기업업무추진비. 단, 모든 거래처에 동일 기준 적용 시 매출할인

⊘ 건설업 법인이 재개발조합의 운영비 명목으로 지출한 금액은 기업업무추진비

⊘ 새로운 모델을 판매함에 따라 동종의 구모델 제품을 일정한 금액으로 보상 구입하기로 하고 이를 사전에 광고한 경우 당해 보상교환 판매에 따라 입은 손실은 판매부대비용으로 비용인정(법인 46012-1043, 2000.4.27) 단, 특정인을 대상으로 하여 시행한 경우 기업업무추진비

구 분			처리방법
기밀비나 증빙이 없는 기업업무추진비 등			비용불인정
3만원 초과 기업업무추진비로서 적격증빙을 받지 않은 경우			비용불인정
일반 기업업무추진 비 한도 계산	한도 초과액		비용불인정
	한도 내 금액	적격증빙 미수취액	비용불인정
		적격증빙 수취액	한도 범위 내에서 비용인정
비 고	기업업무추진비로 인정받기 위한 세 가지 경우 ❶ 적격증빙을 수취한 기업업무추진비(세금계산서, 계산서, 신용카드, 현금영수증) ❷ 건당 3만 원 이하의 기업업무추진비로서 영수증 등을 받은 금액 ❸ 현물기업업무추진비(자사 제품을 거래처에 증정하는 경우 등)		

세법상 기업업무추진비는 일정 한도 내에서만 인정하고 있는데, 한도 계산에 포함되는 기준금액이 되기 위해서는 우선 건당 3만 원을 초과해서 지출 시, 반드시 세금계산서, 계산서, 신용카드매출전표, 지출증빙용 현금영수증 중 하나를 증빙으로 받아야 한다. 여기서 말하는 신용카드(직불카드와 외국에서 발행한 신용카드를 포함)는 해당 사업용 신용카드를 말한다. 따라서 종업원의 개인신용카드로 결제한 금액은 그 금액이 건당 3만 원을 초과하는 경우 이는 전액 비용으로 인정받지 못할 수 있다. 또한 매출전표 등에 기재된 상호 및 사업장소재지가 물품 또는 서비스를 공급하는 신용카드 등의 가맹점 상호 및 사업장소재지와 다른 경우 당해 기업업무추진비 지출액은 신용카드사용 기업업무추진비에 포함하지 않는다.

3만 원 이하 기업업무추진비
간이영수증 등 지출한 사실이 객관적으로 인정되는 금액이 나와 있는 형태
의 증빙이면 가능하다.

 3만 원 초과 기업업무추진비
사업용 신용카드 매출전표, 지출증빙용 현금영수증, 전자세금계산서, 종이
세금계산서, 계산서 등의 형태가 된다.

예를 들어 5만 원의 기업업무추진비를 지출하고 간이영수증을 받은
경우 3만 원은 인정, 2만 원은 불인정 되는 것이 아니라 5만 원 전
체가 기업업무추진비 불인정 된다.

> **개인사업자가 기업업무추진비 지출시 사용해야 하는 신용카드**
>
> 기업업무추진비 지출 시 신용카드는 반드시 홈택스에 등록해 둔 사업용 신용카드를 쓰는
> 게 좋다. 물론 사업용 카드 말고 대표자의 개인카드, 대표자 가족의 카드, 직원의 카드도
> 접대비 처리가 가능하나, 접대비는 세무서에서 엄격하게 관리하는 항목이기 때문에 사업
> 용 카드나 대표자 개인카드가 아니면 증명하기가 번거로울 수 있다.

2 기업업무추진비 한도 범위 내에서만 비용인정

위 1의 요건을 통과하였다고 해서 모두 비용으로 인정되는 것이 아
니며, 세법에서 정한 일정한 한도 내에서만 비용으로 인정이 된다.
따라서 한도를 초과하는 경우는 모두 필요경비불산입 즉, 비용불인
정 된다.

그러나 계정과목 상으로는 전액 기업업무추진비로 처리할 수 있다. 세무에서 기업업무추진비는 다음의 금액을 한도로 해서 비용으로 인정된다.

- 기업업무추진비 한도액 = ❶ + ❷[특수법인 (❶ + ❷) × 50%]
- ❶ 1,200만 원(중소기업의 경우에는 3,600만 원) × 당해 사업연도의 월수/12
- ❷ (수입금액 × 적용률) + (특정 수입금액(특수관계자 거래) × 적용률 × 10%)
- 주 월수는 역에 따라 계산하며 1월 미만은 1월로 본다. 예를 들어 6월 14일에 신설한 법인으로서 첫 사업연도가 6월 14일부터 12월 31일이라면 사업연도 개시일인 6월이 포함되므로 사업연도 월수는 7개월이다.

구 분	적용률
100억 원 이하	0.3%
100억 원 ~ 500억 원	3,000만 원 + (수입금액 - 100억 원) × 0.2%
500억 원 초과분	1억 1천만 원 + (수입금액 - 500억 원) × 0.03%

- 문화기업업무추진비 한도액 = Min(❶ + ❷)
- ❶ 문화기업업무추진비
- ❷ 일반기업업무추진비 한도액 × 20%

세법상 기업업무추진비 한도 금액

= 기본 금액 × 당해 사업연도 월수/12개월 + 수입금액 기준 금액

= 1,200만원 × 당해 사업연도 월수/12개월 + 매출금액 × 0.3%

(매출액 100억 이하 경우)

예를 들어 2026년 7월 10일에 개업해 2026년도 매출액이 3억이면 2026년도 회사 운엉 기간은 5개월 22일이다. 이런 경우 6개월로 보

고(1개월 미만은 1개월로 간주) 기본 금액을 산출하며 기업업무추진비 한도액을 계산해 보면 다음과 같다.

기업업무추진비 한도 금액

= (12,000,000원 × 6/12) + 300,000,000원 × 0.3%

= 6,900,000원

3 기업업무추진비로 보지 않는 경우

기업업무추진비와 지출의 성격이 유사한 광고선전비의 구분 기준은 그 상대방의 특정 여부에 따른다. 이 경우 광고선전비는 제품 등의 판매촉진이나 광고를 위해서 불특정 다수 인을 상대로 지출하는 비용을 말한다. 즉 특정 상대방을 위해 지출하는 기업업무추진비와는 달리 광고선전비는 불특정다수인을 상대로 지출하는 것이다. 또한 광고선전비는 원칙적으로 특별한 한도 제한 없이 지출하는 금액 전액에 대해서 비용으로 인정받을 수 있다.

그런데 불특정다수인이 아닌 특정인에게 기증하는 물품이라고 하더라도 연간 5만 원 이내의 금액에 대해서는 광고선전비로서 특별한 제한 없이 세무상 비용으로 인정받을 수 있다. 한편 개당 3만원 이하의 물품의 경우에는 특정인에게 주었다 하더라도 횟수나 연간 한도 제한 없이 세무상 비용으로 인정된다.

한 사람에게 연간 총합계 금액 5만 원 이상의 물품을 주면 광고선전비로 보지 않고 기업업무추진비로 보겠다는 의미이고, 3만 원 이하의 물품은 총합계 금액 계산에서 제외한다는 의미이다.

예를 들면 10,000원짜리 10개를 주는 경우 3만 원 이하의 물품이므로 총합계 금액 계산에서 제외된다. 따라서 비록 총액은 10만 원이지만 합계 금액 계산에서 제외되므로 광고선전비로 인정된다. 반면, 5만 원짜리 2개를 주면 개당 3만 원을 초과하므로 총합계 금액 계산에 포함되고 2개가 10만 원으로 5만 원 기준을 초과하므로 광고선전비가 아닌 세무상으로는 기업업무추진비로 보겠다는 의미다.

결과적으로 판단기준은 다음과 같다.

📄 개당 3만 원 이하는 무조건 광고선전비로 처리한다.

📄 개당 3만 원을 초과하는 물품만 합산해 특정인 대상 연간 5만 원 이하는 광고선전비, 5만 원 초과는 기업업무추진비로 처리한다.

구 분	적용방법
개당 3만 원 이하 물품 제공	전액 광고선전비로 인정(연간 5만 원 한도를 적용하지 않고 무조건 광고선전비로 인정)된다.
특정인 1인당 연간 5만 원 이하인 경우	광고선전비로 인정된다.
특정인 1인당 연간 5만 원 초과인 경우	전액 기업업무추진비로 인정(초과분만이 아니고, 전액을 기업업무추진비로 보는 것임)

기업업무추진비 경비처리 시 유의 사항 및 사례

◎ 신용카드 사용 내역 중 주말 및 공휴일 사용 금액과 주소지 근처에서 사용한 금액, 심야에 결재가 된 자료에 대해 업무와의 관련성 여부를 입증하라는 국세청의 소명 안내문 고지 가능성 틈

- 사업자가 한 푼이라도 더 공제받기 위해 기업업무추진비 성격의 비용 또는 업무와 관련 없는 개인 지출을 복리후생비 등으로 타계정 대체하고 부가가치세 매입세액공제 및 필요경비 공제를 받는 경우 → 관할 세무서에서 업무무관 경비 필요경비산입으로 종합 소득세 추징한다.
- 술집, 노래방 등에서 지출한 비용도 실질 내용에 따라 기업업무추진비인지 복리후생비 인지 판단이 달라진다. → 입증가능해야 한다.
- 업무 관련 지출 시 지출증빙 영수증에 누구와 무슨 목적으로 지출하였는지 기록하고, 접대성 경비는 가급적 반드시 기업업무추진비로 회계처리 하여 부가가치세 매입세액 공제는 받지 못할지라도 필요경비로 인정받을 수 있도록 한다. 참고로 법인의 경우 기업업무추진비 한도금액을 초과하여 사용한 금액은 필요경비 부인을 받을지라도 최소한 업무무관 경비로 상여 처분을 받게 되는 상황은 피하는 것이 좋다.
- 경영활동에 필요한 기업업무추진비가 비자금 조성 등에 악용되는가 하면 기업주나 임직원들이 사적으로 지출한 비용을 회사의 비용으로 처리하는 사례가 적지 않으므로 건당 일정 금액을 초과하여 지출하는 기업업무추진비에 대해서는 신용카드매출전표 등 정규영수증을 첨부한 용지의 여백이나 별도의 기업업무추진비 지출내역서에 다음의 내용을 기재하여 보관하면 된다.

① 접대목적
② 접대자의 부서명 및 성명
③ 접대상대방의 상호, 사업자등록번호, 부서명 및 성명(접대상대방이 비사업자인 경우에는 성명 및 주민등록번호 등 상대를 특정할 수 있는 정보)

거래처 축의금, 조의금 등 경조사비의 경비처리

업무와 관련한 거래처에 대한 경조사비는 기업업무추진비에 속하고, 친구나 가족 등 개인적 경조사비는 비용으로 인정되지 않는다.

한 거래처당 경조사비(기업업무추진비)의 경우 청첩장, 부고장 등으로 받을 수 있는 비용인정 한도는 20만 원이다. 즉, **법 취지상 세금계산서 등 적격증빙이 있으면 건당 20만 원 초과액도, 청첩장, 부고장만 있으면 20만 원까지만 기업업무추진비로 인정해 준다.** 현실적으로 결혼식장, 상가집 가서 세금계산서 달라고 할 수 없으니 결국 20만 원까지만 인정받을 수 있는 것이다.

거래처 경조사비 지출 시 유의 사항

◎ 모바일 등 해당 지출 사실을 증명할 수 있는 증빙만 있으면 인정해 준다.

◎ 한 거래처에 2명이 참석해 각각 20만 원씩 한 경우는 모두 합쳐 한도 20만 원을 보므로, 결국 40만 원으로 20만 원 한도 초과가 되어 전액 인정받지 못

한다. 즉, 1명당 20만 원이 아니라 한 회사의 참석인원 모두를 합친 금액이 20만 원이어야 한다. 물론 회사 경비처리 안 하고 개인 차원에서 내는 경조사비는 한도에 포함하지 않는다.

◎ 결혼 축의금 20만 원을 내고, 화환 10만 원짜리를 보내며, 화환 대금은 인터넷 신용카드 결제를 한 경우 총합계 30만 원으로, 20만 원 한도를 초과했으므로 세금계산서 등 적격증빙을 받지 않은 경우 경비인정이 안 된다. 단, 화환 대금 10만 원은 신용카드매출전표가 있으므로 경비인정 된다.

◎ 가끔 청첩장을 판매하는 사람도 있는데, 이는 구입해도 업무와 무관한 지출이므로 경비를 인정받을 수 없다.

◎ 경조사비는 축의금뿐만 아니라 조의금도 동일하게 적용되며, 회사 규모보다 과도한 경조사비 지출은 나중에 소명자료 요구 등이 올 수 있으니 유난히 경조사비 지출이 많은 회사는 소명자료를 철저히 챙겨둬야겠다. 이는 규모와 무관하니 작은 우리 회사는 문제없겠지! 생각하면 안 된다. 1년 매출 2,000만 원 신고하는 회사도 소명자료 요구하는 것을 봤다.

3만 원 초과 지출 시 증빙은 세금계산서 등 적격증빙을 받는 것이 원칙인 데, 경조사의 특성상 3만 원으로는 부족하고 거래처에서 세금계산서를 받는 것이 거의 불가능하니, 20만 원까지는 청첩장, 부고장 등으로 지출 사실을 소명하면 예외적으로 증빙으로 인정해 주겠다는 것이다. 이는 모바일 청첩장이나 문자 등으로도 지출 소명자료로 인정해 준다.

이론상으로는 세금계산서 등 적격증빙이 있으면 금액에 상관없이 인정되고, 적격증빙이 없으면 예외적으로 청첩장을 소명증빙으로 인정해 20만 원까지 기업업무추진비로 인정해 준다.

거래처 경조사비 비용인정 한도

한 거래처당 원칙적으로 20만 원까지는 청첩장으로 비용인정

20만 원 초과 경조사비

20만 원을 초과하는 경우 청첩장, 부고장 등만 있는 경우 전액 비용으로 인정 안 해주는 것이 원칙이지만, 세금계산서 등 적격증빙이 있으면 적격증빙 수취액만큼은 비용으로 인정해 준다.

구 분		비용인정 여부
건당 20만 원 이내의 금액	원칙	세금계산서, 계산서, 신용카드매출전표, 지출증빙용 현금영수증 등 적격증빙
	예외	청첩장, 부고장 등(소명용 증빙)
건당 20만원 초과 금액		청첩장, 부고장(소명용 증빙) 등의 금액은 비용인정을 안 해줌. 즉, 청첩장, 부고장 등의 금액은 원칙적으로 적격증빙이 아니므로 전액 비용불인정 세금계산서, 계산서, 신용카드매출전표 지출증빙용 현금영수증 등 적격증빙이 있는 경우 적격증빙 금액만 비용인정

기업업무추진비의 경우 일반 기업업무추진비는 3만 원 초과. 단, 경조사비는 20만 원 초과 지출 시 적격증빙을 받아야 비용인정을 해준다. 즉, 20만 원 초과 지출 시에는 반드시 적격증빙을 받아야 한다. 그런데 청첩장, 부고장을 적격증빙으로 착각하는 경향이 있다. 이는 경조사라는 특성을 고려한 소명용 증빙이지 적격증빙이 아니다.

예를 들어 경조사비 30만 원을 지출한 경우 20만 원 초과로 세금계산서 등 적격증빙을 받은 경우 기업업무추진비로 인정받을 수 있으나, 청첩장, 부고장 등은 적격증빙이 아니므로 기업업무추진비 인정을 받을 수 없다.

세법상 거래처나 임직원이 아닌 곳에 지출하는 경우는 업무무관비용으로 경비로 인정받지 못한다. 하지만 가까운 지인(친구나 선후배, 친인척의 경조사비 등 사실상 회사와 무관한 개인적 경조사비는 훗날 세무조사를 받을 때 경비 처리한 내용이 인정되지 않을 확률이 높다.)에 대한 경조사비도 현실적으로는 기업업무추진비로 산정하여 회사경비로 처리하는 경우가 많다.

거래처 경조사비 지출시 효율적인 증빙관리 방법

경조사비 지출 시 지출결의서를 작성해서 내부 결재를 받은 후 청첩장 등의 증빙을 첨부한 후 보관하면 비용으로 인정된다.

지출결의서에 상대방, 장소, 일시, 금액 등을 기재해서 보관하면 되며, 가장 좋은 방법은 거래처 사장님의 통장번호로 계좌이체를 하는 것이 가장 효과적이다.

하지만 주의해야 할 부분이 있는데, 20만 원을 초과할 경우 세금계산서 등 적격증빙이 없는 경우 20만 원을 넘는 금액만 인정을 못 받는 것이 아니라 전체 금액에 대해서 비용을 인정받지 못한다. 그러니 세무적으로는 20만 원까지만 경조사비로 내는 것을 권한다.

거래처 경조사비와 화환을 보낸 경우 비용처리

거래처 자녀 결혼 축의금 20만 원을 내고 화환 10만 원짜리를 보내며, 화환 대금은 인터넷으로 신용카드 결제를 한 경우 총합계 30만 원으로, 20만 원 한도를 초과했으므로 세금계산서 등 적격증빙을 받지 않은 경우 경비인정 안 된다. 단, 화환 대금 10만 원은 신용카드 매출전표가 있으므로 경비로 인정된다.

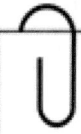

직원 결혼 축의금, 출산, 생일 등 경조사비의 경비처리

회사 임직원의 경조사비와 관련해서는 세법에서 일정한 금액을 지정해 두고 있지 않으며, 복리후생적 차원에서 사회통념상 타당하다고 인정되는 범위라고만 규정하고 있다.

- **경조사비 지급 규정 등 내부규정에 의해 지급한다.**
- **사회 통념상 타당하다고 인정되는 범위 내의 금액이어야 한다.**

법인세법 시행령 제45조 【복리후생비의 손금불산입】
① 법인이 그 임원 또는 사용인을 위하여 지출한 복리후생비 중 다음 각호의 어느 하나에 해당하는 비용 외의 비용은 손금에 산입하지 아니한다.
8. 기타 임원 또는 사용인에게 사회 통념상 타당하다고 인정되는 범위 안에서 지급하는 경조사비 등 제1호 내지 제7호의 비용과 유사한 비용

이 경우 "사회 통념상 타당하다고 인정되는 범위"는 경조사비 지급규정, 경조사 내용, 법인의 지급 능력, 종업원의 직위·연봉 등을 종합적으로 고려하여 사실 판단할 사항으로 별도의 한도가 있지는 않다.
라고 법을 해석하고 있다.

여기서 사회 통념상 타당하다고 인정되는 범위란 참 애매하다. 그냥 객관적으로 봐서 과하지도 덜하지도 않은 금액으로 생각하면 된다. 우선 기업업무추진비 기준이 20만 원이니 20만 원까지는 무리가 없어 보인다.

결국은 규모가 좀 되는 체계적인 회사는 경조사비 규정((사규, 기안문 등 내부통제 문서, 대금 지급 사실 입증 서류 등)을 만들어 해당 규정대로 지급하면 큰 무리가 없을 것 같고, 소규모 회사의 경우 20만 원까지는 문제가 없으며, 이를 넘을 때는 회사의 규모, 주변 비슷한 회사의 지급 규모 등을 반영해 판단하면, 될 것으로 보인다.

예를 들어 경조사비 지급 규정에 50만 원이 규정되어 있음에도 경조사비로 100만 원을 지급하였다면, 50만 원을 초과하는 50만 원에 대해서는 급여 또는 상여로 보아 원천세를 징수하여 신고·납부해야 문제가 없다. 아니면 규정을 초과해서 지급한 이유에 대해 소명해야 하는 문제가 발생할 수 있다.

구 분	비용인정 여부
청탁금지법상 경조사의 범위	청탁금지법상 경조사는 결혼식, 장례식만 해당하고 생일, 돌, 회갑, 집들이, 승진, 전보, 퇴직 등은 경조사에 해당하지 않고 선물에 해당한다.

구 분	비용인정 여부
생일축하금과 선물대	종업원이 지급받은 생일축하금과 설날, 생일, 결혼기념일 등 특정한 날에 지급받는 선물대는 과세대상 근로소득에 해당한다. 하지만 회사에서 생일 케익을 사서 축하해주고 나누어 먹는 경우 케익 비용은 어느 특정인에게 귀속되는 것이 아니므로 간식비 정도로 해서 복리후생비 처리가 가능하다.
특별격려금 등	종업원이 회사에서 근로제공의 대가로 수령하는 급여 성격의 특별격려금, 무사고 포상금, 선물대는 과세되는 근로소득에 포함된다.
출산장려금	근로자 또는 그 배우자의 출산은 전액, 6세 이하 자녀의 보육과 관련하여 사용자로부터 지급받는 급여로서 1명당 월 20만 원 이내의 금액은 비과세 대상 근로소득에 해당하는 것이나, 매월 지급받는 금액 중 월 20만 원을 초과하는 금액은 과세대상 근로소득에 해당한다.

회사 직원의 돌잔치 경조사비로 30만 원을 지출하면?

회사 직원에게 지출한 경조사비는 사회 통념상 타당한 금액의 한도가 별도로 없다. 이 경우 돌잔치의 초대장을, 결혼의 경우는 청첩장 등 증빙서류를 첨부하면 된다. 만약 초대장이나 청첩장을 받지 못했다면 내부품의서를 작성해서 지출내역을 기록해 보관해야 한다.

직원 장례행사를 위해 상조회사의 상조 상품에 가입하여 부담한 대금

내국법인이 직원의 장례행사에 제공하기 위하여 상조회사의 상조 상품에 가입함에 있어 사회통념상 타당하다고 인정되는 범위 안에서 법인이 부담한 대금은 해당 상품이 직원의 장례행사에 제공된 날이 속하는 사업연도에 비용처리한다(법인세과-509, 2011.7.25.).

4대 보험이나 소득세 등과 달리 경조사비는 단체협약이나 취업규칙 등을 통해 근로자의 동의를 구하지 않았다면 월급에서 공제해서는 안 된다. 임의로 공제하는 경우 임금체불로 볼 수 있다.

근로기준법 제43조 2항에 따르면 임금은 통화로 직접 근로자에게 전액을 지급해야 하고 제대로 주지 않았을 경우 임금체불에 해당한다. 법령 또는 단체협약에 특별한 규정이 있는 경우에만 임금의 일부 공제가 가능하게 돼 있다.

그러면 입사 전 이미 노사 간 단체협약 등을 통해 경조사비 공제를 협의했다면 근로자 개인이 서면이나 구두를 통해 경조사비도 안 받고 공제도 원치 않는다고 사측에 정식으로 요청해야 한다. 개인이 나서기 힘들다면 노사협의회에서 정식 안건으로 상정해 이에 대한 대안을 모색해 보는 것이 방법이다.

광고선전비와 기부금, 회의비의 경비처리

1 기부금

기부금은 업무와 관련 없이 지출한 비용으로 경비로 인정받을 수 없지만, 회사를 유지 또는 발전시키기 위해서는 기부행위가 불가피한 것이기 때문에 경비로 인정을 해주고 있다.

기부금은 특례기부금과 일반기부금 그리고 비지정기부금으로 나누어지는데 주식회사의 경우는 약간 다르다.

사업자의 동창회비나 기부금 단체로 인정되지 않는 단체에 기부한 금품은 비용으로 인정받기 힘들다.

2 광고선전비

불특정다수인을 상대로 업무와 관련하여 지출하는 부채, 책받침 등 판촉품, 인쇄비 등을 말하는데, 전액 경비로 인정이 된다.

그리고 특정 사업과 관계있는 자들에게 거래관계의 원활한 진행을 도모하고자 업무상 무상으로 지출된 비용은 기업업무추진비에 해당하는 것이다. 다만, 광고선전 목적으로 특정인에게 기증하기 위해 지출한 물품의 구입비용이, 특정인 1인당 연간 5만 원 이내의 금액이라면, 기업업무추진비로 간주하지 않고 광고선전비로 보아 비용인정을 해준다.

구 분		세무 처리
광고선전 목적의 물품을 불특정 다수인에게 지급한 경우		불특정다수인에게 지급하는 광고선전 목적의 물품구입비는 사실상 물품 판매촉진을 위한 것이므로 금액과 무관하게 전액 비용으로 인정된다.
광고선전 목적의 물품을 특정인에게 지급한 경우 : 기업업무추진비지만 예외 규정	개당 3만원 이하 물품 제공	전액 광고선전비로 인정(연간 5만 원 한도를 적용하지 않고 무조건 광고선전비로 인정)된다.
	특정인 1인당 연간 5만원 이하인 경우	광고선전비로 인정된다.
	특정인 1인당 연간 5만원 초과인 경우	초과분만 기업업무추진비로 보는 것이 아니고 전액을 기업업무추진비로 인정

3 부서별로 진행하는 회식비

법인이 영업사원 등의 복리후생 및 판매 활성화를 위하여 영업 전략 회의 후 사기진작을 위한 송년 회식을 위해 부서별로 일정 금액을 정하여 소속 직원의 회식비로 지출할 때는 그 금액이 사회 통념상 적정하다고 인정되면 법인의 각 사업연도 소득금액 계산상 비용으로 인정한다.

⇨ **직원 개인카드로 결제한 회식비**

직원의 개인카드 사용에 대하여 모호하고, 헷갈리는 경우가 상당수 있는 것 같다. 기업업무추진비를 제외한 비용의 지출은 경비처리가 가능하다. 다만, 주의할 점은 회사경비로 처리한 카드내역을 해당 직원이 본인의 개인 소득공제용으로 사용하면 안 되며, 연말정산 시 반드시 회사경비 처리 부분은 차감하고 소득공제를 받아야 한다.

⇨ **주의해야 하는 회식비**

❶ 일반유흥주점 : 접객 요원을 두고 술을 판매하는 유흥주점(룸싸롱, 단란주점, 가라오케, 가요주점, 요정, 비어홀, 맥주 홀, 카페, 바, 스넥 칵테일 등)

❷ 무도 유흥주점 : 무도시설을 갖추고 술을 판매하는 유흥주점(클럽, 극장식 주점, 나이트클럽, 카페, 스텐드바, 유흥주점 등)

❸ 위생업종 : 사우나, 안마 시술소, 발 마사지, 네일아트 등 대인 서비스

❹ 레저업종 : 실내외 골프장, 골프연습장

❺ 사행업종 : 카지노

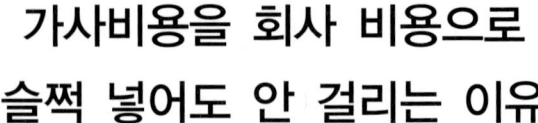

가사비용을 회사 비용으로
슬쩍 넣어도 안 걸리는 이유

가사비용을 회사 비용으로 처리하는 것도 요령이 필요할 수 있다.
그러나 이런 요령도 불법이지만 전적으로 규모가 크지 않은 회사에
만 예외적으로 허용될 수 있는 부분이라고 생각하면 된다. 즉, 결과
적으로는 절세가 아닌 탈세 부분이다. 단, 그 금액이 소액으로 인해
조사 인력을 투입해 추징하는 경우 그 실효성이 떨어지므로, 대대적
인 단속을 통해 적발하지 않을 뿐이다. 이는 단지 요행을 바라는 행
위에 불과하므로 판단은 사장님이 직접 해야 한다.

❶ 도·소매, 서비스, 건설, 병원 등 제조와 전혀 관계없는 회사가 마
트에서 구입하는 원재료 영수증(음식점은 예외)은 가사 관련 비용으
로 볼 가능성이 크므로 절대 회사 비용으로 처리하면 안 된다.

❷ 반면, 회사나 가정에서 모두 사용하는 컴퓨터, 프린트, 스캐너
등 전자기기와 책상, 의자, 책꽂이, 문구 등 사무용품은 신용카드로
결제 후, 회사 비용으로 처리해도 해당 건이 회사 규모에 비해 자주
발생하지 않으면 문제가 되지 않을 수 있다. 물론 걸려도 회사 비품
이라고 우길 수 있는 품목이다.

❸ 식대의 경우 평일 점심시간에 발생하는 식비나, 가끔 저녁 시간에 발생하는 식비는 복리후생비 또는 회식비로 문제없이 처리할 수 있다. 그러나 너무 자주 발생한다거나, 근무를 안 하는 토요일 오후 시간대나 일요일 식비 지출액은 가사 관련 비용으로 문제가 발생할 수 있다. 다만, 음식점 등 주말 장사를 하는 경우는 휴무일에 지출하는 비용이 문제가 될 수 있다. 또한 회식비의 경우 본인 음식점이 아닌 다른 음식점에서 시켜 먹고 신용카드 매출전표 등 증빙을 받은 경우는 빈번하지 않은 경우 경비처리가 가능하다.

국세청에 가장 많이 적발되는 사례

참고로 국세청에 가장 많이 적발되는 사례를 살펴보면 다음과 같다.

- ⊘ 접대성 경비를 복리후생비 등으로 분산처리
- ⊘ 근로를 제공하지 않은 기업주 가족에게 인건비를 지급하고 비용처리
- ⊘ 개인적으로 사용한 신용카드 매출전표
- ⊘ 재고자산 계상 누락 등을 통해서 원가를 조절하는 경우
- ⊘ 세무조사 후 신고소득률 하락 등

  국세청은 기업소득 유출, 수입금액 누락, 소득 조절, 조세 부당감면 등으로 세금을 탈루할 우려가 있는 자영업 법인, 취약·호황 업종의 신고 내용을 개별 정밀 분석한 자료로 성실신고를 별도 안내한다.

- ⊘ 소비지출 수준을 통해 소득 추정분석

  소득신고에 비해 해외여행 등 소비지출이 상대적으로 많은 경우 세무조사 대상이 될 수 있다.

◎ 원가를 과대계상 한 경우

상호 증빙이 없이 세무조사만 안 받으면 걸리지 않을 거라는 생각에 임의로 원가를 과대계상 해 세금을 탈루하는 행위는 세무조사를 받을 확률이 높다.

◎ 일요일에 마트에 가서 장을 보고 법인카드로 결제한 경우(음식점 등은 예외일 수 있음)

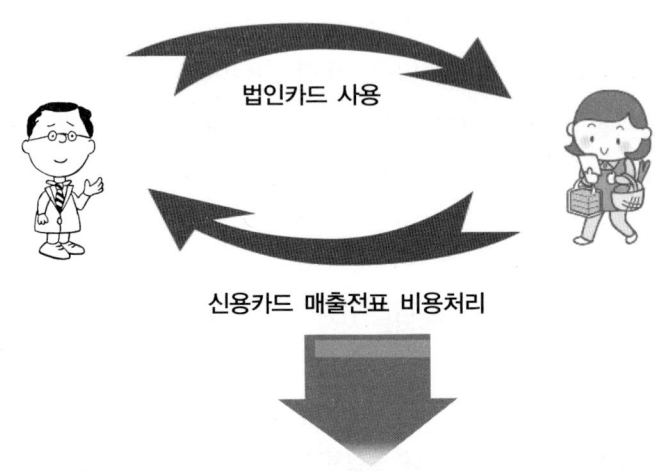

법인카드 사용

신용카드 매출전표 비용처리

" 가사 관련 비용 법인카드 사용액을 회사경비 처리 시 지금 당장은 걸리지 않아도 나중에 걸리면 세금을 추가로 납부하고 가산세 부담까지 지게 된다. "

주말 지출 증빙과
별도로 지출 내용 기록해 둬야!

성실신고 확인 대상자에 대해서는 세무대리인으로부터 성실신고확인서를 받도록 하고 있으며, 성실신고확인서를 작성할 때는 필요경비의 업무와의 관련성을 검토하여 체크리스트를 작성하고, 성실신고에 관해 확인하도록 하고 있다.

따라서, 업무와 관련성이 없는 경비를 필요경비에 넣는다는 것은 사업주가 책임져야 한다는 것이다.

성실신고 확인 대상자에 대해서는 국세청에서 반드시 면밀하게 소득신고의 적정성 여부와 업무와의 관련성을 검토한다는 것을 염두에 두고 업무와의 관련성이 없는 경비는 사적 증빙을 첨부해서 필요경비에 포함해서는 안 된다. 즉 국세청에서 소명자료 요구 시 모든 입증책임은 사업주에게 있으니 이를 명백히 입증할 만한 증빙이 없으면 넣어서는 안 된다.

특히 주말 및 공휴일에 지출할 경우는 업무와의 관련성을 생각하고 되도록 법인카드 및 사업용 카드를 사용하지 않는 것이 현명하다.

집 근처의 지출 및 골프장 등의 유흥장소 지출은 더욱 조심해야 한다.

만일 진짜 업무와 관련한 지출이라고 한다면 지출증빙영수증에 누구와 무슨 목적으로 지출하였는지 반드시 기록해 두어야 한다.

또한 접대성 경비는 복리후생비로 돌려서 처리하면 안 되며, 반드시 기업업무추진비로 회계처리하여 부가가치세 매입세액공제는 받지 못할지라도 필요경비로 인정받을 수 있도록 해야 한다.

특히 법인의 경우 기업업무추진비 한도금액을 초과해서 이를 직원 복리후생비로 돌려 처리하는 경우가 많은데, 사용한 금액은 접대비 한도 초과로 필요경비 부인을 받을지라도 최소한 업무무관경비로 법인세를 내면서 상여 처분으로 개인 소득세까지 내는 일은 피해야겠다.

사장님 밥값도 비용처리 가능한가?

자영업자는 평소에 본인을 위해 지출하는 비용은 원칙적으로 회사경비로 처리할 수 없다.

예를 들어 본인의 식대라거나 골프비용, 간식비 등등 흔히 우리가 생각하는 가사용 비용은 무조건 경비인정이 안 된다고 생각하면 된다.

그런데 종업원 한 명을 채용했을 경우 개인회사 사장은 종업원을 이용할 수 있다. 즉 본인의 점심 식사비용인데 종업원 식사비를 대신해서 내준 거라 둘러 될 수 있는 여지가 있다. 반면 1인 회사의 경우 이렇게 둘러서 얘기하면 직원도 없는 회사가 무슨 직원을 위해서 식사비를 냈냐고 소명 요구를 할 것이다. 결국 1인 회사는 둘러 될 직원이 없어 복리후생비로 경비처리 할 수 없다.

결과적으로 종업원이 있는 경우 식대를 복리후생비 처리해도 문제가 없으나 1인 회사 사장은 무조건 경비처리 안 하는 것이 탈세 문제에서, 자유로울 수 있다.

반면 법인은 대표이사는 어떤 게 다를까?

법인의 대표이사는 법률적으로 법인이라는 오너에 고용된 직원이다. 따라서 대표이사 식대는 원칙적으로 경비인정이 가능하다. 다만, 1인 법인의 경우 식사비는 법인 대표이사 식대일 것이 뻔한데, 왠지 경비처리하면 국세청에서 뭐라 할 것 같아서 경비처리 안 하는 세무 대리인도 있다.

[법인 대표와 개인회사 사장님의 식비 경비처리]

구 분			경비인정	매입세액공제
법인대표	업무관련	식비 이론상	원칙 : 경비인정 가능	공제
		식비 실무상	예외 : 사회 통념상 개인적인 지출로 볼 수 있는 측면이 강하므로 세무서에서 시비를 걸면 어쩔 수 없는 것이 현실이다. 실무적으로는 잘 넣지 않는 세무 대리인도 있다.	공제 또는 불공제
		거래처	기업업무추진비 처리 후, 한도 내에서 경비인정	불공제
	업무 관련 없음		경비인정 안 함	불공제
개인회사사장	업무관련	식비 이론상	원칙 : 경비인정 안 함	불공제
		식비 실무상	원칙 : 경비인정 안 함 예외 : 직원이 있는 경우 사장 식비도 복리후생비 처리하는 세무 대리인도 있다.	공제 또는 불공제
		거래처	기업업무추진비 처리 후, 한도 내에서 경비인정	불공제
	업무 관련 없음		경비인정 안 함	불공제

주 직원을 고용하고 있는 사업장이라고 해도 매월 해야 하는 인건비 신고와 직원 입·퇴사 시 해야 하는 4대 보험 신고, 4대 보험료 납부를 제대로 하지 않으면 해당 인건비에 대한 비용처리는 물론이고, 직원들을 위해 지출된 식비와 복리후생비에 대해 비용처리 및 매입세액공제가 불가능할 수 있으니, 꼭 세무신고와 4대 보험 신고를 정확히 해주어야 한다.

직원의 경비를 복리후생비 처리하기 위한 기본조건

직원의 경비를 복리후생비 처리하기 위한 조건은 다음을 고려해야 한다.

☑ 4대 보험에 가입한 직원이어야 한다.

복리후생 목적으로 처리되는 경비들은 세무상으로 직원 등재 여부를 사후적으로 체크할 가능성이 있다.

운영하는 식당의 사정상 직원으로 등재하지 못하거나, 직원의 사정으로 인건비 신고를 못하는 경우엔 식대를 복리후생비로 처리하는데, 무리가 있다.

해당 직원이 진짜 직원이라고 소명할 수 없고 진짜 직원이 아닌 경우 복리후생비 처리를 할 수 없기 때문이다.

☑ 직원에게 비과세 식대를 제공하지 않아야 한다.

일반적인 경우 보험료 절감 등을 위해서 직원 급여 설정 시, 비과세 식대 20만 원을 제공하는 것으로 신고하게 된다.

이 경우 원칙적으로 문제의 소지가 있으므로 식사를 식당의 경비로 제공하는 경우엔 20만 원 비과세를 적용하지 않아야 한다.

핸드폰 요금 보조금 등 통신요금은 경비인정을 받을 수 있나?

1 핸드폰 요금의 경비처리 방법

업무와 관련 없는 사용료, 핸드폰 사용의 업무 관련성이 적은 사무직 등은 문제가 발생할 수 있다.

종업원의 핸드폰 사용료를 회사가 지급하는 경우는 원칙적으로 근로소득에 해당한다. 다만, 업무 용도로 사용한 부분이 있는 경우는 회사가 정한 규정에 따라 사회 통념상 업무수행에 필요하다고 인정되는 부분은 근로소득으로 과세하지 않는다. 따라서 통신비 보조금은 '통신비 지급 규정'에 의해 지급해야 하며, 통신비 보조금에 대한 해당 직원 핸드폰 납부영수증이나 자동이체 영수증 등을 증빙으로 첨부해 두어야 한다.

그러나 업무와 관련해 발생한 휴대폰비 영수증을 제시하고 지급받는 대신 전 직원에 대해 월정액으로 지급하는 금액의 경우 개인별 근로소득으로 처분하며, 이때 통신비는 실비변상적 급여에 해당하지 않으므로 과세소득에 해당한다.

핸드폰 보조금과 관련해 문제가 되는 것은 개인 명의 핸드폰 요금인데, 회사 명의로 되어 있으면 세무 당국이 탈세 수단으로 이용됐다고 판단되지 않으면 크게 문제가 되지 않고, 탈세에 이용했다는 소명의 책임도 과세당국에 있으나, 개인 명의의 핸드폰 요금지원은 약간 문제가 있다.

따라서 최고의 방법은 사장 명의(법인은 법인)로 핸드폰을 구입해서 사용하는 것이고, 개인명의로 핸드폰을 사용하는 경우는 업무용과 개인용도를 구분해서 기재해야 하는데, 이는 현실적으로 불가능하므로 사규 등에 전 직원을 대상으로 수당형식으로 지급하는 것 보다는 사규 등에 특정 대상 범위를 정해두고 해당하는 직원에게만 지급하는 방법이 차선책이라고 할 수 있다.

이에 대해서는 명확한 기준이 없으므로 이 경우는 반드시 경비처리가 된다고 말하기 애매한 부분이다.

회사 명의의 핸드폰
• 회사 명의의 핸드폰을 직원에게 지급하고 사용하는 방법이 가장 깔끔
• 특별한 탈세 혐의가 없으면 업무용 지출로 인정

개인 명의의 핸드폰
• 통신비 지급 규정 등 회사 사규에 따라 지급
• 전 직원을 대상으로 지급하지 말고 꼭 필요한 부서(영업직 등)와 직원을 대상으로 지급
• 사회통념상 타당한 금액의 한도 이내에서 지급

직원 개인 명의의 핸드폰 요금을 사업자가 부담하는 경우, 핸드폰 청구내역서에 의하여 당해 핸드폰을 회사의 업무에 사용하는 것이 확인되는 경우에만 당해 통신비 등으로 경비산입이 가능할 것이나, 당해 사업의 업무와 관련되었는지의 여부 및 부담범위의 적정성에 대해서는 객관적인 증빙자료와 당해 사업의 업종, 종업원의 업무 내용 및 부담기준 등에 따라 사실 판단할 사항이라는 것이 국세청 예규이다.

여기서"업무와 관련된 것인지를 입증하는 객관적인 증빙자료"가 통신사로부터의 개인별 통신내역서를 뽑아야 할 정도인지, 핸드폰 요금 지원금 지급 시행 공문이나 규정이면 충분한지, 애매할 수 있으나, 객관적인 증빙자료가 어떤 것인지에 대해서는 법에 규정되어 있지 않다.

따라서 회사 자체적으로 객관성을 확보하기 위한 노력이 필요한 지출이다.

즉 외부에서 핸드폰 사용이 필수인 대표이사 핸드폰 요금, 영업부 핸드폰 요금, 구매팀 핸드폰 요금은 과세당국도 핸드폰 사용의 필요성을 인정해 사회통념상 타당한 금액은 통신비로 인정을 해줄 수 있으나, 회사업무와 전혀 관련 없다고 판단되는 대표이사 가족 통신비, 직원이 아닌 제3자의 핸드폰비, 외부 업무와 관련 없는 사무직 직원의 핸드폰비 등의 통신비 지원에 대해서는 통신비로 비용을 썼다고 하더라도, 과세당국의 세무조사 시 추징이 발생할 수 있는 여지가 있으므로 해당 직원의 급여로 보아 근로소득세를 과세하는 것이 깔끔한 업무처리가 될 수 있다.

2 │ 핸드폰 단말기의 경비처리 방법

법인의 업무용으로 사용하기 위해 임직원 명의의 핸드폰을 구매했더라면, 해당 부가가치세는 매입세액공제가 가능한 것이며, 공급받은 핸드폰 등이 법인의 업무와 관련성 여부는 사실 판단 사항이다.

다음은 관련된 국세청 상담 내역이다.

법인사업자가 자기의 과세사업과 관련하여 공급받은 재화 또는 용역의 대가를 당해 법인 명의의 신용카드 또는 소속 임원 및 종업원 명의의 신용카드를 사용하여 지급하고, 공급자(일반과세자)로부터 당해 신용카드 매출전표에 당해 법인의 사업자등록번호와 부가가치세를 별도 기재하고, 당해 공급자 또는 그 사용인이 서명날인하여 확인한 경우 동 신용카드매출전표에 기재된 부가가치세는 매출세액에서 공제할 수 있는 매입세액으로 보는 것이나, 이 경우 당해 법인의 소속 임원 및 종업원 명의의 신용카드로 공급받은 재화 또는 용역이 자기의 과세사업과 관련되는지? 여부는 구체적인 거래사실에 따라 사실판단 할 사항임

구분	세무 처리
회사 명의로 단말기를 구입하고 업무용으로 사용하는 경우	회사 명의로 구입한 후 업무용으로 사용하며, 이를 퇴사할 때 반납하는 경우는 회사의 비품으로 처리하고 매입세액공제를 받으면 된다.
개인 명의로 단말기를 구입하고 업무용으로 사용하는 경우	개인 명의로 구입한 후 업무용으로 사용하며, 이를 퇴사할 때 개인이 가져가는 경우 이는 해당 근로자의 급여로 보아 근로소득세를 신고·납부 해야 한다.

3 인터넷 IPTV 통신 요금의 경비처리 방법

통신 요금에는 당연히 부가가치세가 포함되어 청구된다.

그러므로 사업자 본인의 핸드폰, 사업장에서 사용 중인 전화, 인터넷 요금, IPTV 등도 매입세액공제 대상이 될 수 있다. 다만, 개인 명의가 아닌 사업자 명의로 가입자가 설정되어 있어야 한다. 즉, 통신사에 사업자로 등록해야만 10%의 부가가치세를 돌려받을 수 있다.

크지 않은 금액이지만 1년 이상의 기간이 쌓이면 적은 금액도 아니다.

아래 해당하는 통신사 고객센터와 통화해 사업자등록증을 제출하면 된다.

📄 SKT (☎ 휴대폰 국번 없이 114), 홈페이지 (SKT 고객센터)

📄 KT (☎ 휴대폰 국번 없이 114), 홈페이지 (KT 고객센터)

📄 LG U+ (☎ 휴대폰 국번 없이 114), 홈페이지 (LG U+ 고객센터)

📄 알뜰폰 (☎ 휴대폰 국번 없이 114)

업무 중 직원 사고 병원비 지출액 경비 처리

실무상에서는 전표 처리는 이 비용을 복리후생비로 처리한다.

그러나 세법에 따르면 직원의 병원비를 복리후생비로 열거하고 있지 않기 때문에 복리후생비 항목에 포함하는 것은 무리가 있다.

물론, 세법상 비용인정과 관련해서는 계정과목이 결과적으로 중요한 것은 아니다.

1. 업무와 관련 없는 병원비 지출

직원이 부담해야 할 병원비를 회사가 지급한 경우 직원에 대한 급여로 처리한 후 원천징수를 해야 한다. 반면, 개인회사 사장의 병원비를 회사가 내는 경우 이는 인출금으로 비용인정을 받기 힘들다.

2. 업무와 관련한 병원비 지출

근로의 제공으로 인한 상해·부상·질병·사망과 관련하여 지급받는 위자료의 성질이 있는 보상·배상·급여는 소득세법의 규정에 의해 비과세소득에 해당한다. 따라서 해당 직원의 비과세 급여로 처리하면 되며, 비과세 근로소득이므로 원천징수 하지 않는다.

또한, 근로자 본인의 질병이나 사망 등에 의해 근로자 또는 그 유족에게 지급하는 배상·보상 등의 급여도 비과세되는 것이나, 직계가족의 부상에 따른 치료비 지원 등은 해당 근로자의 근로소득에 포함하여 원천징수 해야 한다.

그러나 회사에서 지원하는 근로자 본인 및 직계가족의 의료비를 근로자 본인의 근로소득으로 합산 처리하면서 근로소득세를 신고·납부한 경우 근로자 본인이 연말정산 시 의료비공제를 적용받을 수 있다.

3 어려운 임·직원 가족 병원비를 지원해 주는 경우

직원을 위해서 가족 병원비를 지급하고 추가로 회사의 비용으로 처리한다면 복리후생비 성격의 비용이 되면서 해당 직원의 급여 성격으로 보아 원천징수 해야 한다. 즉 계정과목 상으로는 복리후생비 또는 급여로 처리할 수 있으나 세무상으로는 회사의 비용으로 인정받기 위해서 해당 직원의 급여에 포함해서 근로소득세를 신고·납부해야 한다.

참고로 법인의 주주·임원에 대한 지출의 경우 해당 직원의 상여에 해당하여 비용으로 인정받지 못할 수 있으나 종업원에 대한 내부규정을 정하여 지출한다면 복리후생비로 처리된다.

구 분		세무 처리
업무상 직원 본인 병원비		비과세
업무 무관 직원 본인 병원비		근로소득세 신고·납부
직원 가족 병원비		근로소득세 신고·납부
병원의 임직원 가족 병원비 경감액		근로소득세 신고·납부
건강검진비	임직원 차별	임원과 직원과의 차이 금액은 과세 될 수 있다.
	임직원 무차별	비과세
사내복지기금 지원 의료비		비과세

4 병원비 지급 시 지출증빙

종업원이 업무를 수행 중에 사고 발생으로 치료를 받는 경우 해당 치료비는 비용에 해당하는 것으로 종업원의 근로소득에 해당하지 않는다. 따라서 정상적인 비용처리를 위해서는 비용처리 하는 병원에 사업자등록증을 제시하고, 계산서를 발급받아 처리해야 한다.

병원에서는 회사에 계산서를 발급하지 않으려고 하는 경향이 있으나 위와 같이 사업자등록증을 제시하고 계산서 교부를 요구하는 경우 병원은 이에 응해야 할 책임이 있다.

참고로 계산서를 수취하기가 곤란한 경우 사업용 카드로 결제하고 신용카드 매출전표(지출증빙용 현금영수증 포함)를 증빙으로 수취하는 것도 하나의 요령이다.

🔍 공상 처리 후 공단에서 받는 보상비 경비처리는?

임원을 포함한 근로자가 업무로 인한 부상 또는 질병으로 인해 발생한 병원비를 회사에서 지급하는 경우 회사경비로 인정받을 수 있다.

그리고 근로자는 비과세 급여에 해당한다. 다만, 해당 부상 또는 질병이 업무로 인하여 발생한 것을 회사 또는 근로자가 증명해야 할 의무가 있다.

지급한 병원비가 사회통념을 초과한다면 초과하는 부분은 과세 급여에 해당하므로 급여에 포함해 원천징수 하면, 원천징수영수증이 증빙이 된다.

참고로 공상처리 후 종업원 사고에 의한 보상비 중 산업재해보험법에 의하여 보상받을 수 있는 금액은 경비처리할 수 없다.

🔍 업무와 무관한 사장의 병원비(본인 부담 병원비를 회사가 대납한 경우)

개인회사 사장인 경우는 자기 돈을 자기가 갖다 쓴 것으로 봐 전표상 인출금처리 후 경비불인정(소득세에서는 필요경비불산입) 하면 된다. 반면, 법인의 대표이사가 지급해야 할 의료비를 법인이 부담한 경우는 법인의 업무와 관련해서 발생한 지출이 아니므로, 경비(법인세에서는 손금이라 함)에 해당하지 않는다. 따라서 경비불인정(법인세에서는 손금불산입) 하고 대표이사의 급여에 포함해 원천징수 해야 한다. 다만, 대표이사가 업무와 관련해 몸이 안 좋아 병원에 다니는 비용 등이 사회통념상 타당하다고 인정되는 범위 안에서 지급하는 경조사비에 해당하는 경우 복리후생비로 경비 처리가 가능하다.

이 경우 "사회통념상 타당하다고 인정되는 범위"는 경조사비 지급 규정, 경조사 내용, 법인의 지급 능력, 종업원의 직위 · 연봉 등을 종합적으로 고려해서 사실 판단할 사항으로 별도의 한도가 있지는 않다.

즉, 법인의 주주 · 임원이 부담해야 할 성질의 치료비를 당해 법인이 부담한 때에는 각 사업연도 소득금액 계산상 경비 처리가 불가능하다는 것이며, 경비 처리를 위해서는 대표이사의 급여로 잡은 후 원천징수를 해야 한다.

자영업자(개인사업자) 본인의
4대 보험료 종합소득세 경비 처리

구분	4대 보험 가입		소득세 처리		계정과목	
	사장 본인	사용자 부담분	사장 본인	사용자 부담분	사장 본인	사용자 부담분

국민
연금
	• 필수
	• 직원이 있으면 직장
	• 직원이 없으면
	  지역 가입
	• 가입 시 급여는
	  최고급여
		필수	필요경비
			불산입(연금소
			득공제)
				필요경비
				산입
					인출금	세금과공과(
						복리후생비)

건강 보험			필요경비산입	필요경비 산입	세금과공 과 또는 보험료	복리후생비
고용 보험 산재 보험	• 임의 선택		필요경비 불산입, 소득공제도 못 받음	필요경비 산입	인출금	보험료(복 리후생비)

사업주에 대해서는 국민건강보험법 및 노인장기요양보험법에 의한
직상가입자로서 부담하는 사업주 본인의 보험료와 국민건강보험법

및 노인장기요양보험법에 따른 지역가입자로서 부담하는 보험료는 필요경비로 인정되며, 국민연금 보험료의 경우 필요경비가 아닌 소득공제 사항인 연금보험료 공제가 가능하다.

소득세법 시행령 제55조 【사업소득의 필요경비 계산】
① 사업소득의 각 과세기간의 총수입금액에 대응하는 필요경비는 법 및 이 영에서 달리 정하는 것 외에는 다음 각호에 규정한 것으로 한다.
10의 2. 「근로자퇴직급여 보장법」 에 따라 사용자가 부담하는 부담금
11. 「국민건강보험법」 , 「고용보험법」 및 「노인장기요양보험법」 에 의하여 사용자로서 부담하는 보험료 또는 부담금
11의 2. 「국민건강보험법」 및 「노인장기요양보험법」 에 의한 직장가입자로서 부담하는 사용자 본인의 보험료
11의 3. 「국민건강보험법」 및 「노인장기요양보험법」 에 따른 지역가입자로서 부담하는 보험료

개인사업자 대출금이자 비용처리
(자영업자 대출이자 경비 처리할 때 주의해야 할 점)

사업자금 마련을 위해 대출을 받았다면 대출이자를 필요경비로 처리하여 세금을 줄일 수 있다. 대출금 자체는 경비가 아닌 부채이다. 대출금에 대한 이자는 이자비용으로 경비처리가 된다.

 개인사업자 대출금이자 비용으로 처리할 때 유의 사항

⊘ 대출금 자체는 차입금이므로 비용처리가 안 된다.

⊘ 대출금 이자만 비용처리가 가능하다.

⊘ 출자를 이행하기 위한 차입금 이자는 안 되고, 운영자금을 위한 차입금 이자만 비용인정 된다.

⊘ 대출받아 가사용으로 사용한 경우 비용인정이 안 된다. 사업과 관련해서 사용한 대출금의 이자만 비용인정 된다.

⊘ 사업에 썼다고 하더라도 주택담보대출의 경우엔 사업목적으로 썼다는 것을 입증하기가 어려우므로 이자 부분이 비용처리가 어렵다. 반대로 사업자금 대출의 경우 사업목적에 쓰였다면 큰 무리 없이 경비인정이 된다고 보면 된다.

따라서 될 수 있으면 사업자금 대출로 받는 것이 좋다.

⊘ 사업자금 대출을 받아 주택취득에 사용한 경우 세무조사 시 적발되면 세금
납부와 함께 가산세까지 부담해야 한다.

<table>
<tr><td>1</td><td>주택담보대출보다 사업자금 대출을 받자</td></tr>
</table>

본인의 사업과 관련해 대출받은 금액에 대해서는 관련 이자비용을
전액 경비로 인정받을 수 있다.

그런데 대출받은 금액을 사업과 무관하게 다른 용도로 사용하는 경
우는 관련 비용으로 인정되지 않는다. 또한, 상가를 담보로 대출을
받지 않고 아파트나 예금 등을 담보로 대출하더라도 대출의 담보 종
류와는 상관없이 대출금을 사업과 관련해 지출했다면 관련 이자비용
은 전액 경비로 인정받을 수 있다.

따라서 사업과 관련한 대출이자를 경비처리 하려면 은행에서 대출이
자 계산서 등으로 소득세 신고 시 대출 관련 사항을 입증하면 된다.

위 내용은 원칙적인 내용이고, 실질적으로는 사업에 썼다고 하더라
도 주택담보대출의 경우엔 사업목적으로 썼다는 것을 입증하기가 힘
들므로, 이자 부분의 비용처리가 어렵다. 반대로 사업자금 대출의
경우 사업목적에 쓰였다면 큰 무리 없이 경비인정이 된다고 보면 된
다. 따라서 될 수 있으면 사업자금 대출을 받는 것이 좋다. 반면 부
동산임대업을 하는 경우는 다르게 생각해 볼 수 있다.

2 장부기장을 해야 비용인정을 받을 수 있다.

이자가 회사통장에서 빠져나가는 등 이자로 지출했음을 증명하는 증빙서류를 갖추고, 반드시 장부를 기장해야 한다.

소득금액을 추계신고(기준경비율, 단순경비율 신고) 한 경우는 지급이자가 경비로 인정되지 않는다.

주택담보대출보다 사업자금 대출을 받자

아파트나 예금 등을 담보로 대출하더라도 대출의 담보 종류와는 상관없이 대출금을 사업과 관련해 지출했다면 관련 이자비용은 전액 경비로 인정받을 수 있다. 다만, 입증 문제가 발생할 때 입증이 어려우므로, 상대적으로 입증이 편리한 사업자금 대출을 받기를 권한다.

이자비용도 기장으로 신고해야 인정받는다.

앞서 설명한 바와 같이 종합소득세는 기장에 의한 신고와 추계에 의한 신고가 있는데, 이중 기장에 의한 신고를 해야 이자비용을 비용으로 인정받을 수 있다. 즉, 추계에 의한 신고를 하는 경우 이자비용은 아무런 상관이 없는 지출이 된다.

3 자산 초과하는 대출금 이자는 경비인정이 안 된다.

자산을 초과하는 대출금은 이자에 대한 경비처리가 불가능하다.

현행 소득세법에서는 부채가 사업용 자산을 초과하는 금액에 대한 지급이자는 필요경비에 산입하지 않는다고 규정하고 있다. 즉 개인사업의 자본금이 잠식된 경우 잠식 금액[자본금의 마이너스(−) 금액]에 대한 이자 상당액은 경비로 인정이 안 된다는 것이다.

대출금이 사업용 자산을 초과하지 않는다고 생각해 무턱대고 이자를 계속 경비처리하는 것도 위험하다.

대부분의 사업용 자산은 시간이 지날수록 감가상각이 일어나 자산규모가 줄어든다는 점을 간과한 사업자가 종종 저지르는 실수다.

감가상각을 고려해 자산보다 대출금이 더 많아지지 않도록 주기적으로 자산을 점검하고, 초과분의 대출금부터 갚아나가야 한다.

 개인사업자의 부채가 자산을 초과하는 경우 이자비용 처리

 개인사업자
개인사업자의 자산이 부채를 초과하는 경우에만 이자비용을 경비로 인정

 법인사업자
재무 상태에 상관없이 원칙적으로 모든 이자비용을 경비로 인정

세법은 사업자가 지출하는 이자비용에 대해 법인사업자와 개인사업자를 달리 취급한다. 법인사업자는 법인의 재무 상황과 관계없이 원칙적으로 모든 이자비용을 세무상 경비(손비)로 인정해 주는 반면, 개인사업자는 개인사업의 자산이 부채를 초과하는 경우에만 이자비용을 비용으로 인정해 준다. 따라서 부채가 사업용 자산보다 많으면 그 초과비율만큼의 이자비용이 세무상으로 인정되지 않는다.

실무적으로 개인사업자의 재무상태를 살펴보면 사업용 자산이 거의 없는 경우가 많은데 실제로는 대출을 받아 권리금 및 인테리어, 임대보증금에 사용했지만, 권리금의 경우 임차인들끼리 계약서나 세금계산서 없이 주고받고, 인테리어는 건축업자가 세금계산서 미발급 조건으로 가격을 깎아준다고 해서 무자료로 처리하여 고작 임대보증금만 사업용 자산으로 남았기 때문이다.

예를 들어, 음식점 창업을 위해 1억 원을 빌려 무자료로 5천만 원의 권리금과 3천만 원의 인테리어를 하고, 2천만 원만 임대보증금 자산으로 처리했다고 가정했을 때, 이 경우 대출

금 1억 원에 대한 연이자가 500만 원이라면 그 중 사업용 자산 2천만 원에 해당하는 100만 원(1/5)만 세무상 경비 처리(400만 원은 세무상 비용인정 안 됨)가 되니 사업상 큰 손해다.

4 ⟩ 비영업대금의 원천징수 시기와 손익 귀속시기

업무 편의상 이자소득의 지급 시점에 원천징수를 많이 한다. 대다수 원천징수는 지급일의 다음 달 10일까지 원천징수 후 신고·납부하도록 되어 있기 때문이다.

그러나 비영업대금의 원천징수와 관련해서 생각해 봐야 할 문제는 크게 두 가지로 볼 수 있다. 첫째는 이자소득에 대한 원천징수를 언제 해야 하는지와, 두 번째는 당기에 비용처리를 할 수 있느냐 하는 부분이다.

⇨ 이자소득 원천징수 시기

이자소득의 수입시기에 원천징수를 하면 되는데, 대부분의 경우 실제 지급일을 수입시기로 보면 된다. 다만 개인 간의 자금대여에 있어서는 실제 지급일과 약정에 의한 지급일 중에 빠른 날이 된다.

개인 간의 자금대여로 발생한 이자를 세법상의 용어로는 '비영업대금의 이익'이라고 표현한다. 이렇게 비영업대금의 이익은 약정에 의한 지급일을 수입시기로 볼 수도 있으므로 실제 이자를 지급하지 않은 상태에서 약정기한이 도래하면 원천징수를 해야 하는 문제가 생긴다.

⇨ 미지급이자 비용의 필요경비 귀속시기

법인이 지급하는 이자의 손비처리는 수입시기에 해당하는 날이 속하는 사업연도에 하는 것이 원칙이다.

다만, 결산을 확정할 때 이미 경과한 기간에 대응하는 이자를 해당 사업연도의 손비로 계상한 경우는 그 계상한 사업연도의 필요경비로 한다. 따라서 기간경과 분에 해당하는 만큼을 계산해서 미지급이자로 처리하면 필요경비 처리가 가능하다.

이와 같은 상황에서 이자를 지급하지도 않았는데, 원천세를 내야 하는 문제를 피하기 위해서는 약정서를 다시 작성하는 것이 좋다. 또한, 미지급이자 비용은 기간 경과 분 만큼 필요경비 인정 되지만 미수수익은 계상하더라도 익금불산입 처리된다는 점에 주의해서 실무 처리를 하면 된다.

직원 개인신용카드로 경비처리 할 때 유의사항

사업을 하다 보면 부득이하게 직원 개인명의의 카드를 사용하게 되는 경우가 발생한다. 다행히도 사업을 위한 지출이었음을 증명할 수만 있다면 개인카드로 지출한 내역도 매입세액공제를 받을 수 있지만, 개인카드가 아닌 사업자 카드(법인의 경우 법인카드)를 사용해야 한다. 이유는 다음과 같다.

1 직원 개인카드를 사용했을 때 수반되는 업무

➪ 개인카드 영수증 수취 및 필수 기재 사항 확인 업무

직원 개인명의 카드 사용내역은 회사가 수집하는 것이 불가능하므로 직원으로부터 꼭 영수증을 받아야 한다.

그리고 수취한 영수증의 세무 처리를 위해 판매처의 사업자등록번호와 영수일시, 영수 금액 정보가 꼭 확인되어야 하고, 관리 방법에 따라 카드번호 정보도 필요할 수 있으므로 영수증 상에 해당 정보가 정확히 기록되어 있는지 확인하는 업무가 필요하다. 혹시라도 직원으로부터 받은 영수증에 필수 정보들이 불분명하게 기록되어 있다면 영수증을 재요청하여 다시 받아야 한다.

⇨ 개인카드 대금은 통장으로 입금시킨다.

회사를 위해 지출한 개인카드 결제금액은 회사통장에서 직원 개인통장으로 환급해 준다.

환급 방법은 발생할 때마다 입금하거나, 일정 기간을 정해서 합산해서 입금하거나 혹은 급여에 포함해서 입금하는 등 여러 방법 중 한 방법을 정해서 하면 된다.

그리고 필요하다면 직원 개인카드 사용내역을 엑셀 등으로 정리해 두는 것도 좋다.

개인카드 사용분의 지불 방법
• 직접 현금으로 주는 것보다 해당 직원의 통장으로 입금시켜 준다.

개인카드 사용분 관리
• 해당 전표를 받아서 보관하며, 엑셀 파일로 정리해서 관리한다.
• 개인카드 사용분은 홈택스에 자동으로 전송되지 않으므로, 일일이 입력해야 하는 불편을 피하려면 사업용 신용카드의 사용을 권한다.

⇨ 전표입력 시 유의한다.

법인사업자가 법인 명의로 발급받은 카드, 개인사업자가 사업자 명의로 발급받고 홈택스에 등록한 카드의 사용내역은 홈택스에서 제공하는 시기에 맞춰 사용내역을 전산으로 조회할 수 있고, 그 기능을 활용하여 전표입력도 편리하게 할 수 있다.

하지만 직원 개인카드 사용내역은 그 내역 하나하나를 수기로 전표처리 해야 하므로 상대적으로 더 수고로운 작업이 될 수 있다. 또한, 수기로 전표를 입력한다면 회계처리가 누락될 가능성이 크므로 주의해야 한다.

⇨ 기장료가 올라갈 수 있다.

세무대행 서비스의 요금 인상 가능성이다. 법인카드나 사업용 카드 사용내역만 존재하는 사업장보다 직원 개인카드 사용내역이 많은 사업장의 업무량을 비교했을 때, 세무대리인 입장에서는 개인카드 사용내역이 많은 사업장에 상대적으로 더 비싼 서비스 요금을 요구할 수도 있다. 한정된 시간을 두고 고객사별로 소요되는 업무량이 달라지기 때문이다. 물론 이 점은 자체 기장을 하는 회사는 고려 대상이 아니지만, 경리직원의 일이 많아진다.

2 │ 직원 개인카드 사용 시, 연말정산에서 유의할 점

사업을 위해 부득이하게 지출한 직원 개인 명의 카드 사용내역은 그 직원의 연말정산에도 영향을 미친다.

연말정산 시 직원은 카드 사용 금액도 공제하게 되는데, 직원이 본인 개인 명의 카드로 회사 비용을 지출한 내역은 직원 본인의 소비로 볼 수 없으므로 연말정산에서 제외되어야 한다.

따라서 회사에 '국세청 간소화 자료'를 제출할 때 신용카드 등 사용 내역에서 회사 비용 목적으로 지출한 내역은 제외하고 제출해야 한다. 직원이 그 내역을 하나하나 살펴서 전달하는 것도 번거로운 업무겠지만, 연말정산 작업을 실제로 진행하는 사람도 전달받은 내용을 유의하여 신고를 진행해야 하는 수고로움이 발생한다.

현금영수증 발행요청 안 하면 발행 안 해도 되나?

소지자가 현금영수증 요청을 안 하네요. 발행 안 하고 세금 신고 안 해도 되나요?

용역, 재화를 공급하고 대금을 현금으로 받은 경우 판매자는 소비자가 현금영수증 발급을 요청하지 않더라도 핸드폰 번호 등이 아닌 국세청 지정 코드(010-000-1234)로 현금영수증을 자진발급할 수 있다. 특히 현금영수증 의무발행 업종인 경우는 거래금액(부가가치세 포함)이 10만원 이상인 경우 무조건 010-000-1234로 현금영수증을 발급해야 한다.

010-000-1234는 국세청이 지정한 "자진발급분 사용자 등록용 번호"로 현금영수증 발급을 신청하면 현금영수증 가맹점에서는 "현금영수증 발급"으로 등록이 되는 한편, 신청인 명의는 결정되지 않은 상태로 현금영수증이 발급된다.

가맹점에서 국세청이 지정한 코드(010-000-1234)로 현금영수증을 발급받은 소비자는 현금영수증 발급일의 다음 날 자진발급 현금영수증 조회 및 등록할 수 있다. 가맹점에서 발급한 현금영수증으로 홈택스에서 등록하게 되면, 등록한 사람 명의로 현금결제 내역이 등록된다. 등록 내용은 2~3일 후에 확인할 수 있다.

홈택스에서 자진발급 분 소비자등록을 하기 위해선 로그인 후 [계산서·영수증·카드] → [현금영수증(근로자·소비자)] → [근로자·소비자 조회/변경] → [자진발급 분 소비자등록]으로 이동한 후, 승인번호, 거래일자, 금액을 입력 후 조회하기를 눌러 현금영수증 자진발급 분을 등록하면 된다.

직원이 4대 보험 가입을 거부하는 경우 사업주는 유리한가요

가입대상인데 4대 보험 가입을 안 하는 경우는 2가지 경우다.

- 사업주가 4대 보험이 아까워 가입을 안 하거나 3.3% 프리랜서로 계약하는 경우
- 직원이 거부하는 경우

그래서 실제로 가입을 안 하는 경우 손해 보는 것도 2가지이다.

- 4대 보험 미가입 적발 시 모두 토해내야 하는 것
- 걸릴 확률 줄이려면 세무서 급여 신고도 안 해야 한다.

급여에 대한 세금 신고를 안 하면 급여에 대해 경비로 인정받지 못해 세금이 늘어난다. 즉, 미가입 문제는 4대 보험으로 끝나지 않는다. 4대 보험에 미가입하려면 급여에 대한 세금 신고도 안 해야 걸릴 확률이 줄어든다는 것이다.

그럼 해당 직원의 급여는 비용으로 인정을 받지 못해 결국 해당 직원에게 주는 급여에 대한 세율만큼 사업주는 세금이 늘어나는 사태가 발생한다.

예를 들어 해당 직원의 급여가 월 200만 원의 경우 1년간 2,400만 원이 되고 종합소득세 최저세율을 적용한 경우 2,400만 원 × 6% = 144만 원의 세 부담 증가가 나타난다.

미가입의 이익과 세금의 손해도 잘 따져봐야 하는 문제다.

만일 4대 보험 신고는 안 하고, 급여 원천징수로 세금 신고를 하는 경우 국세청 전산망을 공유하기 때문에 공단에서 연락이 온다.

4대 보험 비과세 사업주에게 유리하다.

4대 보험료 납부 기준은 급여 − 비과세 급여이다. 즉 비과세 급여가 많다는 것은 4대 보험도 적게 낸다는 것이다.

그리고 4대 보험의 절반을 부담하는 사업주의 입장에선 비과세 급여가 많으면 4대 보험 부담액도 줄어든다는 이야기이다.

흔하게 받을 수 있는 4대 보험 비과세 급여는 식대보조금 20만 원, 자가운전보조금 20만 원, 보육수당 1명당 20만 원이다.

그리고 최근에 많이 빼먹고 비과세 처리를 안 하는 것이 배우자 출산휴가급여, 육아기 근로시간 단축 급여이다.

건보료 폭탄 피할 방법 없나요?

건보료 폭탄 피하는 법은 딱 한 가지 방법이 있다.

바로 돈 안 버는 것이다. 또 한 가지는 소득이 안 걸리고, 재산 없애는 방법이다.

모두 다 현실 가능성이 없는 방법이다. 다시말 해 돈 벌고 재산 있으면 피할 방법은 없다는 것이다.

1 \ 왜! 건보료 폭탄이 만들어졌나?

누구나 내기 싫은 건 마찬가지, 그런데 이건 우리가 만든 것이다.

돈 적게 내고 싸게 병원 이용하고, 많이 내는 지역가입자 아닌 직장가입자로 가입하며 이왕이면 피부양자로 등록해 보험료 안 내고...

나뿐만 아니라 모든 국민이 오랫동안 해왔던 방식이다. 이에 문제가 생기니 고소득자이면서 자식 건강보험 뒤에 숨어 건강보험 무임 승차하지 말고, 소득이 있으면 정상적으로 내며, 급여 축소 신고해 건강보험료 적게 내지 말라고 법도 바꾸고 국세청 전산망에서 통합관리하게 바뀐 것이다. 정상적으로 내는 지역가입자만 봉이라고 아우성치니 소득이 있는 곳에 건강보험을 부과하고 지역가입자와 직장가입자의 형평을 맞추고자 하는 취지에서 직장에서 정산했더라도 1년에 한 번 국가 차원에서 정산하는 것이다.

2 건보료 추가로 얼마를 내야 하나?

직장가입자가 회사를 통해 납부하는 보수에 대한 건강보험료 외에 추가로 다른 소득 즉 보수 외 소득이 연간 2,000만 원을 초과하면 건강보험료를 부과한다.

보수 외 소득에는 이자소득, 배당소득, 사업소득, 보수 외 근로소득, 연금소득, 기타소득이 있다(소득세법상 비과세소득은 제외).

하지만 모든 보수 외 소득에 대해 동일하게 보험료를 부과하는 것은 아니다. 보수 외 소득이 있는 경우 소득월액 산정기준은

첫째, 보수 외 종합과세소득 합산액이 연간 2,000만 원을 초과하는지? 여부이다. 이후 각각 소득별로 적용 비율이 다른데 이자·배당·사업·기타소득은 100%, 보수 외 근로소득·연금소득은 30%가 적용된다.

보수 외 소득이 연간 2,000만 원을 넘는 직장가입자의 경우, [(연간 보수 외 소득 − 2,000만 원)]/12개월 × 소득평가율(상술한 소득별 적용 비율)로 계산한다.

이어 소득월액 보험료는 소득월액 × 보험료율로 정한다.

예를 들어 직장가입자가 연금소득 2,000만 원, 이자소득 1,500만 원이 있는 경우, 우선 소득월액 보험료에 적용할 월 보수외소득은 (3,500만 원 − 2,000만 원)/12개월 = 125만 원이 된다. 또 각 소득마다 보수월액 보험료를 부과하기 위한 평가율이 있는데, 연금소득의 경우 125만 원 × [2,000만 원/(2,000 + 1,500)만 원] × 30%로 계산하며, 이자소득의 경우 125만 원 × [1,500만 원/(2,000 + 1,500)만 원] × 100%로 계산한다. 이렇게 계산된 소득월액에 2026년 건강보험료율인 7.19%를 곱하면, 보수 외 소득에 대한 건강보험료가 나온다.

실업급여를 퇴직금 대신 받아라

퇴사하는 직원이 실업급여를 받게 해주는 조건으로 퇴직금을 지급하지 않는 사업주

퇴사하면서 실업급여 받게 해달라고 막무가내로 우기는 직원

실무에서 흔히 보는 경우며, 속여서 안 걸리고 받았다고 너무 자랑스럽게 자랑하는 세상, 이래도 아무런 문제가 없을까?

실업급여 부정수급이란 고용보험법상 정해져 있는 실업급여 조건에 맞지 않음에도 실업급여를 받는 경우를 말한다. 예컨대, 실업급여 수급자가 근로의 제공 또는 창업한 경우로 자신의 근로에 의한 수입을 신고하지 않거나 허위·부정한 방법으로 실업급여를 받은 경우를 말한다. 일부 근로자는 실업급여를 퇴사하면 당연히 받는 것으로 생각하고, 사업주는 퇴직직원의 고용보험 수급이 퇴직 대가인 양 상실 사유도 임의로 권고사직으로 써주는 경우가 많다.

또한, 몰래 부정수급을 하므로 절대로 적발되지 않을 것으로 생각하기도 한다. 이에 실업급여의 부정수급 시 발생할 문제점에 대해서 살펴보면 다음과 같다.

실업급여 부정수급의 유형

실업급여 부정수급의 유형은 다양하지만, 크게 보면

① 수급 자격 신청

② 실업 인정

③ 기타 부분으로 나눠 볼 수 있다.

첫째, 수급 자격 신청과 관련한 부정수급으로는 피보험자격의 취득이나 상실을 허위로 신고한 경우, 급여 기초임금 일액 산정의 기초가 되는 임금액을 과다하게 기재한 경우, 이직 사유를 허위로 기재한 경우, 그리고 취업상태에서 실업했다고 신고하는 경우 등이 포함된다.

둘째, 실업인정과 관련한 부정수급으로는 취업한 사실은 숨기고 계속 실업 인정을 받는 경우와 자신의 근로에 의한 소득의 미신고 및 허위신고, 재취업 활동 여부를 허위로 신고한 경우, 그리고 확정된 취직 또는 자영업 개시 사실을 미신고한 경우 등이 있다.

셋째, 기타의 부정수급 유형으로 취업촉진수당 수급을 위해 각종 허위신고를 한 경우, 상병급여 수급을 위해 각종 허위신고를 한 경우 등이 포함된다.

한편, 실업급여를 받는 동안 제대로 신고하지 않아 부정수급으로 적발되는 경우가 많다.

아래의 사례들에 해당하는 경우는 반드시 그 사실을 신고해 부정수급으로 인한 불이익을 받는 경우가 없어야 한다.

대표적인 사례들을 나열하면

① 사업자등록 사실을 신고하지 않는 경우

② 가족 명의로 본인이 사업(자영업)을 영위하는 경우

③ 본인 명의로 가족이 사업(자영업)을 영위하는 경우

④ 다단계(암웨이, 다이너스티 등) 또는 보험설계에 회원가입을 하는 경우

⑤ 배우자나 자녀 등 친인척 및 주변 사람들의 일을 도와주는 경우 (급여를 지급받지 않은 근로 사실을 신고하지 않는 경우도 포함)

⑥ 사업장에서 근로를 제공하거나 임금 또는 기타 다른 명목으로 금품을 받았음에도 이를 실업인정 시 신고하지 않는 경우

⑦ 야간부터 근무를 시작했으나 취업 일을 다음 날로 신고한 경우

⑧ 자격증 비치(건설·환경처리 업종 등)와 관련해 사업주와 합의로 입사일을 소급해 처리하는 경우 등이 포함된다.

2 실업급여 수급 중 신고 사항

실업급여 부정수급은 잘 드러나지 않을 수 있지만, 동료 직원이 부정수급을 신고하는 경우가 많다.

그 이유는 바로 실업급여 부정수급 신고 포상제도가 있기 때문이다. 부정수급 제보는 본인의 신분이 확인된 경우에 한해 거주지 관할 고용센터에서 확인 후 고용보험법 제112조에 따라 포상금을 지급한다. 포상금은 최고 500만 원(부정수급액의 20%)으로 하되, 피보험자와 사업주가 공모한 경우는 5,000만 원으로 하며, 제보자의 신분에 대해서는 비밀이 보장된다.

첫째, 수급 자격자가 실업인정대상기간 중에 취업한 사실이 있거나, 근로에 의한 소득이 있는 경우에는 반드시 실업인정일에 취업 사실을 신고해야 한다.

국세청 자료나 4대 보험 공단 자료 등을 통해 취업 사실이 확인되는 경우가 많고, 최근에는 출입국기록이나 휴대폰 위치추적 등을 통해서도 부정수급 사실을 확인하는 예도 있음에 유의해야 한다.

둘째, 취업에 해당하는 경우를 반드시 확인해 이를 신고해야 한다. 정규직으로 고용된 경우뿐만 아니라,

① 월 60시간 이상 근무하기로 예정하고 근로를 제공한 경우(1개월 미만의 기간동안 고용돼 일용근로자로서 근로를 제공하는 경우),

② 국가나 지방자치단체에서 시행하는 공공근로에 참여한 경우,

③ 회의 참석 및 임시직, 아르바이트 등 근로를 제공하는 경우,

④ 사업자등록을 하고 사업을 하는 경우도 반드시 그 내용을 신고해야 한다.

셋째, 부정수급에 이르게 된 경우 하루빨리 자진신고를 해 더 큰 불이익을 받지 않아야 한다.

수급 자격자가 부정수급 한 사실을 자진신고 할 경우 추가징수를 면제받을 수 있다.

3 신고 포상제도

고용노동부에서는 실업급여 부정수급자를 가려내기 위해 고용노동부의 고용보험 전산망을 비롯해, 국민연금관리공단, 건강보험공단, 국

세청, 근로복지공단, 보험협회, 금융감독위원회 및 지방자치단체 전산 자료 등을 주기적으로 조회하고 있다.

부정수급 행위가 일시적으로 발각되지 않아 실업급여가 지급된 경우라도 추후 국가 전산망 등에 의해 적발되거나 제보, 탐문 등에 의해 반드시 발각돼 제재받게 됨에 특히 유의해야 한다.

4. 부정수급이 발각되는 경우 처벌

부정한 방법으로 실업급여를 지급받은 경우는 부정수급액의 반환뿐만 아니라, 실업급여 지급 중지, 부정수급액만큼의 추가징수 등의 불이익을 받게 된다. 특히, 거짓이나 그 밖의 부정한 방법이 사업주의 거짓된 신고·보고 또는 증명으로 인한 것이면 그 사업주도 그 구직급여를 지급받은 자와 연대해 책임을 진다는 사실을 알아야 한다.

최근 고용보험법이 개정돼 부정수급 관련 처벌이 강화됐는데 형사처벌이 1년 이하의 징역 또는 1,000만 원 이하 징역·벌금이 3년 이하의 징역 또는 3,000만 원 이하로 강화됐고, 공모범죄의 경우 5년 이하의 징역 또는 5,000만 원 이하로 더욱 강화됐다. 또한, 출입국 기록·가족관계·주민등록정보 등 요청을 위한 법적 근거를 마련하고, 최근 10년간 3회 이상 부정수급이 적발되는 경우는 3년 이내 실업급여의 수급 자격이 제한된다.

회사 자금 횡령 방지 내부관리법

회사 경리담당자의 자금 횡령 사고의 대다수는 자금의 집행과 장부 작성 등 회계 업무를 한 사람이 맡아서 하므로 발생한다. 따라서 상호 검증이 가능하도록 항상 내부시스템을 구축해야 한다.

☑ 소액지출통장과 거액 매출 입금통장 등의 별도 분리

평소 사용하는 일주일이나 10일분 평균 사용금액을 경상비용 자금통장 등으로 별도 관리하며, 50만 원 내외의 소액현금을 별도로 두어 소액 지출한다. 나머지 매출 입금 등 거액은 자금책임자나 대표가 직접 관리한다.

☑ 자금, 자산관리 담당자와 회계처리 담당자는 별도 인력

자금 담당자가 대표의 결재를 받아 송금·지출 후 증빙을 작성하여 회계담당자에 제출하면 회계담당자가 전표 처리 후 기록한다.

☑ 재무상태표의 현금예금, 매출채권, 재고자산과 매출·순이익의 변동상황점검

대부분 매출이익증감과 현금예금증감이 비슷하나, 특별한 변동이 다

른 연관 계정으로 설명되는지 파악한다.

☑ 예금통장, 법인카드, 출금인감, 인증서 등은 다른 곳에 보관

출금 시 통장, 도장, 비밀번호, OTP 등 별도 번호가 동일인에게 집

중되지 않도록 한다.

☑ 현금, 예금 담당자와 경리담당자의 시재액 정밀 실사

가장 민감한 문제이므로 적절한 대응책을 마련해야 한다.

☑ 관리 분야(자산, 예금, 경리, 회계) 인력의 정기적 순환

특정 재산관리, 회계 관리업무를 오랜 기간 한 담당자가 할 수 없도

록 보직을 일정 기한을 주기로 교환, 전환배치 한다.

☑ 매월 말, 분기 말, 반기 말, 연말 회계처리 내용 상세 분석

일시 거액의 지출, 계정 대체, 일시적 대량 지출, 수정분개 내용의

이유와 원인, 결과를 파악한다.

☑ 회사명과 휴면은행 계좌의 신속한 폐쇄

장부 이외 거래 이용목적을 방지하기 위해 사용하지 않는 통장계좌

는 즉시 폐쇄한다.

☑ 계속 고정거래처의 수입·지출 변동, 증빙 사항 점검(상대방 방

문, 접촉 등)

☑ 자금, 경리, 회계담당자의 오류, 부정 관련 보험의 가입

자본금 마이너스 발생

개인사업자가 보통은 창업을 한 해에는 복식부기 의무자가 아닌 경우가 대부분이다.

그러다가 외형이 증가하고 이익이 늘면서 복식부기 의무자에 해당하여 어쩔 수 없이 장부를 적게 된다.

그런데 문제는 그동안 기장을 하지 않다가 기장을 하게 되는 경우 개시 재무상태표를 제대로 시작하기가 어렵다.

자본이 마이너스가 날 수도 있다.

개인사업자는 처음에 출자한 금액보다 더 많은 금액을 가져가다 보면 자본금보다 인출금이 커서 자본계정이 마이너스가 될 수 있다.

자본계정이 마이너스가 나는 경우는 다음과 같다.

❶ 계속 흑자가 나서 가져간 돈이 많은 경우

❷ 적자로 인해 지속적으로 부채가 증가하는 경우. 이것은 현실적으로 재무 상태상 금융권 대출이 힘들므로 개인적인 사채 이외에는 가능하지 않을 것이다.

❸ 실제 자본금이 마이너스가 아닌데, 개시 재무제표를 잘못 기장하여 오류가 발생할 가능성도 있다. 즉, 사실 처음에 자본금이 있었거나 중간에 자본 투입이 증가했는데 장부 기록을 제대로 하지 않았기 때문에 발생할 수 있다. 이러한 오류를 막는 방법은 처음부터 복식부기 기장을 하거나 혹은 적어도 은행거래를 실제대로 구분 관리하고, 증빙을 잘 관리하면 가능하다.

따라서 이를 방지하려면 처음부터 복식부기 기장을 하는 것이 좋다. 그래야 초기 재무상태표가 잘못되어 그 이후 오랜 시간 동안 수정해야 하는 수고를 덜 수 있다. 예외로 자신의 사업 규모가 지속해서 금액적으로 적어 복식부기 의무 기준을 충족할 가능성이 작다면, 굳이 하지 않아도 되겠지만, 그렇지 않다면 처음부터 복식 기장을 하는 것이 좋다.

어떤 원인이든 개인사업자의 자본금이 마이너스 발생한 경우 원칙은 자본금을 마이너스로 기재해야 한다. 이를 해결하기 위해서는 앞서 설명한 원인을 찾아서 장부 수정을 하거나 사장님이 자금을 회사에 입금하면 마이너스 자본금이 없어진다.

편법으로 실무자가 쓰는 방법은 자본금 마이너스 금액보다 조금 더 큰 금액으로 자산에 출자금계정을 설정하여 실제로 들어오지 않은 돈으로 자본금을 한 번에 늘리는 방법이다.

이같이 마이너스를 없애야 하는 이유는 개인사업자의 경우 자본금 – 인출금이 마이너스가 되면 신용대출이 있는 경우 신용등급이 떨어져서 높은 이자가 적용될 수 있고 극단적으로는 대출이 안 되거나 상환 압박에 시달릴 수 있다.

또한 세금으로는 대출금에 대한 이자비용에 대하여 비용을 부인당할 수도 있다. 즉 초과인출금에 대한 지급이자에 대해서 필요경비불산입한다.

소득세법상 사업용자산의 합계액이 부채의 합계액에 미달하게 되어 그 미달하는 금액에 상당하는 부채의 지급이자를 가사 관련 경비로 보아 필요경비를 불산입한다. 결과적으로 필요경비를 인정받을 수 있는 이자비용에 대해 필요경비를 인정받지 못하는 불이익이 발생한다.

세금 신고 공부하는 개인사업자 경리실무

지은이 : 손원준

펴낸이 : 김희경

펴낸곳 : 지식만들기

인쇄 : 해외정판 (02)2267~0363

신고번호 : 제 251002003000015호

제1판 1쇄 인쇄 2026년 3월 16일

제1판 1쇄 발행 2026년 3월 23일

값 : 24,000원

ISBN : 979-11-90819-53-4 13320

본도서 구입 독자분들께는 비즈니스 포털

경리쉼터(https://cafe.naver.com/aclove)

이지경리(https://cafe.naver.com/kyunglistudy)

에 가입 후 구입인증을 받으시기 바랍니다.

K.G.B
지식만들기

이론과 실무가 만나 새로운 지식을 창조하는 곳

서울 성동구 금호동 3가 839 Tel : 02)2234~0760 (대표) Fax : 02)2234~0805